国家社科基金
GUOJIA SHEKE JIJIN HOUQI ZIZHU XIANGMU
后期资助项目

俄罗斯土地产权的进化与重构研究

Research on the Evolution and Reconstruction
of Land Property Rights in Russia

龚兵　著

中国人民大学出版社
·北京·

图书在版编目（CIP）数据

俄罗斯土地产权的进化与重构研究 / 龚兵著.
北京：中国人民大学出版社，2025.6. -- ISBN 978-7
-300-33773-9

Ⅰ. F351.211

中国国家版本馆 CIP 数据核字第 2025UJ2084 号

国家社科基金后期资助项目
俄罗斯土地产权的进化与重构研究
龚兵　著
Eluosi Tudi Chanquan de Jinhua yu Chonggou Yanjiu

出版发行	中国人民大学出版社				
社　　址	北京中关村大街 31 号		**邮政编码**	100080	
电　　话	010 - 62511242（总编室）		010 - 62511770（质管部）		
	010 - 82501766（邮购部）		010 - 62514148（质管部）		
	010 - 62511173（发行公司）		010 - 62515275（盗版举报）		
网　　址	http://www.crup.com.cn				
经　　销	新华书店				
印　　刷	唐山玺诚印务有限公司				
开　　本	720 mm×1000 mm　1/16		**版　　次**	2025 年 6 月第 1 版	
印　　张	17 插页 2		**印　　次**	2025 年 6 月第 1 次印刷	
字　　数	287 000		**定　　价**	68.00 元	

国家社科基金后期资助项目
出版说明

后期资助项目是国家社科基金设立的一类重要项目，旨在鼓励广大社科研究者潜心治学，支持基础研究多出优秀成果。它是经过严格评审，从接近完成的科研成果中遴选立项的。为扩大后期资助项目的影响，更好地推动学术发展，促进成果转化，全国哲学社会科学工作办公室按照"统一设计、统一标识、统一版式、形成系列"的总体要求，组织出版国家社科基金后期资助项目成果。

全国哲学社会科学工作办公室

前　言

"劳动是财富之父，土地是财富之母。"土地是人类赖以生存和社会赖以发展的最重要资源之一，"是一切生产和一切存在的源泉"，土地的归属和利用对于一国经济制度和政治制度的确立和运行有着极其重要的影响。纵观近现代世界史，俄罗斯社会变迁之剧烈与制度转向之曲折，几无他国可比。同时，土地制度重构始终紧密伴随着俄罗斯每一次社会变革，从古罗斯时代到苏联时期，再至俄罗斯现代社会转型，其政治、经济、社会改革的历史就是土地改革的历史。

土地权利是国家公民的基本权利和最为重要的民事权利，是土地制度的核心内容。研究俄罗斯土地权利的演进历程、现实构成、变化缘由、经验教训以及发展走向，是我国国内学界整体审视俄罗斯社会现代转型路径与绩效的有利视角，亦是借鉴域外经验完善我国土地权利立法的有益探索。

研究俄罗斯土地产权进化与重构的目的在于：通过追踪俄罗斯土地产权演进历史，厘清土地产权制度发展脉络，详析当今土地权利制度现实构成，总结土地权利立法经验与不足，展望其未来发展完善走向，使我们系统地掌握俄罗斯土地权利理论框架和土地利用制度规范，为我国土地权利立法完善提供借鉴，并为我国投资者实际利用俄罗斯土地提供可操作的规范指引。其意义与价值主要体现在：

第一，系统地研究俄罗斯土地产权制度将填补国内关于该领域体系化研究的空白，有助于进一步丰富现有的研究成果，深化对俄罗斯土地利用关系法律调整的理性认识，提升我国学术界对俄罗斯土地立法和民事立法的研究水平。当下，我们缺乏对于曾为"老师"的俄罗斯法学的现代化进展的适时关注，研究成果乏善可陈，在土地立法领域亦是如此。在这种背景下开展俄罗斯土地立法和权利制度研究就显得尤为必要，它必将给予我们有益而且不同的学术营养和实践指引。

　　第二，深入研究俄罗斯土地产权制度，对于我国土地立法发展与完善更具现实价值。土地公有制是俄罗斯与中国土地权利制度重构的共同起点。虽然两国选择不同的转型路径与操作手段——俄罗斯实行土地私有化，我国坚持土地公有制——但一致性的市场经济目标和土地非私有的相同基础背景决定彼此互有对照的空间。从这一角度讲，研究俄罗斯土地权利的价值要远大于研究西方国家土地制度可能带给我们的启发与警示。当前，我国改革步入攻坚区和深水区，土地制度改革的进一步深化已经成为共识性学术话题和必须破解的实践难题。关注俄罗斯政治经济制度更替下的土地制度改革走向，关注转型进程中土地资源再分配的制度性安排，关注土地权利的建构设计与演变发展，可以有效拓宽国内土地制度改革的思路与空间，为完善我国土地权利体系提供新角度的理论储备，最终有助于我们做出正确的制度抉择。

　　第三，实证性研究俄罗斯土地权利制度，在不断深化的中俄全面战略合作背景下具有很高的应用价值。在中俄经贸合作日趋紧密的背景下，利用俄罗斯土地的法律风险评估应当成为中国投资者进行决策分析的必要环节。随着两国经贸关系发展的不断深入与拓展，越来越多的中国企业和公民到俄罗斯投资。如何取得和利用俄罗斯土地，如何控制和预防可能存在的法律风险，如何顺利解决土地利用纠纷，已经成为中国投资者所面临的重要问题，实践急需理论研究的回应。因为，"我们只有更深入地了解我们最大的邻居，才能更好地迎接和最大邻居（将来可能是最富的邻居）更好、更多交往的时代"[①]。

　　目前，国内关于俄罗斯土地产权变革与进化制度的研究，整体上还处于起步和待深化的状态。经济学、社会学、政治学、农学等学科领域的学者以及实践部门侧重于从土地私有化的角度关切俄罗斯土地改革与土地制度构建，主要关注土地私有化进程、实施效果及其绩效评价，还有土地私有化与俄罗斯现代社会转型、农业生产之间的互动关系。法学研究领域的学者则偏重于从私人土地权利视角，观察俄罗斯土地权利微观立法构成，分析权利制度设计的内在合理性，并试图从中寻找出对我国土地立法完善的有益启示。概言之，国内为数不多的关于俄罗斯土地权利的研究成果，虽反映了俄罗斯土地权利制度概貌，但基本停留于对现行土地权利立法的规范性解读，止步于介绍性评论的水准，缺乏对于土地权利制度体系化的

----

　　① 俄罗斯联邦民法典. 黄道秀，译. 北京：北京大学出版社，2007：序2.

整体把握与批判性的深度剖析。例如：缺少对现行土地权利制度与十月革命前、苏联时期土地权利体系之间传承与疏离关系的梳理；缺少对于转型时期土地权利法律制度特征的整体描述和对具体土地权利类型构成特质的细致分析；缺少从实证的角度对中国投资者利用俄罗斯土地控制法律风险需求的关注；缺少借鉴俄罗斯土地权利制度立法经验，提出完善我国土地权利立法具体建议的聚焦；更为重要的一点是，已有成果忽视了俄罗斯国内土地权利立法的发展动向，没有从动态视角和用发展的眼光研判现行俄罗斯土地权利制度优劣及其完善走向。当然，这为本研究的开展预留出了开创性的空间。

18 世纪以前，俄罗斯土地利用与归属同农奴制——封建制经济基石密不可分。著名的旨在打破农奴制的斯托雷平土地改革的中心思想，是强力摧毁村社组织并在其废墟上建立以强大经济组织（富农、农场主）优先的新农业制度。其改革使脱离村社束缚的拥有土地的农民成为独立的法律个体，形成了多种土地所有形式与土地利用制度，市场因素渐入到俄罗斯土地关系之中。随后 1917 年十月革命爆发，自此至苏联解体之前的 70 余年间，土地成为国家专属财产，退出流通市场。

历史总是如此让人难以预判和出人意料地循环往复，十月革命 73 年之后，在同一片土地上又挂上了制度"倒挡"——重新启动了土地私有化进程。虽然 1917 年的土地革命与这次土地改革的目标截然相反，但所采选的方式都是急风暴雨般的剧烈与不容缓释的决然。改革的结果是，土地成为市场交易的对象，私人土地所有权和用益物权在俄罗斯立法中"复活"，形成了全新的土地立法体系。可以说，在 20 世纪 90 年代以及世纪之交的俄罗斯土地立法进程中，全部土地立法都是紧紧围绕打破土地国有垄断和私人土地权利确立与扩张这条主线展开和演进的。与此同时，我们不能忽视既往制度惯性对于土地变革的牵制作用。强制性制度变迁不会自然而然、一蹴而就地生成成熟的土地利用模式，现代土地制度构建必是一个渐进完善的过程。

当下，在庞大复杂、多层次的俄罗斯立法体系中，土地关系由土地立法、民事立法、刑事立法、生态立法、自然资源立法等法律部门共同交叉调整。由于土地立法的历史传统以及对于土地价值的多重理解，俄联邦土地法典一直扮演着主要角色。同时，多样化与平等性成为俄罗斯土地所有权的两个基本法律特征。对俄罗斯土地所有权现状一个最为简洁的描述就是，在俄罗斯一国、一个联邦主体或一个自治地方区域内的土地上存在着多种类型土地所有权，存在着若干具有不同性质与地位的土地所有权主体，形成了联邦所有、联邦各主体所有、自治地方所有、公民所有和法人所有的多类型土地所有权共存结构。在公平对待与同等保护的基准下，俄罗斯立法对于不同类型土地所有权的调整又呈现出差异化的取向与价值。

整体来看，俄罗斯现行的公民、法人利用国有、自治地方所有土地权利体系，形成于由计划经济时期的土地国有垄断向市场经济主导下的土地所有权多样化演进的过程之中，呈现出非体系化发展和过渡性的构成特征，并在不同历史发展阶段表现出迥异的建构与发展逻辑。在 20 世纪 90 年代，转型初期的俄罗斯确立了以物权模式构建利用国有、自治地方所有土地权利制度的立法思路。但由于转型时期土地利用状况的复杂现实和长期以来物权理论研究的缺乏，土地权利制度并未沿着体系化发展路径演进。大陆法传统用益物权中的地上权、用益权等概念没有在立法中出现。随后，2001 年土地法典确立了以土地租赁为主要土地利用方式的立法思路。土地法典立法者试图改造债权性土地租赁制度，通过强化土地租赁权的绝对性、独立性，意图使其成为公民、法人利用国有和自治地方所有土地的唯一渠道。但是这种使土地利用法律关系简单化的做法，不仅没能满足公民、法人获得多样的、长期的、绝对性的土地权利的需要，而且背离了俄罗斯立法传统，也不契合土地利用立法发展的时代潮流。

从 2008 年开始，俄联邦民法典现代化工作正式启动。在俄联邦民法典现代化进程的催化下，土地权利立法迎来了实质性变化节点，土地权利体系进入全面更替的倒计时阶段。俄罗斯立法者对于未来土地权利重构图景的描绘，始终把握两个基本维度：在宏观效用维度上，旨在适应社会转型后期的市场经济发展，激活土地资源，促进土地流动，尽可能满足经济主体对于土地利用的需求；在微观法技术维度上，意图创建协调、稳定、宽松的土地权利法律空间，激励与引导公民、法人利用土地，保护权利主体的合法权益。可以预见，俄罗斯土地权利立法未来发展与完善的全新走向是：重新界定公法与私法在调整土地关系中的界限，将土地权利法律调整模式由现行的土地立法与民事立法双重调整，转变为由俄联邦民法典排他性调整；严格遵循大陆法传统，倚重物权制度，构建有机联系、长期稳定的土地权利体系；土地权利立法发展倾向由偏好所有转为重视利用，优化土地限制物权体系，扩充土地限制物权类型。这些体系性变化既是俄罗斯 20 余年土地改革和土地立法实践试错与校验的结果，也是俄罗斯法学理论研究逐步成熟的收获，更是立法对于俄罗斯转型后期土地利用需求的适时回应。

在中俄经贸合作日趋紧密的背景下，对利用俄罗斯土地进行法律风险评估，知晓如何占有、使用、处分土地，如何控制和降低土地利用法律风险，如何取得更为主动和有利的法律地位，应当成为中国投资者进行决策分析的重要内容。

"他山之石，可以攻玉。"尽管俄罗斯与我国土地改革的路径迥异，但土地非私有的相同制度基点决定彼此互有对照的空间和交集。我们或多或少能够对照解读出中国土地权利应然的发展逻辑，探索找到土地权利制度完善的正确路径。笔者认为：第一，中国土地权利立法应进一步优化、整合土地权利立法体系。改造现行分布在土地管理法、城市房地产管理法、农村土地承包法中的土地权利规范，并将之全部纳入民法典之中，形成有机联系、体系化的土地权利立法调整格局。同时，以土地管理法为框架，整合城市房地产管理法、农村土地承包法等规范性法律文件，制定公法属性的土地法（或称作土地法典），使其成为调整土地关系的基本法。第二，中国土地权利立法应建构长期稳定、权能丰富、流转便利的土地用益物权体系。统一建设用地使用权最高期限，并规定最低期限，允许在法定期限内自由设定权利存续期限。改一次性支付土地出让金为分期支付，并规定出让金调整机制。禁止以划拨方式将土地出让给进入市场竞争性领域的国有企业，对于存量划拨用地应当通过出让、租赁或征收高额土地税的方式逐步实现其有偿使用。宅基地使用权初次取得应当有偿并将其主体限定于集体经济组织成员，二次流转应当市场化，除依据继承转移外，应允许转让、出租、互换、赠与、抵押，而且流转承接对象也不应局限在本集体经济组织成员之间，其他集体经济组织成员和城市居民亦可。在自由流转的前提下，可以考虑赋予集体经济组织成员取得本集体经济组织地域内宅基地使用权的优先权。实现土地承包经营权中承包权与经营权两权分离，经营权应属无身份属性、具有物权属性的纯粹财产权利，不必将经营权转移的承接人限定在一定农业组织范围内或者要求其具有农业生产能力。唯一的立法限制，应是不能改变土地用于农业生产的目的。推进地役权类型化，细化地役权取得程序，增加设定地役权僵局时的司法救济方式，规定地役权费用定期调整机制。

"土地关系法律调整属于'永恒'的问题，它总是位于和停留在国家领导人、政治家、社会活动家、法学家和实践人员关注的中心。"① 俄罗斯法学界关于土地权利法律制度的讨论是活跃和持续的，成果是丰富的，这些成果成为支撑本书写作的主要文献资源。笔者所在的黑龙江大学具有开展俄罗斯研究的悠久历史和较高的学术影响力，与俄罗斯著名高校和研究机构在人才培养、科研合作、学术交流等领域始终保持着密切的合作关系。其中，黑龙江大学法学院汇聚了一批以俄语为工作语言研究俄罗斯法律的优秀科研人员，产出了一批在国内外具有较高影响力的研究成果，已经成为国内俄罗斯法律研究的重镇。这些都是笔者能够较为顺利地完成本书撰写工作的有利条件与重要支撑。

当然，文责自负。由于笔者学识有限，认知必有偏颇，书中不当之处，敬请各位先进批评指正。

---

① В. В. Устюкова，Н. Н. Мельников，О. А. Самончик，Г. Л. Землякова，Д. Ф. Климов. Современные проблемы реформирования Земельного законодательства. Аналитический вестник Совета Федерации ФС РФ，2012 г.（37）：26.

目　　录

第一章　俄罗斯土地制度的历史演进

第一节　俄罗斯帝国时代的土地利用景象

一、农奴制时期土地利用状况

（一）农奴制时期土地关系的法律调整

俄罗斯农民的祖先基本上都是自由、独立的土地所有人，他们从事家庭自然经济。那时，对于私人土地所有权的保护是强化的。简明版《罗斯真理》第 4 条已经证明这一点，其中规定了对于破坏界标的严厉罚款，以此表明了古代俄罗斯对于保障土地法律秩序稳定性的关注。

历史研究并没有为俄罗斯存在过奴隶土地所有制的假设提供依据。史料表明，从 11 世纪开始俄罗斯进入封建土地所有制阶段[①]。封建土地所有制经济最初的表现形式就是征赋巡行，即王公、贵族、地方长官每年一次巡检，征收贡赋，是对农民的直接超经济强制。

14、15 世纪的俄罗斯还没有形成统一的国家，而是存在着若干个公国。公国全部的土地，除归属贵族、军职公仆、教堂所有外，一律归属公爵所有。在这些土地中，有一部分由村社占有与使用，村社向公爵支付使用土地的费用；另一部分土地，由公爵的内宫管理与使用，后来由内宫贵族占有与使用。公爵也可以将有农民居住的土地分成若干部分，并赐予为其服务的人。但是这些土地并非归受赐予人所有，而是仅归其管辖，这种土地被称为"份地"。这种份地制度出现于 14 世纪，在 16 世纪得到广泛

---

① Ерофеев Б. В. Земельное право России: Учеб. /Отв. ред. Н. И. Краснов. —9-е изд., перераб. М.: Юрайт-Издат, 2004：С. 119.

的发展，其对俄罗斯地主阶层的形成起到了促进作用①。

"十四—十五世纪的农民，他们不是生活在私有地主——贵族、自由公仆及教堂机关的土地上，就是生活在公家的土地上。"② 生活在私有土地上的农民，按照与领主签订的契约，占有和耕种土地，向领主支付现金或者粮食——佃租。农民有迁移的权利，可以按照自己的意愿选择条件更为优厚的领主。这种自由流动的权利仅受公国法律和农民与领主之间契约的限制。例如，退佃转佃期限为每年 11 月 26 日左右的两个星期，因为在这个时间段农活已经彻底结束，双方可以进行结算。居住在大公土地上的农民，管理与使用大公的土地，并向国库交租。农民称这些土地是"大公的地，但为我们所利用的土地"。事实上，这些农民可以将所利用的土地出卖、抵押、赠与、交换以及继承。可见，在大公所有的土地上的农民拥有较为宽松的土地占有、使用甚至是处分的权能。这些农民所在的若干个村庄形成一个组织体，这个组织体被称为"村社"。村社自己的管理机构管理村社事务，可以审理不严重的司法案件。在向大公缴纳捐税时，村社内部承担的是连环保证责任。任何一村户不能足额缴纳应缴税赋时，由村社代为缴纳。在当时，村社不仅是村民的自治联合，而且承担社会管理与司法功能，它是俄罗斯最小的基层政权组织。

"俄罗斯处于封建农奴封闭和宗法制隔离之中，非常晚才走上发展资本主义的道路。如果说西欧是在中世纪早期农民被固定于土地上，而俄罗斯则是在 16 世纪，而此时西方农奴法中仅剩下一些封建义务。"③ 进入 16 世纪，占有使用领主土地的农民已经被愈来愈固定于土地之上，自由流动、选择新的地主的机会愈加渺茫。原因有二：一是作为自由流动的基础条件——付清所欠领主的高利贷债务（在歉收、火灾、家畜死亡等情况下，农民不得已向地主借债或借粮，还有为启动农业生产购置必要的工具、牲畜而向地主举债，等等），成为农民不可能完成的任务；二是农民长期固定于所耕种的土地上，已经渐渐失去流动的愿望与动力，因为无论流动到哪里都将面临类似的境遇。虽然当时的立法并未取消农民流动的权

①　莫斯科第一位地主鲍里斯科·鄂尔科夫就是从大公伊凡·加里塔获得的份地。在赐予份地时，伊凡·加里塔言："我在罗斯托夫所购买的包戈罗第赤斯克镇，已赐予鲍里斯科·鄂尔科夫，假如此人为吾子服务，该镇即归于此人，如果不为吾子服务时，即将此镇收回。"（朴希加廖夫. 俄罗斯史. 吕律，译. 台北：国际关系研究所，1970：136-137.）

②　朴希加廖夫. 俄罗斯史. 吕律，译. 台北：国际关系研究所，1970：137.

③　Ерофеев Б. В. Земельное право России: Учеб. /Отв. ред. Н. И. Краснов. —9-е изд. ，перераб. М.：Юрайт-Издат，2004：С. 116.

利，但是，"截至十六世纪末，农民离去的权利未经立法程序，已丧失无余"。同时，为了限制农民流动，防止地主之间为争夺农民争斗，地主们促使政府不断通过固定农民的法令的努力从来没有停止过。凡是未偿付债务而未经地主允许离去的，都属于逃亡的农民。1640 年沙皇发布命令，将搜捕逃亡农民的期限由 5 年延长至 10 年。在 1646 年政府关于人口地亩财产征税的谕令中，要求农民及其子女、兄弟等均须固定不得再移动，并且取消了搜捕逃亡农民的期限。1649 年的《法律大全》延续了这样的规定。至此，农民移动的自由被彻底取消。正如柯留切夫斯基所言，"个人依照契约、依照贷款字据，一变而为依法而固定为世世代代的农奴了"①。在整个 17 世纪，领主对于农民的权力不断增长，相反，农民的权利不断被剥夺与限制。截至 17 世纪末，在这种演变进程中，领主的农民的法律地位与权利地位已经越来越接近奴隶，两者愈加接近，逐渐合并为一个从属于领主的社会阶层。

在古俄罗斯，教会不仅是主宰人们精神生活的力量，而且也是非常庞大的社会和政治力量，同时在经济生活中还扮演着重要的角色。它们掌握着大量的土地，这些土地的基本来源就是大公的给予和地主的捐赠②。在16 世纪初，当时它们所拥有的土地已经占到全国所有封建土地的三分之一。在一些地区（弗拉基米尔、特维尔地区）神职人员所有的土地已经达到全部土地的一半以上③。例如，封建主提供修道院和教堂土地已经成为传统，这是基于超度灵魂、建设教堂和修道院以及其他需求。宗教组织取得土地同时也存在着侵害他人土地权利的情况，1678 年因被暴力剥夺草场和渔场的农民就向特里福诺夫修道院的僧侣们表示了不满。

农奴制度最为黑暗的一面就是无限制地支配农奴的人身和劳动。在叶卡捷琳娜二世时期，农奴制度达到了巅峰，一方面扩大了领主对农奴的权力，另一方面扩大了农奴制度的范围。此前没有实行农奴制的哥萨克地区也被卷入其中，原来存在契约关系的农民成为农奴。1765 年规定，领主有权力流放有过失的农民，让其做苦役。1767 年元老院的命令规定，禁止农民控诉自己的领主④。

---

① 朴希加廖夫. 俄罗斯史. 吕律，译. 台北：国际关系研究所，1970：254.

② 同①141.

③ Ерофеев Б. В. Земельное право России：Учеб./Отв. ред. Н. И. Краснов. —9-е изд.，перераб. М.：Юрайт-Издат，2004：С. 112.

④ 同①322.

在沙皇尼古拉一世（1825—1855 年在位）时期，国内的改革是保守与停滞的。"不言而喻，根本不要想出版任何有关解放农民的书刊，甚至不能直接提到农奴制度这个名词，而用'义务地租'一词来代替，文章则用《论俄国粮价不定的原因》做标题。大家都知道，其中所讲的就是农奴制，更无其他。"① 这一时期俄罗斯工业长足发展，需要更多劳动力。在农民与农业问题上，此时的农奴制已经处于低潮时期，1842 年在国务会议讨论"有义务的农民"法案时，尼古拉一世在演讲中指出："在我们当前的情况下，为大家所关切的和有目共睹的农奴，它是邪恶的，已属毫无疑义；但是现在所遇到的，当然也许是更具毁灭性的邪恶。"② 该法案规定，领主自愿地同农民签订终止人身关系的契约，并且给农民份地，农民则按照契约的规定尽到一定的义务，或者偿付一定租赋。实际上，这样的规定只是一纸具文，对于领主农奴之间的关系与地位并没有实质性的改变，因为领主不愿意为其利用。"一句话，一切不是醉鬼的地主老爷所做的事都正是这项法令允许他做的……这等于颁布一项法令，准许人用脚走路、用嘴吃饭等等一样。无怪乎几乎没有人想去利用新法令的'利益'。"③ 因此，此项法案只是在俄罗斯西南边区得到实施，而当地领主大多是波兰人。

总而言之，18 世纪以前俄罗斯土地利用与归属、土地关系法律调整同封建农奴制——封建制经济基石密不可分，其匹配了当时社会生产与发展的需求。从法律的视角来观察，我们可以发现这一时期对土地关系的法律调整呈现出以下特点：一是维护农奴制的法律地位。通过限制、取消农民自由流动的权利，对逃离的农奴给予严责，延长和取消抓捕逃离农奴的时限，赋予领主对农奴人身与财产全面控制的权力，使农奴制在俄罗斯得到全面扩张、普及与固化。二是强化作为农村基本存在形式的村社的法律地位。赋予村社日常事务管理、司法审判、税赋连环保证等多重功能，使之成为有效的农村社会管理组织模式。农民被牢牢固定在土地上，未经村社同意，农民不能脱离村社。三是注重保护地主的权利。作为主要的封建土地占有者，同时作为国家政治组织的工具，地主的法律地位得到确认与巩固。沙皇保罗一世曾说："国家有多少地主，我就有多少警察局长。"地主已经不是简单的土地所有权人、农奴的主人，而是国家政权实现的工

---

① 波克罗夫斯基. 俄国历史概要：上册. 贝璋衡，叶林，葆煦，译. 北京：商务印书馆，1994：132-133.

② 朴希加廖夫. 俄罗斯史. 吕律，译. 台北：国际关系研究所，1970：361.

③ 同①133.

具，承担着控制农民、稳定政权的职能。

一件有深远意义的事情是，俄罗斯在 18 世纪中叶启动了土地普查工作，普查工作一直进行了几十年，成果是建立了俄罗斯的土地明细。这项工作成效显著，具有重要的历史价值。土地全面普查获取了俄罗斯土地利用状况的数据，为解决土地争议提供了基础依据，有效减少了土地争议的数量。同时，土地普查推动了俄罗斯土地法规则的更新，即土地登记全覆盖，形成了土地事实占有和土地合理分配的书面记录。这次土地普查所获取的数据资料，以及制定颁布的关于土地普查的规范性法律文件在后续100 年内仍发挥着重要的作用①。

需要注意的是，这一阶段俄罗斯虽然处于封建农奴制时期，但是已经出现了资本主义生产关系萌芽，在对土地关系的法律调整中，已经刻上了有利于资本主义发展的印记。例如，建立的工厂需要劳动力，就出现了依附于工厂的村庄。在关于购买临近工厂的村庄的法令中，取消了禁止商人和工厂主购买工厂附近村庄的规定，并禁止村庄脱离工厂和未经采矿与制造业协会同意而将村庄出售或抵押给他人；在发展资本主义关系的压力下，国家取消了对土地的垄断权。1801 年 12 月 12 日的法令授予商人、市民和农民购买土地的权利，但是农奴除外。1848 年 3 月 3 日的法令又赋予农奴购买土地的权利，但基于国家利益可对土地使用人权利进行限制。1719 年 12 月 10 日的法令就规定，在土地上开采金属和矿产是国家的特权。土地所有权人或者享有为开采和加工矿产资源设立工厂的优先权，或者有权取得其土地上矿产资源加工利润的三十二分之一②。这表现出基于公共利益和国家利益限制私人土地所有权的趋势。

（二）1861 年的土地改革

沙皇亚历山大二世（1855—1881 年在位）时期被称作大改革年代，首要的改革自然就是取消农奴制。1856 年在同贵族代表会谈时，亚历山大二世讲道，"由上面来废止农奴制度，总比等到他们自己由下面取消为好"③。1857 年初，在沙皇个人倡议下成立了特别委员会，从事"制定逐渐解放农奴的措施"。沙皇用一句话说明了改革的思路："我们希望，给予农民个人自由和承认地主的土地所有权，不使农民成为无家可归的、无论

①　Ерофеев Б. В. Земельное право России: Учеб. /Отв. ред. Н. И. Краснов. —9-е изд. , перераб. М.: Юрайт-Издат, 2004: С. 113.

②　同①114.

③　朴希加廖夫. 俄罗斯史. 吕律，译. 台北：国际关系研究所，1970：371.

对于地主还是国家都有害的人。"①

其实，在1861年土地改革之前，在俄罗斯西部省份已经顺利进行了改革尝试。例如，波兰1804年取消了农奴法，爱沙尼亚、利沃尼亚、库尔兰省（现波罗的海国家）在1816年到1819年期间也进行了改革。但是，传统上认为，在农奴制改革历史上，1861年是农奴摆脱农奴制，大规模被解放的起始点。

1861年的土地改革按照下列原则进行：（1）保留现有地主的土地所有权；（2）农民可以通过赎买或者开垦获得庄园定居地和份地；（3）农民作为土地法律关系的主体只能通过村社成员的方式体现；（4）土地关系变革务必确保国库利益和财政利益。1861年2月19日，取消农奴制条例与著名的解放农奴宣言同时发布。基本内容是：永远废止农奴制，赋予解放的农奴自由农民的权利，但是领主土地权利不变，土地仍归其所有；一般情况下，归农民管领的土地都是原来农奴制时期其所耕种的土地，农民赎买份地的对价由国库支付给领主（有息证券），而农民每年向国库清偿债务；"沙皇借助于公产提供给地主相当于农民应支付给他们的赎金75％～80％的贷款，而农民需在49年内还清这些贷款，每年作为'赎金'进入国库"②；地方条例规定农民赎买份地的最高和最低标准，农民份地规模在不同地带（黑土地带、非黑土地带、草原地带）差距很大，在同一地带也有很大不同，平均在3.3俄亩③左右；为在地方实行农业改革，增设村社调解吏一职，该制度一直实行到1874年，村社调解吏由政府从当地贵族中任命，主要职责就是在领主与农民争执之间辨明是非，协助书写契约书状。

按照土地改革条例的规定，脱离农奴制的农民应当结合为村社。一般情况下，村社是由同属于一个地主的农民联合而成的，它也能由属于不同地主的生活在一个村庄或者较大村庄的部分农民联合而成。村社是共同使用土地（占有土地）并共同属于一个具有行政管理和警察功能的行政单位的农民的土地联盟④。农民的份地并非直接交由农民或农户所有，而是交由村社管辖，村社按照会员人数平均分配。上交的税赋也由农民共同支付，农民无力支付的，由村社上交，因为村社是以"连环保证"——集体负责形式——结合起来的。不经村社同意，农民不能脱离村社。村社领导

---

① Чубуков Г. В. Земельное право России. М.：Изд. "Тихомиров М. Ю."，2002：С. 17.

② 同①18.

③ 1俄亩相当于1.092 5公顷。

④ 同①19.

机关是村民大会，由所有作为户长的农民组成。

1861年2月19日的法令，仅涉及私人占有的农民——大量依附于地主的农民。随着1863年7月26日法令的颁布实施，农民改革才推行到封邑的农民，而到1866年又推行到国有农民（占俄国全体农民数量一半，男性约为1 000万人）。"国有农民和封邑农民土地的保障，比过去领主农民好得多：份地的平均数量，每一封邑男性农民有4.8俄亩，国有农民则有6俄亩左右"①。

废除农奴制的头十年，农民经济状况不但未见改善，反而更加恶化，主要原因是农民的收成非常差。亚历山大三世政府采取一系列措施改善农民经济状况，例如：1881年，降低农民份地的赎地金；1882年，设立农民银行，支持农民和农民团体购买私人土地；1883—1885年，最初降低农民的人头税，而后索性完全取消；1889年，颁布土地不多的农民向乌拉尔移民的条例。但这些措施并未达到预期的效果，土地改革出现摇摆、倒退。亚历山大三世政府认为，必须维持与巩固村社的存在。按照1861年颁布的改革条例，完全付清赎地金的农民成为土地所有权人，可以支配土地，可以出售和典押土地。但是，亚历山大三世政府却"过时地"采取了农民土地财产不可侵犯的防备措施，并且于1893年颁布法律，禁止农民出售或典押自己的份地②。

应当说，1861年的土地改革没有从根本上改变俄罗斯的土地关系。考虑到俄罗斯根深蒂固的封建主义传统和其独特的自然经济条件，农业封建关系的急剧打破会带来社会动荡，因此，土地改革的基本思路是谨慎与渐进，稳妥地沿袭普鲁士农业改革模式，试图将农奴地主经济转变为资本主义市场经济。此次土地改革的进步性在于打破了农奴制对国家发展的抑制与阻碍，农民从领主的人身依附、财产控制中解放出来；不足之处在于改革的不彻底性，农民从农奴制依附进入到村社控制之中，没有成为自由的、真正拥有土地权利的独立的人。"总之，法律汇编所规定的所有的土地所有权与土地权利类型都没有实质性变化而予以保留。被解放的农民取得'自由农村居民'的地位，获得类似非特权阶层所拥有的对于私人土地的受限制的土地权利。"③ 这种土地利用与农村管治模式已经不符合农村

---

① 朴希加廖夫. 俄罗斯史. 吕律，译. 台北：国际关系研究所，1970：372-373.

② 同①396-397.

③ Ерофеев Б. В. Земельное право России：Учеб. /Отв. ред. Н. И. Краснов. —9-е изд. ，перераб. М. ：Юрайт-Издат，2004：С. 115.

市场经济关系发展的需求，成为俄罗斯资本主义市场经济形成的阻力与障碍。因此，1861 年土地改革的完成即预示着俄罗斯下一次土地改革的来临。

二、斯托雷平时期的土地制度改革

在俄罗斯学者看来，与彼得一世、亚历山大二世改革相比，在改革设计深度、广度以及内容和实施效果上，斯托雷平的改革才是大国真正的农业改革。在俄罗斯历史上，1906—1916 年所进行的改革，以担任俄罗斯行政首长的斯托雷平的名字命名。他所启动并推进的土地改革的中心思想，就是强力摧毁农民土地公社并在其废墟上建立以强大经济组织（富农、农场主）优先的新农业制度。

改革者最为重要的作用，就在于给予改革法律和金融保障，保护新土地所有人和禁止剥夺农民，并使人们清晰地明白这种危害的可能后果。此前的 1905 年 11 月 8 日的法令，取消了 1861 年土地改革强加给农民的获得份地必须支付的赎金。1906 年 3 月，在全国各省、县设立土地规划委员会，整理农村土地利用情况，尽可能减少地界参差不齐的现象。1906 年 8 月 12 日、27 日以及 9 月 19 日陆续发布命令，将国家和封邑的农用土地移交给农民银行，并将阿尔泰内阁的土地也移交给农民银行，以优惠条件出售给需要土地的农民。1906 年 10 月 5 日，又发布一项重要法令，平均农民与其他阶层人士的公民权，从此以后农民可以根据其意愿变换居住地、自由选择职业、任公职和入学校读书，而不必再经村社同意或许可。1906 年 11 月 15 日，发布命令废止了 1893 年的法律，允许农民出售和典押自己的份地[①]。

斯托雷平时期的土地改革非常关注土地整理。1906 年 11 月 9 日命令中所要求的土地整理工作，自 1907 年 1 月开始进行（1911 年有 5 000 名以上的土地丈量员在工作）。土地整理工作的主要目的是：为农民将他们的土地地段固定下来，或者将已经固定的土地分到另一个地方（单独庄园或独家农场），或者为离开本村迁到自己土地上的农民（独立农场）将零散地块组织起来。

斯托雷平的改革措施在农民中得到积极的响应。从 1907 年开始的五年间，共收到 265.3 万名农民户主提出退出村社的申请，占农户总数的

---

① 朴希加廖夫. 俄罗斯史. 吕律，译. 台北：国际关系研究所，1970：422.

25%。到 1914 年，土地整理委员会共为 286.2 万名农民户主，涉及
2 572.8 万俄亩土地做退社准备工作。实际上，为 204 万名农民户主完成
了 1 800 万俄亩土地的退社工作——这项工作确实是巨大的①。

斯托雷平时期土地改革形成了比较完备的俄罗斯土地法律制度，构建
了完整的多种类型的土地利用体系，其中包括地主、村社、农户、独家农
庄、独家农田，形成了多种形态的土地所有权制度。斯托雷平土地改革后
的俄罗斯土地可以分为②：

国有土地。按照法律规定，不属于任何人——包括私人、团体、贵
族、机关——所有的土地都是国有土地。其中包括公家土地、无人居住土
地、荒野、森林、海岸、湖泊、通航的河流及河岸。公家管理的土地属于
公有土地，具有战略和军事意义的土地（堡垒和其他工事用地）属于公家
土地，但可以被私人使用。1917 年 3 月，俄罗斯临时政府将分封的土地
和皇室地产也纳入公有土地范畴中。

宗教团体土地。俄罗斯宗教团体的威望使其拥有大面积优质土地。在
国家划拨土地、地主赠与土地的情况下，还允许东正教教堂和修道院通过
购买、赠与或者遗嘱方式获得任何类型无人居住的不动产所有权。教会和
修道院土地法律制度与它们的土地来源无关，不同来源的土地彼此没有
区别。

长子继承制土地。这种土地占有类型是按照沙皇提议设立的，它是沙
皇用自己的权力奖励给忠诚于他的高官的实行长子继承制（世袭占有）的
产业。长子继承制土地占有是不能分割的：不能割让、抵押或者以其他方
式减少。土地只能全部地转移给最长的继承人，其他继承人不能获得土
地，也不能要求任何补偿。如果没有男性继承人，则长子继承的产业就归
入国家。1906 年 10 月 21 日的法律，允许长子继承制产业的占有人将属于
这些产业中的地块有偿割让给农民。

私有土地。斯托雷平改革之前这类土地的所有权只归属于贵族——地
主。根据 1906 年 11 月 9 日法令，农民可以成为份地所有权主体。

被私人工厂占用的土地。该类土地所有权的法律制度特点在于权利的
受限制性。在一次土地争议中，枢密院指出，私人工厂土地所有权属于私
人所有权，但是是不完全的私人所有权，其受到采矿目的的限制。私人企

---

①　朴希加廖夫. 俄罗斯史. 吕律，译. 台北：国际关系研究所，1970：423.

②　Чубуков Г. В. Земельное право России. М. : Изд. "Тихомиров М. Ю.", 2002: С. 22—23.

业占用土地的权利主体是私人工厂拥有者，该工厂获得来自国家在人力、土地、森林、矿山方面的补助①。

公共土地。俄罗斯立法中没有规定这类土地的法律制度。在俄罗斯帝国法律汇编中仅一般性地列举了这类公共土地所有权的主体：城市、市政组织、贵族团体、乡村居民组织、地方自治机关等。

斯托雷平土地改革任务的完成并没有涉及地主土地，而是通过便利购买土地和为迁移西伯利亚创造条件的方式实现的，在西伯利亚有着大面积的无主土地。所以这次改革没有从根本上动摇地主土地的法律地位，只是使拥有土地的农民个体的法律地位发生了根本性变化，因此并没有遭到地主的强烈反对。同时，斯托雷平将农民迁徙到土地资源丰富的西伯利亚地区，很好地解决了地少农民与占有大面积土地的地主之间的矛盾，有效地缓解了当时的社会矛盾。从斯托雷平推行改革以后，直至 1917 年十月革命前，市场关系已经深入到俄罗斯土地关系之中，其最为明显的成效就是农业生产效率的提高。此外，还要看到的是，这一历史时期"新的市场关系与旧的半封建土地关系交织并存，导致了土地关系法律调整的复杂化、土地立法的零散与混乱，在理论层面上不能制定土地法"②。但与此同时，斯托雷平的改革所创建的多种类型的土地所有权和各种形式的土地利用制度，也有效促进了俄罗斯法律体系中一个特别部门——土地法的产生③。

第二节　苏联时期土地制度考察

作为世界上第一个社会主义国家的奠基人，列宁看来，"农民问题在俄国社会中和俄国革命运动中不论过去和现在都占有重要的地位"④。而"土地问题是俄国资产阶级革命的根本问题，它决定了这场革命的民族特点"⑤。从 1917 年十月革命到 1991 年苏联解体，这一历史期间的土

①　Ерофеев Б. В. Земельное право России：Учеб./Отв. ред. Н. И. Краснов. —9-е изд.，перераб. М.：Юрайт-Издат，2004：С. 126.

②　同①126.

③　同①126c.

④　列宁全集：第 4 卷. 2 版增订版. 北京：人民出版社，2013：206.

⑤　列宁全集：第 16 卷. 2 版增订版. 北京：人民出版社，2017：387—388.

地制度构造与土地权利制度设计，彻底颠覆了俄罗斯帝国时期的土地制度模式，也完全有别于当代俄罗斯的土地制度。其所形成的以土地国家所有和农业集体经营为特征的土地制度，不仅成为苏联社会主义制度的重要标志，而且对世界其他社会主义国家的土地改革与土地法律制度设计产生了深远影响，成为那个时代世界土地立法版图上独具特色的范本。

一、新经济政策时期与农业全面集体化

（一）十月革命引发的土地关系变革

列宁指出："我们的土地纲领的**意义**：俄国无产阶级（包括农村无产阶级）应当支持农民同农奴制作斗争。"① "革命的道路是真正推翻旧制度的道路，它必然要求消灭俄国一切旧的土地占有形式以及全部旧的政治机构，以建立自己的经济基础。俄国革命第一个时期的经验已经彻底证明：俄国革命只有作为农民土地革命才能获得胜利，而土地革命不实行土地国有化是不能全部完成其历史使命的。"②

十月革命成功次日，列宁就代表苏维埃政权颁布了《土地法令》，这是苏维埃政权第一部立法文件。法令宣布：立刻废除地主土地所有制；土地成为全民财产并交给一切耕种土地的劳动者使用；按照劳动土地份额或消费土地份额把土地分配给劳动人民；使用土地的方式不受任何限制；定期分配土地；土地退出民事流转，任何土地关系变动均需由行政机关依据行政命令来决定。除废除土地私有制以外，《土地法令》对土地关系的重要调整还表现在：对土地权利的剥夺仅限于贵族、王室、教会、地主的土地，不但没有取消农民对土地的占有与使用，而且对其规定了唯一的个人权利，即永久（定期）占有权。农民享有占有、使用土地的权利，并且可以自由地选择占有与使用土地的形式——村社、独家农庄、独家农田等等。如果说，形式上俄罗斯1917年十月革命在土地制度领域的胜利成果是土地国有化，那么实际上更为确切的表述是农民无偿地获得土地的占有与使用。因此，农民对于参加苏维埃土地改革的态度是积极与拥护的。

《土地法令》实行了6年，成为整个社会主义建设时期有关调整土地

---

① 列宁全集：第56卷. 2版增订版. 北京：人民出版社，2017：48.
② 列宁全集：第16卷. 2版增订版. 北京：人民出版社，2017：392.

关系的苏维埃立法的基础①。依据该法令确立的基本原则，俄罗斯苏维埃相继通过了关于调整土地关系的若干文件，例如 1917 年 12 月 29 日人民委员会通过的关于禁止不动产交易法令、1918 年 5 月 27 日全俄中央执行委员会通过的森林法令、1920 年 4 月 30 日俄罗斯苏维埃联邦社会主义共和国人民委员会通过的地下资源法令。1918 年 2 月 19 日全俄苏维埃中央执行委员会通过的土地社会化法令，又进一步明确了这些原则，其中特别强调了平均使用土地原则。

如果说《土地法令》主要是针对农业与农村土地，那么全俄中央执行委员会 1918 年 8 月 20 日通过的废除城市土地私人所有权法令，则完全彻底地取消了城市私人土地所有权，无论是建设用地还是非建设用地，无论是城市范围内的个人土地还是企业、机关、组织所有的土地，都归属于国有。

在土地改革进行中，原定的耕地分配标准是按照人口和劳动力进行分配，其他农用地多半是根据牲畜占有头数进行分配。但实际上，各地根据牲畜和农具分配土地的情况较为普遍，结果就是富农分得土地较多。正如列宁所说：在分配地主的土地时，"暴露出富农和贫苦农民之间的不同利益和不同意向"②。1918 年夏天又开始第二次重分土地，即在贫农委员会运动中开展剥夺富农多余土地和财产的运动。结果，革命前富农占有的8 000 万俄亩土地，几乎有 5 000 万俄亩转到贫农和中农手中③。

实际上，布尔什维克政党是不希望农村资产阶级形成与发展的，把土地分给农民并不是社会主义的基本标志。因此，在十月革命成功以后，就面临着向社会主义过渡的问题，在土地关系调整上表现为大力推进集体农庄建设和共耕制。

1919 年 2 月 14 日颁布的《社会主义土地整理条例和向社会主义农业过渡的措施》规定，全部土地属于国家所有，土地利用公有形式优先，土

　　① 《土地法令》在苏联土地立法历史上具有非常重要的意义。在苏联学者看来，《土地法令》是列宁关于土地国有化学说的体现，是苏维埃土地法产生与发展的科学——方法学基础和法律基础。任何一部法律文件都不能与之相提并论。实际上《土地法令》生效实施的时间并不长，仅有 6 年，却是苏维埃土地法产生与发展的基础，它所确立的基本原则一直被苏联各阶段的土地立法所坚持和秉承。直至 20 世纪 80 年代苏联编撰的土地法教科书还单独设立一节来阐述《土地法令》，其重要意义可见一斑。(Б. В. 叶罗费耶夫，Н. И. 克拉斯诺夫，Н. А. 瑟罗多耶夫. 苏联土地法. 梁启明，译. 北京：中国人民大学出版社，1987.)
　　② 列宁全集：第 41 卷. 2 版增订版. 北京：人民出版社，2017：147.
　　③ 沈志华. 新经济政策与苏联农业社会化道路. 北京：中国社会科学出版社，1994：26.

地脱离商品货币关系，建立国营农场和集体农庄，等等。该条例的颁布标志着土地占有与使用形式由农民个体占有使用向集体共同占有使用的集中与过渡。

（二）新经济政策时期土地占有使用形式

新经济政策肇始于 1921 年，结束于 1928 年。"'巩固个体农民经济—发展商品货币关系—实行国家资本主义'，这个三位一体的公式构成了列宁新经济政策思想的基本理论框架，反映了新经济政策基本内容的合理结构。"① 历经 7 年的新经济政策，虽然实施的时间并不长，但在苏维埃俄国（苏联）革命与建设的历史上占据重要的历史地位，而且在世界共产主义运动历史上也具有举足轻重的作用。新经济政策不仅是苏维埃俄国（苏联）探索由资本主义向社会主义过渡做出的有效尝试和有益探索，从一定意义上讲，它也成为包括中国在内的社会主义国家发展过渡阶段的理论模型与实践样板。

1921 年 3 月 23 日，苏维埃政府颁布《关于保证农村居民正确和稳定地使用土地》的法令，这是实施新经济政策以后第一个调整农村土地关系的规范性文件。该法令的宗旨在于稳定现行的农民对于土地占有和使用的状态，避免地方机关以建设集体农庄、平均地产的名义收回农民的土地。因特殊用途，如建立苗圃、试验站而占用农民土地，也必须给予农民其他同等份额的土地。

1921 年 12 月 19—22 日召开的俄共（布）第十一次全国代表会议确定了土地政策原则：（1）毫不动摇地保持土地国有化；（2）巩固农民的土地使用权；（3）给农村居民以选择土地使用形式的自由。12 月 26 日，全俄苏维埃第九次代表大会通过关于恢复和发展农业的决议，决议第一条内容就是"每个地社都有权根据大多数成员的决定选择这样或那样的土地使用形式：同志式的、公社的、独家农田、独家农庄或混合的形式"②。

俄罗斯苏维埃从 1922 年开始土地立法法典化工作，其目的就是要"制定每一个土地使用者都能理解的、简明的土地立法汇编"③。1922 年10 月 30 日，全俄苏维埃第九次中央执行委员会通过了《俄罗斯苏维埃联邦社会主义共和国土地法典》，该法典于当年 12 月 1 日生效实施。该部法

①　沈志华. 新经济政策与苏联农业社会化道路. 北京：中国社会科学出版社，1994：21.

②　同①29.

③　Чубуков Г. В. Земельное право России. М. ：Изд. "Тихомиров М. Ю."，2002：С. 24.

典重点强调：废除土地私有制，巩固土地国有化成果；所有土地无论由谁管理与使用，均是工农国家所有的财富；仅允许在劳动使用基础上的土地占有，严禁土地买卖；农民可以无限期地占有和使用土地；等等。

该土地法典充分体现了新经济政策时期土地关系的基本原则，允许农民永久地占有和使用土地，自由地选择占有和使用土地的形式。农民丧失对于土地的占有和使用必须具备以下条件：农户消亡，整个农户迁移、耕地转让，犯罪，农民离开土地六年以上又没有可靠消息，以及全体农民自愿放弃土地占有，等等。国家为公共目的收回任何土地必须进行补偿。允许农民离开村社，允许各种形式的土地占有与使用。当村社进行土地分配时，允许农民自由选择土地占有与使用形式。为了稳定土地使用，禁止国家进一步重分土地。重申土地上的一切建筑物、作物和其他财产都是农民不可剥夺的个人财产①。

综上可见，在苏维埃土地国有体制下，土地关系法律调整的核心已经不再是土地所有权，而是土地的占有与利用。从土地权利的视角来分析，它集中体现为谁有权占有与利用土地，以及以何种方式占有和利用土地，即土地占有与使用的形式问题。在新经济政策时期，形成了混杂多样的、新旧共存的土地占有与使用样态：既包括 1861 年土地改革所形成的既存土地占有与利用形式，也涵盖了十月革命以后新生的国有农业经济形态（国营农场、集体农庄）。该阶段的土地占有与使用，主要可以分为以下几种形式：

（1）村社。如前文所述，村社是俄罗斯农民占有与使用土地的古老组织模式。村社的特征是土地由村民共同占有，实行条田制，土地定期重新分配。历经 1906 年斯托雷平改革，村社土地占有与利用的绝对垄断模式逐渐衰落，但是在十月革命以后并没有完全消亡，仍然存在。而且在战时共产主义时期，村社出现了短暂的"复兴"。需要注意的是，这时的村社已经不是农奴制和斯托雷平时期的村社，而是经过土地整理与改造后的土地占有使用模式。在新经济政策初期，村社仍然是最为主要的土地占有与使用形式。苏联中央统计局的调查资料显示，1922 年在全国主要农业地区，村社土地占有形式占整个农民土地的 98% ～ 99%，甚至在中央工业区也达到 80% ～ 95%，而仅仅在西部和西北地区村社土地使用形式的比

_____

① 沈志华. 新经济政策与苏联农业社会化道路. 北京：中国社会科学出版社，1994：30.

重较低，为 65%～75%①。

（2）独立地段。独立地段是斯托雷平土地改革后出现的农民个体占有与使用土地的形式，分为三种类型：独家农庄、独家农田、混合农庄。独家农庄的特点是个体农户居住生活和所占有使用的土地脱离于村社，独立地耕种生产。独家农田的特点是个体农户生活居住于村社，但是所占有使用的土地脱离于村社管辖。混合农庄则是土地虽然不属于村社占有，但是还保持传统条田制的形式。独立地段的主体主要是经济条件比较好的农户。独立地段相比村社而言具有很大的优越性：一是土地不再重新分配，农户具有更高的改良土壤、增加投入的积极性；二是因为不实行条田制，土地不再零散、偏远，更易于管理与耕种，农业产出率更高。在战时共产主义时期，拥有独立地段的富农、中农成为被革命的对象，数量大幅度减少。在新经济政策时期，独立地段作为农民倾心的土地占有使用形式，又获得较快的发展。苏联大多数学者认为，独立地段与村社的区别在于所代表的经济性质不同：村社体现的是自然经济性质，而独立地段则是商品经济的代表。我国学者也认为，独立地段农户在初始阶段基本上是小商品生产者②。独立地段的性质与作用，也就决定了它在后续农村全面集体化中的命运。

（3）集体农庄。集体农庄是十月革命以后新出现的农村土地占有与使用形式，也是苏维埃政权优先建设的农村集体经济组织形式。集体农庄分为三种形式：农业公社、劳动组合、共耕社。其中农业公社公有化程度最高，劳动组合次之，共耕社中个人经营成分最多。集体农庄与独立地段成员构成的差别在于：集体农庄成员大多是无地或者地少的农民，基本上是农民群体的最底层。

三种集体农庄形式在生产资料占有、产品分配等方面存在差别。在生产资料占有上，农业公社的土地全部为集体占有，共耕社和劳动组合中则有部分土地归属于个人使用。在收入来源和农产品分配上，农业公社成员的收入来源就是集体劳动，分配基本原则为按照人口平均分配，在劳动组合和共耕社中，除了从集体中获得收入以外，还能从个人经营中获得收入。劳动组合侧重于按照劳动量进行分配，共耕社基本上按照每一农户加入共耕社时所带进的工具、牲畜等生产资料进行分配。在新经济政策后

---

① 沈志华. 新经济政策与苏联农业社会化道路. 北京：中国社会科学出版社，1994：42.
② 同①52-56.

期，集体农庄三种形式中共耕社占据明显优势，比例为 59.8%，劳动组合为 34.8%，农业公社为 3.4%①。总的来看，在新经济政策时期集体农庄并没有得到突飞猛进的发展，在整个土地占有使用构成中还处于弱势地位。

（4）国营农场。国营农场与集体农庄一样，都是十月革命以后新生的土地占有与使用形式。国营农场占有和使用土地，执行国家经济计划，耕种土地人员的身份是职工，领取工资。1917 年的《土地法令》设想保留相当部分土地为苏维埃国家掌握，用以建设大型国营农场，但在土地革命的实际过程中，远未达到预期的设想。1918 年底，3 366 个国营农场占地只有 649 602 俄亩。1920 年底，全国共有 4 384 个国营农场，占地也不过 200 多万俄亩②。质言之，国营农场在新经济政策时期也未得到有效迅猛的发展，在当时土地占有使用结构中也处于非主流地位。

（三）农业全面集体化中的土地变局

1922 年底，苏联正式成立。截至 1927 年，在新经济政策实施末期，苏联土地使用的格局是：村社土地使用形式在全部土地面积中占 95.5%，独家农庄占 0.9%，独家农田占 2.6%，集体农庄占 1%③。

新经济政策在苏联是存在争议的，即使新经济政策的缔造者列宁也认为，新经济政策是一种社会主义"退却"，新经济政策实施会产生一个资产阶级，而与之进行斗争则是"最后的斗争"④。新经济政策实质上是苏维埃在向社会主义过渡过程中行之有效的、适应当时生产力与经济发展水平的、不得已而为之的历史选择。

1924 年 1 月列宁逝世，此时的新经济政策已发生转向。从 1928 年开始，发展集体农庄成为苏联发展农业经济的优先方向，土地供给、生产工具配备、资金资助、税收减免等等都向集体农庄倾斜。在这一阶段，苏联土地占有与使用形式还是处于上述的混合状态，多种土地占有与使用形式混杂共存，集体农庄并不占优势。直到 1929 年底进行的农村全面集体化浪潮彻底改变了农村土地占有与使用的格局，同时完全颠覆了农村组织的历史传统架构。"更重要的是具有悠久传统的俄国村社

---

① 沈志华. 新经济政策与苏联农业社会化道路. 北京：中国社会科学出版社，1994：86.

② 同①26.

③ 同①94.

④ 刘书林. 清醒的退却，坚定的原则：重新解读列宁的新经济政策. 马克思主义研究，2001（1）：28—30.

制度终于彻底崩溃了。""村社制度的全面解体是通过两条途径实现的。其生产职能当然是由集体农庄接替,而行政管理职能则由村苏维埃取而代之。"①

20世纪30年代苏联农村集体化运动首先表现为自上而下的强制性特征,被集体化的农民自由地选择占有与使用土地形式的意志自由已经不存在,农民全部被汇入集体化的洪流之中;其次,集体化无论是在速度上还是在形式选择上都表现出跃进的特征,集体化在极短的时间跨度内突飞猛进,例如有些地区的集体化水平,据1930年3月15日《真理报》报道,在两三天内竟从10%飞跃到90%②。集体农庄三种形式中农业公社成为全面集体化实质上的优先选择,建立了若干大型集体农庄,如前所述,农业公社是集体农庄当中公有化程度最高的组织形式。很多地区出现集体化扩大化倾向,将宅旁园地和住宅公有化,甚至将牲畜、鸡鸭以及生活设施收归集体所有。

农业集体化是依靠法令与政策强行推进的。1930年2月1日苏联中央执行委员会和人民委员会通过的关于在全盘集体化地区巩固社会主义农业改造和反对富农措施的决定,赋予地方机关"征收"影响强制集体化的大型农民组织的权力,包括没收农民的财产和将他们驱逐到尚未开发的边远地区③,规定废除土地租赁和雇佣劳动。1935年的《苏联农业劳动组合示范章程》规定:"劳动组合的整块土地在任何情况下都不能减少,退出劳动组合的人只能从国家未分配的土地中另行取得土地","在农民退出劳动组合时,他们投入到公共基金中的集体化财产价值的25%~30%不能退还给本人"。

1933年底,苏联农业全面集体化的目标实现,未加入集体农庄的农户仅占全体农户的0.2%④。农业全面集体化的实现,标志着新经济政策时期所实行的土地政策彻底终结。个体农民获得占有与使用土地的权利被集体化的方式所取代,曾经的村社占有土地形式和独立地段的形式不复存在。与此同时,农业集体化改变了苏联农村的组织管理结构和生产关系结

---

① 刘书林. 清醒的退却,坚定的原则:重新解读列宁的新经济政策. 马克思主义研究, 2001(1):98.

② 沃尔伏·拉德钦斯基. 苏联农业的社会化:集体农庄和国营农场的真相. 北京:商务印书馆,1963:31.

③ Ерофеев Б. В. Земельное право России: Учеб. /Отв. ред. Н. И. Краснов. —9-е изд., перераб. М.: Юрайт-Издат, 2004: С. 130.

④ 沈志华. 新经济政策与苏联农业社会化道路. 北京:中国社会科学出版社,1994:418.

构，以村社为依托的个体农户经济结构和村社行政管理结构消失，取而代之的是以村苏维埃为核心的行政管理机构和以集体经济为主导的农业生产关系结构。1917年《土地法令》规定的农民占有与使用土地的权利因全面集体化而消失，国营农场和集体农庄成为苏联土地占有与使用的主体，并且成为土地使用权的绝对垄断者。苏联20世纪30年代的农业集体化运动所形成的土地占有与使用模式，一直延续到20世纪90年代，直至苏联解体。这种土地占有与使用模式，后来也成为其他社会主义国家改造本国农村组织结构和农村土地生产关系的模板。

二、发达社会主义时期的土地制度

第二次世界大战结束后，苏联开始积极地进行土地立法编纂工作，颁布了一批规范性法律文件，这些构成了苏联土地立法的渊源。1946年7月苏联部长会议通过决议，决定恢复被战争中断的苏联土地使用纲要草案起草工作。1948年，这个草案起草完毕并进行了广泛的讨论，但该草案并没有提交给立法机关审议。后来又开始编制苏联和各加盟共和国土地立法纲要草案的工作，草案第一稿于1957年完成。为了推进该项草案的编制工作，1960年成立了由实践部门人员和学者组成的代表委员会。土地立法纲要草案编制工作于1968年底完成。当年12月13日，该部法律经苏联最高苏维埃批准通过，于1969年7月1日生效。有别于1928年的土地使用与土地整理的基本原则，该部法律的特点在于，对于建立在国家土地所有权基础之上的土地法律制度的规定愈加细致与详尽，对农业集体化所形成的土地占有与利用现状从法律的角度予以固定。另外，依据该土地立法纲要，在1970—1971年间所有加盟共和国都通过了自己的土地法典。

（一）发达社会主义时期的土地权利体系

农业集体化阶段结束以后，苏联进入社会主义建设时期，这一时期按照苏联理论界的划分，可分为两个历史阶段，即社会主义取得胜利时期和发达社会主义时期。在这两个历史时期，土地立法的基本原则与主要规则并没有实质性改变，尤其是进入发达社会主义时期，土地立法编纂相对完善，土地关系比较稳定，土地权利构成形态比较完整，因此，我们研究苏联的土地权利构成就主要定格在发达社会主义时期。

苏联土地权利体系最基本的划分，就是将土地权利分为土地所有权和土地使用权。与土地所有权相比，土地使用权比较复杂：既有按照权利主体进行的划分，例如国营农场、集体农庄、公民的土地使用权，又有按照土地的特定用途将土地使用权划分为不同的类型。

1. 土地所有权

1977 年苏联宪法在确立国家所有制时，明确指出土地专属于国家所有，国家为土地所有权主体。土地是全体人民的共同财富，人民是土地财富的占有主体。代表全体人民和全社会利益的是苏维埃国家；国家土地所有权的客体是苏联境内一切土地；土地国家所有权权能内容最为充分，对土地享有占有、使用和处分的权利。按照土地立法纲要的规定，国家土地资源按照基本用途分为六类：农业用地，居民点（城市、城市型村镇、农村居民点）用地，工业、运输业、疗养区、自然保护区和其他非农业用地，森林资源用地，水资源用地，储备土地。

2. 土地使用权

土地立法纲要第 8 条规定，土地无偿地划拨给苏联集体农庄、国营农场及其他的国有、合作社及社会团体的企业、组织、机构，以及公民使用。土地使用权有三个基本特征：一是使用的无偿性；二是无限期，但个别情况下土地使用是有期限的；三是土地使用权的取得、变更或者终止都必须由国家机关的行政性文件来决定，这些文件具有服从与权力的性质，而不是平等主体之间的合同。按照权利主体与土地用途的不同，土地使用权又分为：

（1）农业用地土地使用权。土地立法纲要第 22 条规定，农业用地提供给集体农庄，国营农场，跨农庄的、国家与集体农庄合办的、科研生产的企业、组织及其联合公司，其他国家及合作社的和社会团体的农业企业和组织，从事农业研究的科研院所、教学机构，以及不属于雇佣劳动从事个体经济的公民。

1）国营农业企业、组织、机构土地使用权。国营农业企业主体是国营农场。国营农场土地使用权的权利主体为国营农场，权利客体为农用土地。国营农场在土地上组织农业生产，也可以在拨付给它的土地的一部分上兴建生产和经营用的建筑物与构筑物、行政用房、文化和生活设施，还可以为工人、专家和职工修建住宅。国营农场可以将小块土地交付给本单位的工人、专家、职工和其他公民，用于建造属于个人的住宅，从事宅旁园地生产以及作为菜园使用。其他国有农业企业、组织、机构也可以获得农业用地使用权，其权能类似于国营农场土地使用权的权利内容。

2）集体农庄土地使用权。按照 1977 年苏联宪法第 12 条的规定，集体农庄占有的土地归该集体农庄无偿、无限期使用。集体农庄经所在地人民代表苏维埃登记其章程后取得法人资格，取得人民代表苏维埃颁发的国家土地使用权证书，成为土地使用权的权利主体。集体农庄虽然存在内部的土地二次分配，但是对外来说，不论同何人发生土地法律关系，其权利主体都是整个集体农庄。"集体农庄土地法律制度的共同特点，就是集体农庄作为土地使用者的全部权利义务都是为了解决发展农业生产这一基本任务的。"① 集体农庄土地的主要利用形式就是进行农业生产，此外也可以兴建与农业生产直接相关的建筑物与构筑物（灌溉设施、牧业用房等），还可以修建非农业生产性建筑（学校、医院、文化宫等）。集体农庄有权将土地转让给他人使用，例如向集体农庄的农户和居住在集体农庄的职工及职员家庭提供土地，根据区人民代表苏维埃的决议将尚未利用的土地拨给其他集体农庄、国营农场或其他农业单位使用。除了占有与使用土地以外，集体农庄土地使用权还有一项重要的权能，就是土地农庄内部管理权，即对土地进行登记，进行土地规划，为各生产分支划拨土地，进行土地二用转拨，对土地利用进行监督，等等②。

3）跨单位农业企业、组织土地使用权。跨单位农业企业和组织是指国营农场、集体农庄和其他国家、合作社及社会团体的企业和组织，自愿地把资金、人力、设备联合起来成立的跨单位企业（组织）。这类土地使用权的权利内容类似于国营农场和集体农庄的土地使用权。

（2）居民点土地使用权。土地立法纲要和各共和国土地法典使用"居民点土地"这一范畴来代替"城市土地"这个范畴③。居民点包括三种类型：城市、城市型村镇（工人新村、别墅区、疗养区）、农村居民点。城市与城市型村镇土地归人民代表苏维埃执行委员会管理。农村居民点土地既归村人民代表苏维埃管理，又归土地所在农村居民点范围内的集体农庄和国营农场管理。居民点土地使用权分为以下几种：

1）城市建筑用地使用权。通常情况下提供城市建筑的土地，是经市、区苏维埃执行委员会决议以划拨的方式提供的地块。城市建筑用地使用权主体为各种企业、组织和机构，城市土地也可以用于公民个人建设住宅。权利人可以在土地上建设建筑物和构筑物。按照《俄罗斯联邦共和国土地法典》第87条的规定，城市土地上建筑所有权转移时，该建筑物所占据

①　Б. В. 叶罗费耶夫，Н. И. 克拉斯诺夫，Н. А. 瑟罗多耶夫. 苏联土地法. 梁启明，译. 北京：中国人民大学出版社，1987：189.

②　М. И. 科兹里，В. З. 扬楚克. 苏维埃集体农庄法. 中国人民大学苏联东欧研究所编译室，译. 北京：农业出版社，1982：161.

③　同①196.

的土地使用权同时转移。当建筑物所有权转移给数个所有人时，或者转移部分建筑物所有权时，土地就归建筑物各个所有人共同使用。

2）公用土地、城市森林占有土地使用权。公用土地包括用于交通线、广场、街道、通道、道路、沿岸街的土地和满足市民文化生活需要（森林公园、小公园、街心公园、池塘）的土地，在公用土地上可以修建永久性建筑和临时性建筑，公用土地的特征是没有明确的权利主体。公用土地一般不拨给固定的个别土地使用者，而只用于满足全体市民的共同需要，由市、区苏维埃公用事业管理科经营与管理①。城市森林占有土地使用权与公用土地使用权相近。

3）城市农业用地和其他用地使用权。这里的农业用地指在城市地界内的农用土地。城市农业用地用于经营农业，主要表现形式有：国家农业企业以及合作社、社会团体使用土地，集体农庄使用土地，公民集体、个人在拨给集体和个人种菜的土地上使用土地。城市农业用地使用权的权利主体还可以是城市集体农庄。

4）实现特定用途的土地使用权。铁路、水运、航运和管道运输、采矿等企业可以获得拨付的城市土地用于完成特定的工作任务。该类土地使用权既可以是长期的，也可以是临时的。经人民代表苏维埃执行委员会同意，企业可以在土地上建设建筑物与构筑物或修建公共设施。

5）农村居民点土地使用权。农村居民点土地有三种：直接归村人民代表苏维埃管理的土地；划归国营农场、集体农庄和其他农业组织的土地；划拨给国家、合作社、社会团体和其他非农业企业、组织、机构的土地。村人民代表苏维埃对所有土地的提供实行监督，并对归属于自己管理的土地划拨做出决定。在农村居民点土地上，可以建设住宅、文化设施、生产性建筑物和构筑物，也可以将其作为宅旁用地。

无论是城市、城市型村镇土地使用权，还是农村居民点土地使用权，它们与农业用地使用权的显著不同在于，其所涉土地与地上建筑物紧密联系，两者命运具有共同性。"在城市和村镇中，建房地段的使用权是紧随着建筑物的所有权自然产生的，而在农村地区这些问题则另当别论。要取得建筑物的所有权，就应当预先取得地段的使用权"②。换句话说，在城

---

① Б. В. 叶罗费耶夫，Н. И. 克拉斯诺夫，Н. А. 瑟罗多耶夫. 苏联土地法. 梁启明，译. 北京：中国人民大学出版社，1987：207.

② 同①215.

市地区，土地主体权利对民事主体权利而言只起着从属的作用。而在农村地区，土地主体权利则起着主导作用，民事主体权利只起着从属作用①。

（3）公民土地使用权。在苏联时期，占有统治地位的土地占有与使用主体是社会主义企业、组织、机构，但同时公民也可以占有、使用土地。1977 年苏联宪法第 13 条规定，依法定程序提供给公民用于经营副业、果园业、菜园业的以及供个人住宅建筑的土地，可以归公民个人使用。在城市，土地提供给公民使用，主要用于满足其建设住宅的需求，部分土地也可以用于菜园或者果园。在农村，提供给公民的宅旁用地面积较大，其可用于建设住宅和从事农副业生产。公民无偿获得上述土地，并无限期地使用，只有法定依据才能终止这些土地的使用权。苏联立法规定了公民取得土地使用权的土地面积的最高限额，例如 1935 年农业劳动组合示范章程明确规定：劳动组合所占用的土地为国家的全民财产，此项土地固定给劳动组合无限期使用，但不得买卖或出租。该章程规定：从公有土地中拨给每个集体农庄农户私人使用的宅旁园地，面积为 1/4～1/2 公顷，个别地区可以达到 1 公顷。但不允许出租或转让，否则将予以没收②。

1）集体农庄庄员家庭宅旁园地使用权。庄员家庭宅旁园地是从集体农庄拥有土地使用权的土地中划分出来的，因此，庄员家庭宅旁园地使用权属于再次使用权。权利主体为集体农庄的庄员家庭，而不是个人，家庭成员共同平等地享有宅旁园地使用权。凡是家庭成员，即可占有使用土地；如脱离家庭，则其对于土地的占有与使用权即终止。权利主体不能将宅旁园地转让给第三人，不能出租或供他人使用，同样也不能弃之不用，否则土地将被收回。庄员使用宅旁园地的期限取决于其拥有集体农庄成员资格这一事实，丧失庄员资格，原则上宅旁园地使用权即终止，特别情况除外。

2）职工、教师、医生、农业专家和其他公民的宅旁园地使用权。在农村固定居住，是该群体成员取得宅旁园地使用权的必备条件，他们一旦离开居住的地区即丧失该权利。与集体农庄庄员家庭宅旁园地使用权不同，该类土地使用权的权利主体为个人，而非他所在的家庭。权利主体可以无限期地、无偿地占有使用土地，权利内容类似于集体农庄庄员家庭宅

---

① Б. В. 叶罗费耶夫，Н. И. 克拉斯诺夫，Н. А. 瑟罗多耶夫. 苏联土地法. 梁启明，译. 北京：中国人民大学出版社，1987：215.

② В. Т. 斯米尔诺夫，等. 苏联民法：上卷. 黄良平，丁文琪，译. 北京：中国人民大学出版社，1987：253.

旁园地使用权。如土地上建筑物所有权按照继承程序转移，而继承人不具
备获得宅旁园地使用权资格的，则可获得维护建筑物所必需的部分土地的
使用权。

3）国营农场和其他国营企业固定职工的宅旁园地使用权。一般来说，
该类土地使用权"是从劳动关系中派生出来的"①。该类土地使用权取得
是依据国营农场或其他国有农业组织负责人的决定。通常情况下，该类土
地使用权因职工调转而减少土地面积。职工死亡时，其无劳动能力的继承
人仍然保留该土地权利。在职工被上级机关调转、因残疾而终止工作或者
年老退休时，其土地使用权并不终止。职工服兵役和入校学习期间，土地
使用权仍为其家庭保留。

4）职务份地使用权。职务份地是拨给运输业、林业、森林工业、水
利、渔业、狩猎业以及国民经济其他部门的某些类别的工作人员的，这些
工作人员一般都远离居民点工作和生活。有权获得职务份地的各类人员清
单和职务份地标准由各加盟共和国部长会议决定。职务份地使用权人原则
上只能在职务份地上栽种农作物，而不能建造任何永久性建筑物，只有个
别类别的职务份地权利人有权建造住宅。职务关系是获取职务份地的必要
条件，一旦权利主体脱离该职务关系，土地使用权当然终止，个别情况
例外②。

5）职工和其他公民菜园用地使用权。1965 年 4 月 12 日关于职工集体
种菜的决议规定，有必要采取措施扩大种菜面积，广泛吸收职工和家属种
菜，应向企业、组织、机构拨付集体菜园用地。菜园用地是拨付给企业、
组织、机构的，职工则是再次分配的土地使用者。菜园用地使用有两种形
式：一是集体种菜，企业职工集体耕种，产品按照劳动量分配；二是个体
耕种，将土地细分给每名职工，职工单独耕种并收获成果。菜园用地使用
权是无偿的，但是有期限，通常不超过 5 年，期满后可以经原审批机关批
准延续。菜园用地只能用于种植蔬菜，不能建设任何永久性建筑物和临时
性设施。

---

① Б. В. 叶罗费耶夫，Н. И. 克拉斯诺夫，Н. А. 瑟罗多耶夫. 苏联土地法. 梁启明，译.
北京：中国人民大学出版社，1987：245.

② 《俄罗斯苏维埃联邦社会主义共和国土地法典》第 112 条规定：（1）工作人员因年老或
者残疾退休而离职的，其职务份地使用权终身保留；（2）工作人员因征到苏联武装部队定期服
役或入校学习而离职的，在他服役和学习期间，应为他的家庭保留职务份地使用权；（3）工作人
员因公牺牲的，应为他的无劳动能力的配偶和年老的父母终身保留职务份地使用权，而对他的子
女，则可保留到他们成年为止。

除上述典型的公民土地使用权以外，苏联还存在其他类型的土地使用权，例如从事农业个体劳动的土地使用权、果园合伙组织的土地使用权、住宅建筑合作社和别墅建筑合作社及其社员的土地使用权、公民个人建造住宅的土地使用权，此外还有地下资源开采的土地使用权、水资源用地的土地使用权、森林资源土地的土地使用权等等①。

(二) 苏联后期土地利用方式的改良

在苏联后期，相对于农业集体化阶段形成的土地国家所有、国营农场与集体农庄经营垄断的格局，土地关系法律调整和农业经营模式都发生了一些变化。这种变化的基本趋势是农业经营形式的多样化和公民土地权利空间的拓展，而且这种变化呈现出渐进发展、逐渐加速的特征，其整体特点就是多种农业土地承包经营方式的出现。

在 20 世纪五六十年代，苏联农业经营模式已经出现带有集体承包性质的新因素，例如在国营农场和集体农庄实行包工奖励制，这成为后来集体承包制的雏形。实行集体承包责任制的基本考虑，就如同戈尔巴乔夫所言，"个人利益和集体利益同增加产量的共同任务结合起来，劳动者通过这种形式参加生产管理，有纪律约束和责任感"②。

"农业集体承包制，就是由技能熟练的职工按自愿的原则组成的、人数不多的一个生产集体。这个劳动集体有固定的包干地段，能够独立完成作物从播种到收割的全部农活。而农场农庄领导必须为承包作业队（组）及时提供生产物资，为他们完成计划创造条件，并根据已议定的单价支付产品报酬。"③ 为了转变粮食生产逐年减量的颓势，苏联在 20 世纪 80 年代尝试改变农业经营模式，大力推行集体承包责任制。在 1982 年 5 月召开的苏共中央全会上，苏联决定在"十一五"计划期间在农工综合体的各部门中广泛推行集体承包制。1983 年 3 月 18—19 日，苏联在集体承包推行得较好的俄罗斯联邦共和国别尔戈罗德州召开了全苏农业会议，主管农业的苏共中央书记戈尔巴乔夫在会上讲话，进一步要求各地广泛推行集体承包制④。集体承包制优势明显，生产结果与承包组织的收益密切相关，大

---

① Б. В. 叶罗费耶夫，Н. И. 克拉斯诺夫，Н. А. 瑟罗多耶夫. 苏联土地法. 梁启明，译. 北京：中国人民大学出版社，1987：263-365.

② 马书芳. 苏联农业全面实行集体承包制. 外国问题研究，1983 (3)：15.

③ 中青. 苏联农业中的集体承包制. 苏联问题参考资料，1983 (3)：46.

④ 陈义初. 对苏联在农业中推行集体承包制的几点分析. 苏联东欧问题，1983 (4)：19-20.

大调动了生产者的积极性，无论是承包组织成员的收入，还是粮食作物的产量都有了较大提高。但集体承包制的推广也遇到很大困难，例如：集体农庄和国营农场的领导热情不高，甚至抵触；拨付用于承包的土地大多偏远、零散、肥力较弱，在机械设备等生产条件供给上也不能提供有力的保障；以及承包组织内部分配存在"平均主义"；等等。原计划在1981—1985年间，所有农业单位普及集体承包制，但实际上未能如愿。因此，1986年召开的苏共二十七大继续号召在农业领域推广集体承包。

苏共二十七大以后，承包形式由单一集体承包转为多样化的集体承包形式共存，正式肯定了家庭承包的合法地位。1987年开始实行租赁承包制，1988年又推出了土地租期长达50年的租赁承包制。根据苏联国家统计委员会提供的资料，到1991年3月3日，在全苏和俄罗斯联邦，农庄农场采取内部租赁承包的，均为61%；整个生产部门都已转向内部租赁承包的，分别为13%和8%，在已经采取这一形式的地方取得了成效。如奥列尔省，是苏联最早推行租赁承包制的一个省，从1987年至1991年，全省已基本采取了租赁承包形式，5年内，农业生产增长28%，农民也从改革中获得很大好处，1986—1990年，农民的盈利率增加47%，工资增长1倍①。根据苏联国家统计委员会提供的资料，自1987年7月，全苏建立第一个私人农场以来，到1991年3月1日，独立农场数量，全苏为47万个，俄罗斯联邦为8 931个，拨给它们的地段分别为1 023 314公顷（仅占全苏农用地面积的0.17%）和395 187公顷②。

与此同时，土地租赁关系逐步长期化与稳定化。1989年11月23日通过的《苏联和各加盟共和国租赁立法纲要》规定，可以将土地和其他自然资源租赁给苏联公民。在该规范性文件中，土地租赁关系已经有别于传统债法制度意义上的租赁。例如，规定租赁期限至少5年或者更长的时间，承租人保护租赁财产的权利等同于对财产所有权的保护，在租赁财产遭到侵犯时可以提起返还之诉和否定之诉，等等。在俄罗斯学者看来，纲要所规定的土地租赁已经不单单被视作债法领域的制度，而是"为将其视作普通租赁与他物权的独特混合体提供了依据"③。显然，其

---

① 国务院发展研究中心农村经济访苏考察团. 苏联的农地制度变革：方向与可能性. 经济社会体制比较，1992（3）：24.

② 同①.

③ Копылов А. В. Вещные права на землю в римском, русском дореволюционном и современном российском гражданском праве. М.：Статут，2000：C. 115.

目的就是提供给公民更多的占有使用土地的形式，并强化对公民土地权利的保护。

（三）苏联后期土地权利立法的尝试性突破

1990 年 2 月 28 日，苏联最高苏维埃经过激烈的争论之后，通过了《苏联和各加盟共和国土地立法纲要》，并于当年 3 月 15 日起正式施行。该部法律在苏联以及俄罗斯的土地立法史上具有重要的历史意义，它虽然是由苏联最高苏维埃颁布的土地立法文件，但是被俄罗斯法学界认为是土地改革的开端，它拉开了苏联以及俄罗斯土地关系变革的大幕。

相比于以往的苏联土地立法，1990 年《苏联和各加盟共和国土地立法纲要》的创新性主要体现在：一是土地所有制由国家所有转为全民所有，每一名公民都有权获得地块。土地可以由单位或个人占有和使用，但不准买卖。二是以法律形式确认各种农业经营方式一律平等。该规定的意义在于，表明六十多年来苏联社会主义农业的两大支柱——集体农庄和国营农场不再是仅有的被国家鼓励的农业经营方式，农民个体土地经营方式获得认可并得到同等保护。三是主要以自己的个人劳动及其家庭成员的劳动为基础从事农业生产的公民，可以获得可继承的土地占有权和包括宅旁园地在内的农业土地地段的租赁权。四是集体农庄和其他农业生产合作社成员，以及从这些组织中脱离出来的农业企业的工作人员，有权从集体经济组织中获得地块。在划分农业地段时，他们通常应当得到地籍评估为中等水平的土地，他们如果得到中等水平以下的土地，则享受税收和其他方面的优惠。五是在调整土地关系领域，赋予各加盟共和国和自治共和国尽可能多的权利。纲要较为详尽地规定了各加盟共和国和自治共和国在调整土地关系、分配土地地段、确定地段范围、实施并调整土地租赁关系、确定土地继承关系、决定土地经营中的税收等方面的权利。

该部立法在土地权利制度上的一个重大突破，就是公民土地权利的扩张。土地立法纲要虽然没有规定土地私人所有权，但是有一个权利制度创新，即规定了土地可继承终身占有权，还规定了土地永久使用权和土地租赁权。土地可继承终身占有权虽然不是所有权，但已经具有类似所有权的权能，实际上就是私人土地所有权在社会主义土地国家所有制下的"变通"，是一种制度"试水"。实践表明，这样的创新是受欢迎的。例如西伯利亚秋明州地方政府等不及该纲要生效，就为当地一家农户颁发了有关证件，使该农户获得了 400 公顷土地（包括一个小湖泊和几条小河）的终身占有权。从此，不经他同意，任何人不准在这块土地上采矿、采伐①。1990 年 3 月 6 日通过的《苏联财产所有权法》以及 1991 年 1 月 5 日通过的关于实现土地改革的首要任务的苏联总统令，也对公民可继承终身占有土地制度予以明确。

以上，我们通过简要回顾苏联时期的土地立法进程，粗略地勾勒出了土地所有权和土地占有与使用权的基本轮廓与发展脉络。如果要对苏联时期土地关系法律调整做一总体描述的话，大致可以归纳为以下几个方面：

一是土地所有权国家垄断，私人土地物权被完全取消。苏联土地立法基础是土地国家所有，国家是唯一的土地所有权人，私人土地所有权和他物权被完全取消。"1922 年《俄罗斯苏维埃联邦社会主义共和国土地法典》、1968 年《苏联和各加盟共和国土地立法纲要》、1970 年《俄罗斯苏维埃联邦社会主义共和国土地法典》以及 1961 年《苏联和各加盟共和国民事立法纲要》、1964 年《俄罗斯苏维埃联邦社会主义共和国民法典》中关于公民土地限制物权没有任何描述。"② 虽然在 1922 年的《俄罗斯苏维埃联邦社会主义共和国民法典》中，还有单独的一章"物权"，其中规定了三种物权类型——所有权、建筑权、抵押权，但在俄罗斯学者看来，上述物权概念与类型的存在，并不能得出在 1922 年的《俄罗斯苏维埃联邦社会主义共和国民法典》中存在完整的物权体系和划分标准的判断。将建筑权和抵押权作为物权归入民法典，是因为当时缺少私人利用国有土地的制度设计。即便如此，建筑权在 1948 年被彻底取消，抵押权于 1960 年的立法调整中被归为债权，随后，无论是在 1961 年的民事立法纲要中还是在 1964 年的苏俄民法典中，物权概念完全消失了③。

在苏联的立法与理论中，私人土地所有权被完全取消，甚至取消了动产与不动产的分类。土地权利已经不再归属于民事权利。土地被排除在民事流转之外，完全退出了商品货币关系，不能成为交易流转的对象。上述公民土地使用权完全有别于传统的土地限制物权。各类土地使用权的取得、变更与终止完全由国家行政机关的决定来设定。土地权利的取得都是

---

① 王伟. 试析苏联新《土地法》与 1968 年《土地法》的不同. 今日苏联东欧, 1990 (6): 45—47.

② Копылов А. В. Вещные права на землю в римском, русском дореволюционном и современном российском гражданском праве. М.: Статут, 2000; С.: 113—114.

③ И. А. Емелькина. Система ограниченных вещных прав на земельный участок: монография. М.: Инфотропик Медиа, 2013; С. 19—20.

以行政命令的划拨方式进行的，无偿和无期限基本成为每一种土地使用权的当然内容。

二是土地占有与利用形式单一化，国营农场与集体农庄——国有农业经济占据绝对垄断地位①。国营农场和集体农庄是苏联时期新生的土地占有、使用主体，也是重点扶持与投入的农业生产经济组织形式。十月革命以后，在新经济政策时期短暂存在的农民个体或农户占有使用土地形式，在其后斯大林推行的农业全面集体化中完全被取消了，自此国营农场和集体农庄成为苏联时期最为重要的土地占有与利用的形式，直至苏联解体。

三是在土地关系调整中党与政府的规范性文件发挥主导与优先作用。"从三十年代中期开始，不论是全联盟的，还是共和国的土地、矿山、水流和森林立法，其发展都没有采取真正意义上的法律形式，而是靠颁布党的文件和政府文件来实现的。"②苏联时期对土地关系的调整，是由按照立法程序形成的规范性立法文件与党的决议、政府决定等规范性文件共同完成的，其中党的政策、决议和政府决定、行政机关命令等规范性文件，无论是在数量上还是在执行效力上都远胜于规范性立法文件。规范性立法文件的制定原则要符合党的决议，规范性立法文件的具体执行需要通过政府职能部门的决定和命令来落实与细化。一个更为明显的特征是，当规范性立法文件与党的决议、政府决定不一致时，后者具有明显的适用优先性。

四是土地立法编纂发展史呈现出"分—总—分"的特征。沿着苏联时期土地立法法典化发展脉络，首先完成的是 1922 年《俄罗斯苏维埃联邦社会主义共和国土地法典》和其他加盟共和国的土地法典，后来才在整个联盟层面于 1928 年通过了土地使用与土地整理共同原则。在这以后，苏联土地法典编纂和法律修改进程转入了相反的方向，即最初法典化在联盟层面进行，然后才在加盟共和国中开展。例如，1968 年通过了《苏联

---

① 截至 1978 年 11 月 1 日，农业企业和个人使用的农业用地为 55 270 万公顷（包括耕地 22 620 万公顷，刈草场 3 570 万公顷，放牧场 28 540 万公顷）。国营农场使用的农业用地最多，达 36 710 万公顷（占 66%），其中耕地 11 930 万公顷（占全部耕地的 53%）；集体农庄公有生产使用的农业用地为 17 610 万公顷（占 32%），其中耕地为 10 010 万公顷（占全部耕地的 44.6%）。集体农庄庄员以及国营农场、其他国营企业职工拥有的宅旁园地共 794 万公顷（占农业用地的 1.3%），其中耕地 618 万公顷（占全部耕地的 2.7%）。（周新城. 苏联土地管理制度. 世界农业，1981（9）：18.）

② Б. В. 叶罗费耶夫，Н. И. 克拉斯诺夫，Н. А. 瑟罗多耶夫. 苏联土地法. 梁启明，译. 北京：中国人民大学出版社，1987：13.

和各加盟共和国土地立法纲要》，随后，1970 年依据该纲要通过了《俄罗斯苏维埃联邦社会主义共和国土地法典》；而 1990 年 2 月通过的《苏联和各加盟共和国土地立法纲要》，则成为各加盟共和国制定和修订土地立法的基准。

本章小结

18 世纪以前，俄罗斯土地利用与归属同农奴制——封建制经济基石密不可分。那时对土地关系的法律调整，旨在维护农奴制，强化农村基本存在形式——村社的法律地位，维护地主利益。斯托雷平土地改革的中心思想，是强力摧毁村社组织并在其废墟上建立以强大经济组织（富农、农场主）优先的新农业制度。这一改革使脱离村社束缚的拥有土地的农民成为独立的法律个体，形成了多种土地所有形式与土地利用制度，市场因素渐入到俄罗斯土地关系之中。

1917 年 11 月 8 日，在全俄苏维埃第二次代表大会上列宁做了《关于土地问题的报告》，大会通过了列宁起草的《土地法令》，该法令宣布无偿没收地主一切土地，全部土地收归国有。自此以后至苏联解体之前的 70 余年间，土地成为国家专属财产，完全退出流通市场。虽然公民、法人、组织根据国家机关行政性文件决定，可以无偿、无期限（不定期）地利用国有土地，但这种情况下的土地利用已经不是私法意义上的土地权利了。

在苏联后期，立法调整了土地所有属性——由"国有"到"全民"所有，给予公民利用土地的机会。虽然这种变化并非实质性、根本性的改变，但这已成为一种在既有体制内主动的探索，并且为后续社会转型中大规模土地改革的展开提供了一定的路径安排。

第二章　俄罗斯现代转型中的土地变革

俄罗斯社会现代转型进程从时间维度上来看，是一个包含若干转变的系统性持续阶段，这个阶段包含若干转变，而在不同时段中各个转变又表现出不同的走向、进度与力度。作为社会转型的先行者，土地改革同样呈现出阶段性的发展特征，是突变、质变、量变的组合。

第一节　叶利钦时期土地私有化立法

1990年3月6日通过的《苏联所有制法》，成为自20世纪90年代开始社会经济变革相关法律调整的开端，奠定了整个民事法律调整中所有权制度的核心基础，也成为苏联民事立法改革的起始点。从当时的环境审视，它对国内所有权关系进行了彻底与根本性变革。例如规定了多类型的所有权形式，而不仅仅是国家所有权，确立了各类所有权平等原则；将国家所有权细分为全联盟所有权、各加盟共和国所有权以及自治地方所有权，各类公法组织在法律意义上成为具有独立所有权人资格的主体，替代了统一的国家所有，这为后续俄联邦将公有区分为联邦所有、联邦各主体所有、自治地方所有奠定了法律基础。

1990年5月25日，在俄罗斯联邦首届人代会上，叶利钦在竞选俄罗斯联邦最高苏维埃主席发表演说时指出，"必须真正放弃苏共对权力的垄断，将权力转给人民和苏维埃"，"采取根本措施扩大工业企业的实际权利，在农村实行多种形式的所有制"。5月30日，叶利钦讲道，"要对土地法、所有制法、企业自主权法做出自己的解释"①。

---

① 鲍里斯·叶利钦. 叶利钦自传. 朱启会，荣合，何韫，等译. 北京：东方出版社，1991：246—249.

1990 年 10 月 19 日，苏联最高苏维埃通过《稳定国民经济和向市场经济过渡的基本方针》，第一次提到有必要进行土地改革。该文件指出，农业领域建立市场经济的关键方向是：进行土地改革和为不同所有制经济发展创造条件，打破国家占有土地垄断，等等。在这份规范性文件中第一次出现私有化概念。

1990 年 11 月 22 日通过的《俄罗斯苏维埃联邦社会主义共和国农业（农场）法》和 1990 年 11 月 23 日通过的《俄罗斯苏维埃联邦社会主义共和国土地改革法》，第一次在现代俄罗斯确立了私人土地所有权，以及土地个人、集体份额所有权和集体共同所有权。1990 年 12 月 15 日通过的关于修改《俄罗斯苏维埃联邦社会主义共和国宪法》的联邦法律，增加了土地私人所有权内容。但是这种所有权是不完全和受限制的，土地所有权人在 10 年内不能以任何方式转让土地（出售、赠与等），这实际上就是设置了统一的 10 年冻结处分土地期限。

1990 年 12 月 15 日俄联邦宪法修订涉及土地所有权问题，规定土地可以私有，但仅能用于生产农产品，如果出售或以其他方式转让该土地，仅允许转移给作为国家代表的人民代表苏维埃，继承转移除外[1]。尽管在立法层面设立私人土地所有权暂时仅针对公民和农业生产，但国有企业及其占有土地的私有化问题，成为市场改革方向特别现实的问题之一。俄联邦所有权法暗地里承认了法人的私人土地所有权[2]。

1991 年 4 月 25 日，《俄罗斯苏维埃联邦社会主义共和国土地法典》正式通过。该法典取消了土地单一所有权，确立了多类型土地所有权，包括：国家所有权（分为联邦所有权和共和国所有权）、集体所有权（土地可作为集体共同所有的财产，但不为其中的每个公民确定具体的土地份额）、集体股份所有权（在确定每个公民的具体土地份额后，土地所有权转交给公民，并可作为集体股份制）、公民所有权（公民在从事家庭农场、个人副业、个人住宅与别墅建设等活动时，有权获得土地所有权及可继承终身占有权或租赁权）。该土地法典也规定了 10 年的土地转让冻结时限。同样，土地买卖只能在国家与公民或者公民与国家之间进行，土地不能在公民之间进行流转。此外，从严格意义上讲，该法典的创新和革命性成果

---

① Закон РСФСР от 15. 12. 1990 N 423-1 «Об изменениях и дополнениях Конституции (Основного закона) РСФСР»//Ведомости СНД и ВС РСФСР, 1990：N 29, С. 395.

② Закон РСФСР от 24. 12. 1990 N 443-1 «О собственности в РСФСР»//Ведомости СНД РСФСР и ВС РСФСР, 1990, N 30, С. 416.

是，规定所有土地争议都要通过司法途径解决，而之前这些争议都是通过行政程序来解决的。

1991 年 5 月 31 日通过的《苏联和各加盟共和国民事立法纲要》对所有权关系民事法律调整做出实质性突破，原则上不再使用"所有权形式"的表述，而是规定财产可以归属于公民、法人、国家和其他公法组织所有。从法律意义上而不是从政治经济学上，事实上承认了两类所有权：私人所有权和公共所有权。在该纲要中还设立了独立的所有权、其他物权章（第二章），这标志着过去立法中"无所不包"（而实际上是不充足和简化的）的所有权制度向民法所属领域的所有权制度的立法转向。另一个原则性创新是，自 1922 年以来第一次在立法中将财产划分为动产和不动产，并且在第 49 条中规定了公民和法人各种类型的土地限制物权。有学者认为，在法律技术水平上，该部法律超越了所有苏联和俄罗斯的所有权立法。它是真正的编纂性民事立法文件，而不是通用的、宣言性的政治性"革命法令"①。

土地法律制度向市场经济方向的调整没能跟上俄罗斯激进式转型的步伐。于是，时任俄联邦总统叶利钦开始以总统命令的方式来调整土地关系，大大加速了土地关系法律调整的进程。1991 年 12 月 27 日，叶利钦发布了《关于实行土地改革紧急措施的命令》②。该命令规定，国营农场职工和集体农庄庄员在以下情况可以出售土地（转换为所有权）——加入基金（养老基金或者残疾人基金），迁移到其他地区，因继承转为所有权——将取得的收益投入当地加工业。国营农场职工和集体农庄庄员有权出售自己的地块给其他国营农场职工和集体农庄庄员或者成为集体农庄庄员和进入国营农场工作的人。概言之，上述人员出售土地的自由较《俄罗斯苏维埃联邦社会主义共和国宪法》和《俄罗斯苏维埃联邦社会主义共和国土地法典》而言有所扩大。根据总统命令，1991 年 12 月 29 日俄罗斯政府出台了关于改造国营农场和集体农庄的规定，要求国营农场和集体农庄重新注册为新的经济组织形式（股份公司、合伙企业、合作社等）。

1993 年 10 月 27 日，俄联邦总统叶利钦签发了《关于在俄罗斯调整土地关系和发展土地改革的命令》（1767 号），这是俄罗斯向市场经济转型

---

① Суханов Е. А. Кодификация законодательства о вещном праве. Проблемы реформирования Гражданского кодекса России: Избранные труды 2008—2012 гг.. М.: Статут, 2013: С. 275.

② Указ Президента РФ от 27.12.1991 N 323 "неотложных мерах по осуществлению земельной реформы в РСФСР".

过程中一个非常重要的调整土地关系的法律文件。该命令再次肯定了土地私有化的合法性，并且进一步明确和扩充公民作为土地所有权人的权利内容。该命令关于土地权利制度调整的核心内容是：明确土地是民事法律关系客体，土地所有者有权处分自己的土地，土地所有人权利受到法律保护。公民或者法人可以将土地出售、继承、赠与、租赁、抵押或作为股份公司、合伙企业、合作社的股金（资本），也可以同外国投资人从事上述行为。土地所有权人将获得土地证书，土地证书是土地所有权凭证。为国家利益或者公众利益需要征收土地所有权人土地时，应考虑所有人利益并按照法律规定程序通过购买的方式进行，依据协议补偿土地价值、造成的损失及预期利益。所有土地取得与转让的争议，以及其他土地争议，应依据司法程序审理。

1993 年 12 月 12 日，《俄罗斯联邦宪法》经全民公决正式通过。该宪法第 36 条规定：公民及其联合组织有权拥有私人所有的土地；土地及其他自然资源的占有、使用、处分由所有人自由地实现，如果是在不对环境造成损害、不对其他人权利和利益造成伤害的情况下；使用土地的条件和程序根据联邦法律加以确定。该宪法没有规定转让土地所有权的 10 年冻结期限。至此，俄联邦宪法从最高规范性法律文件的角度再次确认了土地私有化改革的方向。

1993 年 12 月 24 日，叶利钦签发《关于俄联邦土地立法符合俄罗斯联邦宪法的命令》（第 2287 号）[①]。鉴于《俄罗斯联邦宪法》已颁布实施，但土地立法的部分规定同新宪法相抵触，为了保证土地立法同新宪法相一致，特别是同土地私有的相关规定一致，该命令废止了《俄罗斯苏维埃联邦社会主义共和国土地法典》的部分内容、《俄罗斯苏维埃联邦社会主义共和国农业（农场）法》和《俄罗斯苏维埃联邦社会主义共和国土地改革法》的一些条款。同时，还宣布《关于在俄罗斯调整土地关系和发展土地改革的命令》（第 1767 号）和 1993 年 10 月俄联邦政府颁布的《关于建立土地出售招标、拍卖和其他与土地相关规则的决定》（第 1272 号）中相关条款失效。

1995 年 1 月 1 日《俄罗斯联邦民法典》第一部分正式施行，明确民事权利客体包括土地，土地和其他自然资源可以转让或者以其他方式从一人转移给另一人，但以土地法和自然资源法规定的流通程度为限（第 128

---

① Указ Президента РФ от 24.12.1993 N 2287 "О приведении земельного законодательства Российской Федерации в соответствие с Конституцией Российской Федерации".

条、129 条）。土地和其他自然资源的占有、使用和处分在法律允许流通的限度内由所有权人自由行使，但不得对环境造成损害，也不得侵犯他人权利和合法利益（第 209 条第 3 款）。民法典对土地权利调整专门规定了一章，即第十七章"土地所有权和其他物权"，用 28 个条文对土地所有权和其他物权进行了详细调整。规定了关于土地所有权的一般性规定，三种土地限制物权，即土地可继承的终身占有权（第 265、266、267 条）、土地永久（不定期）使用权（第 268、269、270 条）、地役权（第 274、275、276、277 条），因国家需要和自治地方需要征用土地的相关程序和权利人的权利保障条款。

"遗憾的是，立法者因为纯粹的政治考虑认为有必要在俄罗斯土地法典生效前'冻结'第十七章的生效。"① 《关于施行〈俄罗斯联邦民法典〉（第一部分）的联邦法律》第 13 条规定："法典第十七章自俄罗斯联邦联邦会议国家杜马通过的《俄罗斯联邦土地法典》施行之日起施行。"所以，民法典第十七章直到 2001 年 10 月《俄罗斯联邦土地法典》颁布实施后才真正发生效力。因此，《俄罗斯联邦民法典》作为民事基本法，其关于土地权利的体系性规定并没有对当时俄罗斯土地关系调整起到应有的作用。

1996 年 3 月 7 日，叶利钦签发《关于实现公民宪法土地权利的命令》②。该命令指出，从 1991 年开始的土地改革，使大约 4 000 万人获得土地所有权，近 1 200 万农民成为土地份额所有权人，但是土地关系法律调整的许多问题在立法上并没有得到解决。该命令规定：土地份额所有权人为发展农业生产、自由进出农业经济组织可以以各种形式自由处分土地，而不限于自留地范围；农业专家从事农业生产有权无偿获得土地；地方政府为将土地转售给其他有意愿从事农业生产的人，有权从农民处收购土地份额；等等。

整体而言，俄罗斯这一阶段的土地立法成为协同俄罗斯社会转型制度变迁的先行试水区，土地立法变革的走向、进度与力度都紧随转向市场经济的节奏。其基本特征表现为：

一是土地改革成为国家主导下的强制性、跨越式的制度变迁。俄罗斯土地改革不是自下而上的自发式进行，而是自上而下的强制性启动。有关

---

① Суханов Е. А. Вещные права в новом Земельном кодексе РФ. Экологическое право，Юрист，2003（1）：С. 51.

② Указ Президента РФ от 07. 03. 1996 N 337 "О реализации конституционных прав граждан на землю".

土地改革的联邦法律、总统命令、政府文件密集出台，规范性法律文件无论是出台速度还是数量都远远超过了以往任何一个时期。"俄罗斯从 1990 年到 2001 年通过了 41 个土地私有化方面的联邦法律，33 个总统令，近百个政府决议，此外，还有各地通过的法律，因此，2001 年以前土地立法是不系统的各个层次的法律文件的堆积，经常是互相矛盾的。"① 在强制性制度变迁的背景下，这一阶段各层次土地立法文件高频率出台，但同时，这些法律文件不可避免地带有"应急"和"跃进"的痕迹，缺乏系统性和稳定性，时常朝令夕改，没有整体性制度设计和配套制度支撑，还有些立法内容相互矛盾、冲突。这些问题导致土地立法执行效果大打折扣，并没有完全发挥出预期的作用。

二是公民取得"抽象化"土地所有权。截至 1998 年，1 200 万人取得私人土地所有权变种——土地份额所有权②。这种原属集体农庄和国营农场的职工根据土地改革立法文件获得的土地权利，是一种细碎化的抽象意义上的所有权，其对象不是边界清楚、独立支配的实物地块。获得土地份额所有权的农民，并没有真实地感受到对土地的占有、使用、收益和处分，土地实际上还是由原来的农业生产单位管理和使用。因此，获得土地份额的农民并没有产生改革者所期望的产权激励和促进生产的实际效果，他们对获得土地所有权的态度是淡漠的。"改革只是徒具形式，并没有触动农民和农业管理者的心理。不仅仅是众多的农民，就连农业经济领导者对股票、土地股份、股金以及他们是股票、土地股份、股金的所有者这一事实都不甚了解。"③ 虽然联邦法律和总统令规定土地权利可以转让，但俄罗斯并没有建立起土地流通市场，农民土地所有权仅停留在证明土地份额的纸面上，并不能通过抵押融资和转让而获得资金。

此外，分析这一阶段的土地改革立法，可以得出这样的结论：在 1995 年 1 月 1 日《俄罗斯联邦民法典》生效之前土地立法适用的强制性原则为"只能做法律明确允许的"，同大多数民事立法规范适用的许可性原则"法不禁止即为允许"完全相反④。实际上，即使是在民法典生效以

① 冯秋燕. 俄罗斯土地所有权改革初探. 比较法研究，2009（4）：90.

② Ерофеев Б. В. Земельное право России：Учеб. /Отв. ред. Н. И. Краснов. —9-е изд., перераб. М.：Юрайт-Издат，2004：С. 216.

③ 丁军. 俄罗斯土地所有制的变迁与农业经济发展. 当代思潮，2002（3）：49.

④ Виктория Юрьевна Бродовская. Проблема судебной защиты права собственности на земельную долю. Государство и право，2011（12）：С. 91.

后，由于第十七章被要求同土地法典一同生效，在整个 20 世纪 90 年代关于土地权利法律调整的基本态势仍然是只能做法律所明确允许的，任何法律没有明确规定的具体方式，即使符合法律原则与精神，也有很大风险会被判定为无效。所以，土地改革与土地私有化进展虽然迅猛，但也只是在众多法律夹缝中的非规范、非体系的演变。

第二节　土地私有化的操作路径

　　土地私有化被理解为，将土地由国家所有或自治地方所有以任何合法方式转移给私人所有。在全面掉头改革路线指引下的俄罗斯土地改革，目标就是将原来作为农产品生产者的成千上万的集体农庄和国营农场以及员工全部改组为几百万家公司及独立的拥有自有土地的农场主，模仿西方国家制度重构新的土地利用格局。实现土地所有权主体多元化和形成自由的土地市场，成为土地改革的中心目标。

　　"作为土地自由市场流转的结果，私有化的土地最终将归属于有效率的土地所有人的神话，是作为改革依据的核心思想之一。"[1] 俄罗斯土地改革设计者认为，只要实行土地私有化，在土地自由流动的情形下，土地资源配置就会自动地实现帕累托最优，市场无形之手将会推动土地流向有意愿利用土地并且是最擅长利用土地的人。

一、1990—1996 年土地私有化的渐进式开端

　　1990 年 11 月 23 日通过《俄罗斯苏维埃联邦社会主义共和国土地改革法》，以及成立俄罗斯苏维埃联邦社会主义共和国国家土地改革委员会，标志着俄罗斯现代土地改革的开始。

　　最初，土地改革第一阶段被限定在 1995 年，即 1991 年 1 月 18 日俄罗斯苏维埃联邦社会主义共和国部长会议第 30 号决定批准的 1991—1995 年共和国土地改革规划实施期限。为配合土地改革进行了国家机构与职能调整。之前，原属于农业部的负责监管所有土地问题的资源和权限转移给国家土地改革委员会。土地专家们整建制从农业部划归到土地改革委员

---

[1]　Липски. С. А. Земельная реформа в постсоветской России. Экономический журнал，2013（3）：С. 139-148.

会，农业管理部门没有留下任何与土地有关的职能以及相关的资料和干部。国家土地规划研究院也划归土地改革委员会管理。

最初私有化方案是设立土地再分配基金（即 10％的集体农庄和国营农场土地），从中划分出土地给有意愿成为农场主的原集体农庄庄员和国营农场职工。为实现该方案，土地规划设计部门需要将土地从原集体农庄和国营农场中划分出来，投影定位、确定边界，进行国家登记，在地图上标明再分配土地的边界，注明保留给国家、原集体农庄成员所有和预留给集体农庄的土地。如果原国营农场和集体农庄成员中有人愿意成立农场，就将这些土地划分出，具体的土地分配方案需要经地方委员会批准。这种私有化操作方案的优势在于按部就班和有序稳妥，渐进地实现土地私有化，不完全肢解既有的农业经济组织，不实质性破坏现有的农业生产格局，确保土地处于正常的经营状态，继而保障农产品供应，尽最大可能减轻对于经济和社会稳定的冲击。

"然而，生活把自己的负面修正带到了看似理想的私有化方案之中。"[1] 按照上述土地私有化方案，最好的土地应当分给有意愿成为农场主的人。但是，地方委员会借助全体成员会议（由原集体农庄全体成员组成）的意志，经常试图将较差的土地分给有意愿购买土地的农民。同时，这种土地私有化方案存在很大的腐败风险，即地方领导人将最好的土地分给其熟悉的人。更大的问题是，改革设计者过高地估计了原集体农庄和国营农场成员热衷成为农场主的意愿，低估了他们在长期集体主义模式下的行为惯性和思维惯性。"要知道聪明的、有能力从事专业化耕种那些基于私有化获取的土地和从事商品生产的农场主，属于相对的少数。存在的危险是，绝大多数曾经的集体农庄成员，不想也不能成为农场主而继续留在集体农庄之中，这导致事实上又回归到社会主义土地利用形式。而自由派改革者原则上不能将这视作可接受的方案。"[2] 在改革初始阶段，大量农民离开集体农场的情形并没有发生。相反，那些决定从事个体农业经营的人遇到不小的困难：分给他们的常常是品质最不好或位置不理想的土地，没有贷款，没有足够的设备。因此，实施了大约一年半的渐进的、缓慢的私有化方案在 1991 年末终止了。

①　Василий Иванович Звягинцев，Барсукова Светлана Юрьевна. Земельная Реформа В России В 1990—2000-Е Годы，Или Как В Ходе Ведомственных Реорганизаций «Реформировали» Земельную Реформу. Журнал институциональных исследований，2015（7）：С. 87.

②　同①。

在这种情况下，1991 年 12 月 27 日叶利钦总统发布了《关于实行土地改革紧急措施的命令》（323 号），强制和加速推行土地私有化方案，要求快速地分配土地，并将土地划分给新的使用人。实施这个方案意味着在市场上将一次性出现几百万公顷新土地，国家土地改革委员会清楚地认识到这会出现问题，在短时期内不可能完成对这些数量的土地进行技术上划分、测定地界和登记工作。因此，土地改革委员会做出了制作专门证书证明土地份额的决定。获得"土地证书"而不是土地本身，成为这种被称作"半私有化"方案的依据①。这种土地半私有化改革的思路是，首先使人们取得书面的确认土地所有的权利，而不是土地本身，这既可以快速实现土地私有化目的，又不使土地碎片化。这些土地份额所有者后续可以通过协商、联合，集中土地份额并据此划分出一大片适合经营的土地，或者若干相邻的土地。

与此同时，给除原集体农庄庄员和国营农场员工以外的俄罗斯公民派发"土地券"的方案也在考虑之中，该方案出自有着"俄罗斯私有化之父"称号的丘拜斯和他的团队。这种土地私有化方案显然可能造成庞大的垄断和社会危险。获得这些土地券的公民除了将其出售外，没有其他选择，并且事实上价格会非常便宜，因为在市场上应该是同时出现了几千万张这样的土地券。类似机制将导致出现相当数量的潜在的超级土地占有者，他们将凭借手中的土地券为划分取得莫斯科、圣彼得堡和其他大城市周边的土地而投入激烈的行政争斗之中。最终，国家土地改革委员会否定了这一方案并继而通过了折中方案。在折中方案中，取得土地份额的权利只属于国营农场职工和集体农庄庄员，以及在地方从事社会服务的工作人员（教师、医生、政府机关人员等从事社会服务的人员）②。

自 1992 年起，开始实际分配集体农庄和国营农场的土地。农业用地、设备和其他生产工具被划分为土地份额和财产股份，农业企业员工、从事社会服务人员和农村退休人员成为土地份额和财产股份的所有者。为配合土地分配，又开启了各种土地整理工作：将土地移交给农村（乡镇）行政机关管理，设立专门土地基金，拨付土地给农户从事副业经营，拨付集体

① Виссер О., Мамонова Н. и Споор М. Инвесторы, мегафермы и «пустующие» земли: крупные земельные сделки в России//Земельная аккумуляция в начале XXI века. Под общ. ред. А. М. Никулина. М. : Издательский дом «Дело» РАНХиГС, 2012: С. 77.

② Василий Иванович Звягинцев, Барсукова Светлана Юрьевна. Земельная Реформа В России В 1990—2000-Е Годы, Или Как В Ходе Ведомственных Реорганизаций «Реформировали» Земельную Реформу. Журнал институциональных исследований, 2015 (7): С. 88.

的花园和菜园土地给公民建设个人住宅和花园等，颁发土地所有权证书，启动与农业企业改组相关的土地规划工作。在划分农业企业土地的过程中，主要包括：确定土地面积与边界；无偿地转移土地给公民私人所有或集体份额所有；确定剩余的归属国家所有的土地；确定用于出售或租赁给（后续可购买）脱离企业创建农庄的原集体成员的土地；确定转移给农庄其他工作人员的土地，他们联合起来成立生产合作社、合伙企业、股份公司；确定用于转移或出售给其他公民或法人的土地。

俄罗斯每个农业行政地区都规定了无偿转移给公民所有的平均土地额度。具体到某一集体农庄（国营农场），则要依据该集体农庄（国营农场）农用土地地力与该地区平均地力指标之间的关系，确定该集体农庄（国营农场）成员及其社会服务成员可以无偿取得的土地份额。按照 1992 年 3 月 2 日俄联邦总统令《关于确定无偿转移土地给公民所有额度的程序》的规定，在确定地区平均额度时，用地方农业企业农用土地总面积（转移给地方政府管理的土地除外）除以农庄所有工作人员总数（包括之前在农庄工作的退休人员以及农庄社会领域工作人员，如教师、医生及文化、百货、通信、贸易、餐饮业工作者）。

土地无偿分配给公民、集体农庄全体成员、其他农业集体企业、股份公司之后，余留土地纳入地方土地基金中。截至 1993 年底，该基金总面积达到 6 600 万公顷，包括 1 330 万公顷农用地。这些土地用于地方政府后续转移给公民和法人所有、使用和租赁，用于建设个人副业和农庄、集体花园和菜园以及其他与农业生产相关目的[①]。

截至 1994 年底，俄联邦建立了大约 280 300 个农民和村社家庭农场，土地面积达 10 360 万公顷。5.2%的农地和 6.1%的耕地归属于农场，超过半数的国营农场和集体农庄被改组为农场协会，所占土地面积达到 680 万公顷。为农业生产互助活动成立的合作社和股份公司发展特别迅猛，这些企业土地份额达到 19 590 万公顷（约占 29%），其他辅助性农业企业和科研机构土地份额有 2 790 万公顷（约占 4%）。超过 2 230 万家庭获得 180 万公顷土地用于集体园艺和菜园，别墅合作社占有 3 900 公顷土地，610 万公顷土地用于公民个人从事副业经营，畜牧场占有 180 万公顷土地[②]。

---

① Электронный учебно-методический комплекс дисциплины. Дальневосточный государственный аграрный университет. История российского землеустройства. Благовещенск, 2013: C. 72-73.

② 同①73.

　　通过私有化给予农民取得一定面积土地权利的书面证明的思路，在权利取得和实际分配土地之间形成了临时间隔。意外的是，这一改革方案获得了俄联邦共产党的支持，因为它符合全体平均公平原则。另外，共产党员们认为，农民会把自己的土地份额投入集体农庄之中，继而保留住集体农庄制度①。曾在 1991 年前担任俄联邦农业部部长、副总理，之后担任上议院议员，后续担任杜马议员，在农业领域很有影响力的根纳季·瓦西里耶维奇·库里克（Г. В. Кулик），反对通过土地份额方式实行私有化。他认为，有计划、渐进地分配农业土地的方案是正确的，通过土地份额方式私有化违背了改革意图。与此同时，地方农业管理局和经理层（集体农庄负责人和国营农场场长）反对设立土地份额，他们认为，这种机制瓦解了农业经营。一些地方农业委员会代表将证明土地份额的文书存放在保险柜中，而不交付给农场，当联邦层面施加压力时，他们才把这些文书移交给农场领导人。而农场领导人也将文书存放在保险柜内，不交给所有者。但是后来，当携带巨额资金的投资者加入土地游戏中时，地方官员和场长们看到利益后又开始成为抛售土地份额的明确支持者。

　　总之，1990—1996 年间的土地私有化进程没有像其他私有化领域推进得那么急速迅猛，其受制于多种因素。首先，最初的土地改革设计思路是要以稳妥、可控的方式将土地真正地划分到原集体农庄和国营农场成员手中，使之形成拥有自有土地的农场主阶层，这项任务规模庞大、用时较长、有良好前景，但在短期内不能完成；其次，改革设计者的思路与利害关系群体的预期没有有效匹配，长期以来的集体主义传统使得农民并不期望成为自担市场风险的土地所有者和农产品经营者，与负担时间和金钱成本来经营土地相比，他们更期望生活在充满确定性的集体关怀之中，所以，私有化土地改革设计遇到基层农业组织负责人和农民的整体抵触；最后，在社会整体急速转型背景下，国家在土地改革之初原定给予土地改革的配套资金和土地规划的协同配合并没有到位，这导致既定的土地私有化方案难以落实，这一时期国家对农业的支持急剧地减少②。因此，在 20 世纪 90 年代中期，政府内的改革者和农民之间已经形成了尖锐的对立。改革者坚持继续迈向自由的土地市场。农民则反对，认为改革破坏了农业。

————————

　　① Василий Иванович Звягинцев, Барсукова Светлана Юрьевна. Земельная Реформа В России В 1990—2000-Е Годы, Или Как В Ходе Ведомственных Реорганизаций «Реформировали» Земельную Реформу. Журнал институциональных исследований, 2015 (7)：С. 88.

　　② Абалкин Л. И.. Аграрная трагедия России. Вопросы экономики, 2009 (9)：С. 4–14.

二、1996—2000 年土地改革激进化与简单化推进

1996 年俄罗斯国内政治形势发生重要变化，叶利钦面临复杂严峻的总统选举形势，为确保选举获胜，执政者将极具收益的国家原始资产（实际是"抵押股份"）出让给大金融资本家，以获取他们的支持。这些政治家和商人，认为自己是叶利钦胜利的参与者，开始在瓜分金融资源方面疯狂地竞争，继而使国家财政经济状况陷入严峻的境地。在这种情况下，已经批准的改革计划被搁置在联邦经济发展部，其中包括土地改革计划。事实上自 1996 年开始，国家就拒绝对土地改革给予财政、组织保障等方面的支持，于是简单化和激进化的土地改革进程开始了。"改革者不公开地否决了土地改革最初阶段的基本思路——形成独立的大规模农场主阶层和自有土地的计划，而是将尚方宝剑给了'地主'方案。"①

1997 年，学者出身（俄联邦农业科学院院士）后来成为农民利益捍卫者的国家土地委员会原领导人 H. B. 科莫夫，被丘拜斯特别信任的战友伊利亚·阿图罗维奇·尤扎诺夫（И. А. Южанов）所取代。尤扎诺夫是来自圣彼得堡的职业官员，他特别关注土地自由化模式，认为针对土地问题国家只需保留登记和观测职能。1998 年 5—8 月，国家土地委员会与俄罗斯联邦测绘局和公共住宅事业局合并为土地政策、建设和公共住宅事业部，尤扎诺夫被任命为这一新的大部门的领导人。作为新部长，他在 1998 年 6 月接受《俄罗斯报》采访时明确强调："土地改革的主要任务是消除土地国有垄断。决定性的条件是以土地可控的流转以及抵押为基础实现土地的经济潜力。"② 他没有坚持既往的土地改革思路，而是选择了更为自由主义的私有化路径。

1996 年 3 月 7 日，叶利钦签发了关于实现公民宪法土地权利的总统令。该总统令进一步扩大了土地份额所有者权利，他们有权不经其他土地份额所有者同意，便可自由支配自己的土地份额，包括出租、出售、抵押、交换等。而在此之前，农民手中的土地份额只能向农业企业投资入股。在总统令指引下，农业生产经营者通过租赁取得土地份额，并与地方领导人协商，在他们认为适当的土地上耕种，随意改变土地的位置和方

①　Василий Иванович Звягинцев，Барсукова Светлана Юрьевна. Земельная Реформа В России В 1990—2000-Е Годы，Или Как В Ходе Ведомственных Реорганизаций «Реформировали» Земельную Реформу. Журнал институциональных исследований，2015（7）：С. 90.

②　同①.

位，完全不关心土地保护问题。在这种情形下，不可能确定农业经营者利用的具体是谁的土地，所以，任何人无须承担不正确利用土地的后果。而对于地方领导人而言，这种境况是个人财富有吸引力的来源，对于将土地份额现实地分割，为之找到具体的所有人，划定边界并将其进行地籍登记，他们并不感兴趣①。

到21世纪初，土地领域的混乱进一步加剧。土地没有真正的所有人，土地份额投机性买卖广为流行，目的是将获取的农用土地转为其他类型土地后再转手。不仅是购买土地后续用于建设住宅和工业设施的开发商，还有控股公司，实际上都在无理由地收购土地。他们将最好的土地用于生产活动，其余的作为战略资源为未来储备，这是因为土地税非常低，而且按用途利用土地的监管实际上不存在。专门监管农产品和食品的俄罗斯农业检验检疫局，作为一种"负担"取得了监管农用土地的权力，但是它不能胜任这项任务，因为缺乏必要的机构、干部和资源。农业部保守评估，没有得到利用的农用土地面积达到2 700万公顷，占国家全部农用土地的七分之一。而专家评估则将这一数字提高到一倍半②。

这一阶段土地改革激进化与简单化推进的另一标志是，国家对于土地的管控职能几乎完全消解。苏联是世界上对农业用地管理保障最好的国家之一，每一个农业企业都有附带土地边界坐标的国家证书，附带土地轮廓影像和标明面积的土地利用计划，土壤种类地图，土地上生长的植物地图，对每一块耕种土地的地力、坐落位置和耕作工艺的评价，附有环境保护系统措施的内部土地管理规划。国家土地规划研究院作为国有事业单位，是土地资源专业知识的来源部门，负责完成上述工作。

1998年随着基里延科政府辞职，土地政策、建设和公共住宅事业部解体，国家土地委员会获得再生，并于1999年5月更名为土地政策委员会，但其仍然没有划拨用于继续土地改革的资金③。2000年，土地政策委员会再次更名为联邦土地登记局，委员会之前拥有的土地管理职能被彻底取消。从这一意义上讲，市场化改革的自由主义者取得了彻底和无条件的胜利。至此，所有有关土地的实质性问题都从土地政策和国家土地领域职

---

① Василий Иванович Звягинцев, Барсукова Светлана Юрьевна. Земельная Реформа В России В 1990—2000-Е Годы, Или Как В Ходе Ведомственных Реорганизаций «Реформировали» Земельную Реформу. Журнал институциональных исследований, 2015 (7)：C. 92.

② 同①95.

③ 同①91.

能中删除了，余下的只是数据登记职能和对遵守法律程序的监督。

如果说欧洲 20 世纪 90 年代将土地和土地权利登记功能整合到一个统一部门，那么俄罗斯此时却将土地领域的调整职能分配在不同机构之中。国家土地委员会被指责"权力集中"：开展土地改革，从事登记、核查——所有都集中在手中。新的改革者致力于权力分化，理由为这是反腐败的必需。1997 年，土地所有权国家登记职能从俄联邦土地委员会划到司法部①。在土地改革过程中人为地将地籍登记职能和土地权利登记职能分离，导致了重复记录、错误数量增加、额外支出和必须向两个机关进行申请等问题。这个决定的缺陷很快变得非常明显，但是仍然实行了 15 年，到 2012 年地籍登记才重新与土地权利登记合并到俄罗斯联邦国家登记、地籍和地图制图局地籍库中。

这一时期，国家土地委员会和俄联邦财产委员会在土地改革问题上的矛盾日益明显和激化。在结束大规模企业私有化后，联邦财政部直接监管了土地私有化。1999 年 5 月普里马科夫不再担任总理后，按照掌控国家的自由主义精英群体的意愿，土地管理权力转移给财政部。虽然农业部取得了制定农用土地政策的职能，但是农业部对此没有任何真正的权力、资源和队伍。

另一个未经考察从其他国家移植经验的制度创新成为制约土地改革的障碍。2000 年 1 月 2 日实施的国家土地地籍法规定了土地登记申请原则。按照该申请原则，国家没有义务对所有土地进行地籍登记，土地占有人如果需要土地登记，应当自费实施所有的地籍测量工作（这需要聘请价格不菲的专家到现场野外作业）并且向开展地籍登记的国家机关提交所有文件。对于几百万土地份额所有人来说，这一流程的工作量和金钱花费难以负担。实施该申请原则的结果就是，办理土地登记的数量急剧下降。谢尔盖·伊万诺维奇·赛（С. И. Сай）2000—2004 年间在联邦土地地籍服务局担任负责人，他向政府报告工作时指出，两年间只有 3%～5% 的土地进行了地籍登记，而这是在 1999 年 95% 的土地已经存在地籍登记的情况下发生的，其实在既有的土地登记册都能够找到所有的信息。根据联邦农业部的资料，直到 2012 年只有 20% 的土地办理了所有权手续，尚有 80%

① Василий Иванович Звягинцев, Барсукова Светлана Юрьевна. Земельная Реформа В России В 1990—2000-Е Годы, Или Как В Ходе Ведомственных Реорганизаций «Реформировали» Земельную Реформу. Журнал институциональных исследований, 2015 (7)：С. 92.

的农用地没有进行地籍登记。这意味着这些土地权利没有按照应有方式进行登记，土地没有被划定边界并办理权利登记手续[①]。

城市土地私有化的发展。俄罗斯最初的土地私有化主要针对农业用地，居民点土地私有化是随后进行的。1991 年俄联邦土地法典在肯定私人土地所有权存在的同时指出，在城镇有偿地提供用于个人住宅建设和从事副业经营的土地，在农村则无偿提供居民点土地。居民点土地私有化的要求是：企业私有化、扩建、续建以及提供给公民及其联合体生产经营用地，制定出售土地给公民和法人的方案，应当依据城镇及村镇居民点总体规划、土地经营规划、细化的详尽方案和建设方案，以及其他国家文件、居民点地域建设规范制定，并遵守现行立法。在缺少城市建设文件时，城市建设和规划机关联合国家监督监察机关应当临时地确定对待出售的每一块土地的建设规划要求。在土地改革开始前三年（1991—1994 年）转移给农村人民苏维埃管理和用于城市拓展的土地达到 3 120 万公顷，超过既往 25 年上述土地增加规模的 12 倍以上[②]。

国有企业土地的私有化。俄罗斯城市土地私有化与企业私有化相伴而行，但两者并非同步进行，而是企业私有化先行启动，后续才开始进行已经私有化的企业取得其所占有使用土地的所有权的工作。1992 年 3 月 25 日通过的俄联邦总统令《国有和自治地方企业私有化时出售土地给公民和法人的决定》，规定了私有化的企业所有者购买土地的权利[③]。1992 年 6 月 14 日通过的俄联邦总统令批准了国有和自治地方企业私有化、扩建和续建时出售土地，以及向公民及其联合体提供生产经营用地的程序[④]。按照该命令，土地购买人可以是依据俄联邦国有和自治地方企业私有化法被认定为购买人的法人或自然人。同时，该命令第一次规定，非农业生产组织可以成为土地所有人。企业私有化时可以购买的土地面积和边界依据原

---

① Василий Иванович Звягинцев, Барсукова Светлана Юрьевна. Земельная Реформа В России В 1990—2000-Е Годы, Или Как В Ходе Ведомственных Реорганизаций «Реформировали» Земельную Реформу. Журнал институциональных исследований, 2015 (7): C. 94.

② Электронный учебно-методический комплекс дисциплины. Дальневосточный государственный аграрный университет. История российского землеустройства. Благовещенск, 2013: C. 73.

③ Указ Президента РФ от 25.03.1992 N 301 «О продаже земельных участков гражданам и юридическим лицам при приватизации государственных и муниципальных предприятий».

④ Указ Президента от 14 июня, 1992: г. N 631 «Об утверждении порядка продажи земельных участков при приватизации государственных и муниципальных предприятий, расширении и дополнительном строительстве этих предприятий, а также предоставленных гражданам и их объединениям для предпринимательской деятельности».

企业拥有的可以永久使用土地的文件来确定，如果缺少该文件，则按照实际使用的情况来确定。私有化企业购买国有土地的进程极其不均衡，无论在时间上还是在地域上。企业土地私有化进程快速发展发生在 1995—1996 年，原因在于这一年是俄联邦总统、州长选举年，选举过程中作为经济概念的私有变成了政治宣传工具。企业土地私有化进程从 1995 年秋天开始激活，随后，除圣彼得堡和下诺夫哥罗德地区以外，趋势朝着缩小的方向急剧变化。从 1997 年开始企业购买土地几乎停滞，整体上在 1998—2000 年之间，企业土地私有化面积不到 1995—1997 年的十分之一。原因在于，确定土地价格须经地方行政机关审查，它们通常将价格规定得特别高①。

住宅建设用地的私有化。1992 年 12 月 24 日通过的关于联邦住宅政策基础法规定，国家权力和管理机关、地方自治机关应保证按照土地立法规定的程序提供、出售城市规划区域内的土地给建设人用于住宅建设②。随后，在进行住宅改革时规定，公民、法人改造或建设住宅以及非住宅时，不受阻碍地获得（按照规范文件）或取得土地权利，包括以竞拍和拍卖的方式。同时作为一种奖励、激励和社会保障措施，给一些"优惠"公民以居民点土地私有化的机会，例如，工作和生活在北极地区和相当于北极地区地域的人、残疾人、担任军事职务合计持续时间 10 年以上的军人。孤儿和没有父母照顾的儿童可以无偿取得之前属于父母永久（不定期）使用的土地的所有权，作为补充的财产和住宅权利保障。

既有建筑物所有人有权无偿地对住宅和其他属于共有的不动产设施所占据的土地进行私有化。按照关于保障不动产所有人取得不动产所占据土地所有权的俄联邦总统令的规定，取得已私有化的建筑物、构筑物、设施、住宅和未完成建筑物的所有人，拥有取得上述客体所占据土地所有权的优先权。此外，公民还可以依据俄联邦园艺、菜艺和别墅非营利性协会法，取得私人土地所有权。1997 年 11 月通过了专门调整居民点土地私有化程序的联邦总统令，该命令对一些城市通过竞拍方式将城市和农村居民点建设土地出售给公民和法人的做法表示支持。

1999 年 3 月，俄联邦国家土地委员会通过了《关于 1999—2001 年期

---

① Анализ и оценка реформ в области земельных отношений и приватизации земли в городах Аналитический доклад Фонд «Институт экономики города», С. 73, таблица 3.

② Закон РФ от 24. 12. 1992 N 4218-1 «Об основах федеральной жилищной политики».

间俄罗斯土地改革成果和强化土地利用与保护措施的决定》。该决定中的资料显示，在城市和城镇居民点750万公顷土地中，6%的土地已转移为私人所有，超过10 000块土地归属于企业所有。1999年6月26日通过的关于发展土地改革的1999—2002年联邦规划指出，城市土地私有化通常在竞争和拍卖的基础上用于住宅建设和实现投资计划，但是城市土地私有化进展特别缓慢，没能吸引足够数量的投资，并且阻碍了依据市场需求和城市发展对城市土地进行再分配。

土地私有化最初预期，在2004年之前完成大部分土地私有化任务。但是，立法者没有明确促进土地使用者购买土地的动因，其结果是对于大多数土地使用者而言，购买土地将严重影响其生产活动，因为这需要大量资金并且要动用其利润。这些制约土地私有化的因素主要体现在：（1）购买土地没有税收政策刺激。土地所有人和永久（不定期）使用权人按照同样的数额支付税负并且实质上拥有同等的权利，土地使用者缺少购买土地的动因，因为在大多数情况下永久（不定期）使用权人不打算签订土地协议购买该土地。（2）优惠的购买条件存续期过短，导致土地所有人不能顺利利用这些条件。购买土地的优惠条件没有考虑不动产流转的保守性，没能在足够长的时间跨度内保持政策稳定。（3）大多数出售土地的俄联邦各主体和自治地方对土地出售不感兴趣，因为对于公权机构而言，它们更倾向于将土地转换为租赁，这样可以通过改变租金直接并不断地影响土地使用权人[1]。

第三节　转型后期土地立法的再发展

20世纪90年代土地改革的结果产生的变化意义是巨大的，但是当初设定的许多任务并没有完成。处于世纪之交的俄罗斯，把尽快通过俄联邦土地法典等一系列立法文件实行统一的土地私有化规范和原则、防止土地私有化无视国家利益，作为土地改革领域法律调整的首要目标。总的来讲，这一时期土地立法发展延续上一阶段的路径与目标，但手段较为缓和，注重节奏，而不是急风暴雨般的变革。俄联邦土地法典和俄联邦农用

[1]　Завьялов А. А., Марквapт Э. Земельные отношения в системе местного самоуправления. М.：Статут，2011：C. 99.

土地流转法颁布实施，成为这一时期土地立法最为重要的成果。

一、2001 年土地法典颁布实施

尽管俄联邦宪法肯认了土地私人所有权，但是国内立法对其全面详细的确认还是采取了十分谨慎的态度。在 2001 年土地法典生效之前，允许公民拥有土地所有权仅存在法律有明确规定的几种情形。例如，建设个人住房，从事园林种植或者用于个人副业和建造别墅，经营农业（农场）。除此以外，取得农村居民点或者农业用地上楼房、设施或其他不动产所有权的公民，有权取得不动产所在土地的所有权；私有化进行中允许公民取得私有化企业的土地以及私有化其他不动产标的物的所有权①。如上所述，20 世纪 90 年代俄罗斯土地立法呈现出多层次和非系统性、水平参差不齐和相互冲突的境况。随着社会转型深入，土地改革亟须向纵深推进与农业发展严重倒退的现实，迫切要求土地立法的整合与完善。

其实从 1994 年开始，俄罗斯就启动了土地法典起草工作。但历史经验表明，无论在哪个国家，无论在何种社会制度下，土地问题从来不仅仅是法律、经济层面的问题，更深层的是政治问题。迅疾地摧毁公共财产，造成了对农村居民的道德心理压力、农业危机以及在农村管理和组织高效生产的巨大困难，这引起社会大众和一些政党反对土地改革。土地所有权问题，成为社会与政治讨论的中心问题。

有关土地私有化、私人土地流转（特别是农用地流转）、外国人能否购买俄罗斯土地的问题，一直是俄罗斯国内政治势力角力的核心话题。以俄罗斯共产党为代表的左派势力认为：如果允许农用土地流转，农民土地所有权将会集中于那些大的投机者，农民将失去土地没有保障，农用土地将改变原有用途和性质；土地问题关系到民族的生存问题，强制接受规定土地任意流通的法律，将不单单是对民族的犯罪，而且会引起战争；让外国人在俄罗斯拥有土地是对半个世纪来俄罗斯政治、经济体制的公然挑战。而代表改革的政治右翼则认为，俄罗斯农业萎靡不振的主要原因是这个产业没有引进市场经济机制，只有实行土地私有化，才能激活农业经济。政治派别之间关于土地私有化的不同认识，集中表现为代表政治右翼推进改革的总统与代表政治左派拥有话语权的立法机关国家杜马之间的态

---

① E. A. 苏哈诺夫. 俄罗斯民法：第 2 册. 王志华，李国强，译. 北京：中国政法大学出版社，2011：483.

度分歧，这种立法政治环境导致了土地法典长达 7 年曲折和迂回的立法进程①。

20 世纪 90 年代，国家杜马不止一次否决了含有土地市场化流转内容的土地法典草案。针对土地的尖锐政治矛盾使得土地法典通过变得不可能。1995 年，组织开展了对国家杜马农业问题委员会根据联邦各主体、各部委和代表团体大量建议修订后的政府版土地法典草案的公投。这是一次该折中立法方案难得的通过机会，但是又被代表们否决了：反对私人土地所有权包括园艺地和自留地的俄罗斯共产党投票"反对"，而政治组织"俄罗斯选择党"和"俄罗斯联合民主党"则认为法律草案自由度不够，限制了公民的宪法权利。1996 年，俄联邦土地法典草案在国家杜马第二次审议会上顺利通过，但是在它的框架中，没有规定土地买卖和抵押，随后在联邦会议没有获得通过。经过数月激烈的争论和完善修改，1997 年土地法典草案在国家杜马再次获得通过，并获得联邦委员会赞成，但最终被叶利钦总统否决。有关农用土地进入民事流转的问题，成为土地法典审议通过的绊脚石，大多数杜马议员反对流转，但是叶利钦总统坚持。叶利钦试图以总统命令的方式，强行过渡到土地私人所有。1996 年 3 月 7 日，他签发了关于实现公民宪法土地权利的总统令②。1997 年 7 月通过了对发展土地关系很重要的《俄罗斯联邦关于不动产权利和不动产协议国家登记的联邦法律》，规定了不动产权利国家登记和建立统一登记体系的基本原则和程序。在 20 世纪 90 年代末期，又通过了一系列旨在发展土地改革和简化土地占有与土地使用的法律文件。2000 年 1 月通过国家土地地籍法，明确从事土地地籍登记的机构、进行土地地籍登记的文件要求、提交和利用地籍文件的程序与条件。

2001 年 2 月，普京总统在俄罗斯联邦国务委员会会议上做了题为

① 1995 年 6 月，俄罗斯国家杜马通过了土地法典草案。由于草案规定"只有私人用地或小型花园用地才可以在任何时候自由出售"，"农业企业的土地或个体农场用地只能卖给国家"，对土地自由买卖限制过多，以至于最终被议会上院否决。1996 年 5 月，国家杜马又通过了土地法典第二个草案。它对土地关系附加了更加严厉的限制，几乎禁止土地的自由流转，因而遭到了俄罗斯议会上院和叶利钦总统的否决。1997 年 8 月，国家杜马又通过了新的土地法典草案，由于没有规定农用土地可以自由买卖的内容，叶利钦总统拒绝签字批准。正是由于在上述核心问题上的严重分歧，俄联邦土地法典迟迟没有通过，直至叶利钦总统任期届满。普京上任后，采取了先易后难的解决策略，绕开争议最大、难以协调的农用土地的自由买卖问题，先行通过了不包括农用地流转内容的土地法典。

② Электронный учебно-методический комплекс дисциплины. Дальневосточный государственный аграрный университет. История российского землеустройства. Благовещенск, 2013：C. 74.

《加快通过新的土地法典，解决土地改革问题》的讲话①。2001 年 9 月 20 日，国家杜马三读通过土地法典草案。当年 10 月 10 日，俄罗斯联邦委员会批准《俄罗斯联邦土地法典》，并由普京总统签发生效。新颁布的土地法典详细规定了有关土地所有权和其他土地权利制度，分别是：第三章"土地所有权"，第四章"永久（不定期）使用、可继承的终身占有土地、有限制地使用他人土地（地役权）、土地租赁、无偿定期使用土地"，第五章"土地权利的取得"，第六章"土地所有人、土地使用人、土地占有人和土地承租人在利用土地时的权利和义务"，第七章"土地权利终止和限制"。明确了包括联邦所有、联邦各主体所有、自治地方所有、公民所有和法人所有的土地所有权类型，其中前三类所有为"公有"，后两类所有为"私有"。除所有权以外，土地法典还规定了三种土地物权——永久（不定期）使用权、可继承的终身占有权、公共地役权，以及土地租赁和无偿定期使用。

　　《俄罗斯联邦土地法典》颁布实施的意义至少有以下三点：

　　一是在俄罗斯形成了土地所有与利用的统一法律空间。按照俄联邦宪法规定，土地立法属于联邦和联邦各主体共同管辖领域。因此，联邦立法没有规定的事项，联邦各主体立法就可以单独做出调整（或者联邦立法有框架性规定，联邦各主体立法予以细化）。在 20 世纪 90 年代缺少完备的联邦土地立法的情形下，联邦各主体立法创新各不相同，甚至在不同方向上发展，反映出个别共和国、州和边区领导人在土地关系发展路径与速度上的不同主观偏好。此外，在 20 世纪 90 年代后期，由于联邦土地立法不完备，联邦国家权力机关与联邦各主体国家权力机关之间签署了有关土地问题的合同和协议。这些合同与协议相互之间在细节上各不相同，逐渐在土地划分及联邦立法没有调整的其他问题上形成了各自的法律框架。在俄联邦土地法典通过之前，调整土地关系的法律框架有别于改革前统一的土地立法，其缺点表现为缺少体系化、许多确定原则性规范的立法文件法律效力不强、土地处分权能不稳定和各地域规划存在差异②。正如普京在2003 年致联邦会议国情咨文中强调的那样："曾经有一度，俄罗斯的一些土地事实上没有得到俄联邦法律的掌控，现在我们大家解决了这种绝对无

---

　　①　普京文集：文章和讲话选集. 北京：中国社会科学出版社，2002：256.

　　②　С. А. Лип-ски, И. И. Гордиенко, К. В. Симонова. Правовое обеспечение землеустройства и кадастров: учебник/—2-е изд. , стер. М.: КНОРУС, 2016: С. 38.

法接受的局面。现在，对于俄罗斯所有地区来说，俄罗斯宪法和联邦法律至高无上已成为生活的准则。"①

二是标志着俄罗斯国内政治派别就土地立法的根本问题，尤其是私人土地所有权问题达成妥协，土地改革方向、成果、经验得到法律进一步确认和巩固。同时，这为后续重要的联邦土地立法制定创造了条件，促进了俄联邦农用土地流转法立法工作加速进行。

三是促进了俄联邦民法典第十七章"土地所有权和其他物权"的正式生效实施。俄联邦民法典第十七章作为调整土地关系最为重要的规范，虽然与俄联邦民法典第一部分一同颁布，但其生效被附加条件，即土地法典颁布实施，所以该章在民法典第一部分生效实施 6 年后才得以"解冻"，开始真正承担起调整土地关系的任务。

土地法典颁布实施的另外一个副产品是，在理论研究领域迅速激发了俄罗斯理论和实务界对土地立法的研究热情，从经济、社会、法学等不同领域对土地立法的研究空前活跃②。

二、2002 年通过农用土地流转法

尽管土地法典颁布实施，但实际上不能说它的支持者取得最终胜利，因为土地法典顺利通过的重要前提是搁置了政治派别之间存在严重意见分歧的农用土地流转问题。所以，实际上新颁布的土地法典仅是使工业用地和居民点用地进入民事流转中——仅占所有土地资源的 2% 多一点③。因此，土地法典颁布实施并没有解决俄罗斯土地改革中的最大问题——农用土地如何流转。

2002 年 4 月 19 日，普京在国务委员会主席团会议上做了题为《农用土地的流转问题是整个土地改革的核心》的讲话，他指出："农业用地的

---

① 普京文集：2002—2008. 北京：中国社会科学出版社，2008：21.

② 尤其是法学界对土地立法研究更是形成了一个高潮，例如，俄罗斯权威法学期刊《国家与法》2001 年刊登的关于土地法问题的文章只有三篇，外加一篇会议综述，到 2002 年文章和会议综述就已经分别为五篇和一篇。而仅在规模不大的《生态法》期刊上，2002 年到 2003 年初刊登的关于土地法问题的文章就达 16 篇，其中还包括两位著名民法学家的文章。有趣的是，大学生对于土地法问题的兴趣也在增加，莫斯科大学法律系 2002—2003 学年有意愿写土地法方面学期作业的大学生相比上一学年增加了一倍半，达到 21 人。（Голиченков А. К. Новый Земельный кодекс Российской Федерации：история，отличительные черты，значение. Экологическое право, Юрист，2003（1）：С. 31.）

③ Электронный учебно-методический комплекс дисциплины. Дальневосточный государственный аграрный университет. История российского землеустройства. Благовещенск，2013：С. 76.

命运不仅至今仍悬而未决，而且正像我已在开始时说的，是整个土地改革的核心。这是一个非常复杂的问题，特别是对于俄罗斯来说。在过去不仅农民的命运始终取决于这个问题的解决，而且也许可以说，甚至国家制度本身最终也取决于在俄罗斯是怎样解决土地问题的。""俄罗斯的公民至今不能利用俄罗斯联邦宪法赋予他们的合法权利。"① 此后，2002 年 6 月 26 日，俄罗斯国家杜马以 258 票对 149 票最终通过了《俄罗斯联邦农用土地流转法》②。

农用土地流转法颁布实施的标志性意义在于，它规定了农用土地流转的具体特点，特别是规定了土地份额从共有产权中划出的具体操作程序，从而打通了土地份额所有权人从抽象化权利人向拥有占有、收益、处分权能的具体权利主体转变的法律通道，使公民和法人土地权利的自由流转可以真正操作。在农用土地流转法颁布之前，农村居民对所获得的土地份额只有名义上的所有权。"作为俄罗斯土地私有化的直接结果，虽然到 2003 年已有将近60％的农地被私有化，却只有 5％是真正为个人所有"③。绝大部分私有化农地所有人仅拥有土地份额。这是俄罗斯土地私有化 10 年以后，仍有83％的原集体农庄和国营农场继续保持集体劳动形式的根本原因所在，也是俄罗斯以私有化和市场化为内容的土地改革陷入困境的原因所在④。

综上，俄联邦土地法典和农用土地流转法相继颁布实施，为俄罗斯社会转型进程中土地权利立法变革画上了阶段性句号，标志着俄罗斯土地立法体系化整合取得重要进展，现代土地权利法律制度基本确立。此外，在这一阶段，除了俄联邦土地法典和农用土地流转法以外，还陆续通过了一些重要的配套土地立法文件。例如 2004 年通过了关于土地或地块类型转换的联邦法律和新的俄罗斯城市规划法典，以及其他一些有关土地立法的规范性文件，这些规范性文件共同形成了调整土地关系的综合立法体系。

---

① 普京文集：文章和讲话选集. 北京：中国社会科学出版社，2002：624-625.
② 《俄罗斯联邦农用土地流转法》的制定过程同土地法典一样，经历了曲折和迂回的进程，俄联邦政府和国内各党派共向议会提交了 7 个不同的农用土地流转法草案，最后通过的是政府提出的立法草案。
③ Z. 莱尔曼，N. 沙盖达. 俄罗斯土地改革及农地市场发育状况. 国外社会科学，2006(1)：98.
④ 黄军甫. 从《农用土地流通法》看俄罗斯土地改革. 俄罗斯研究，2002 (3)：21.

第四节　土地改革的主要成果与问题

从 20 世纪 90 年代延至 21 世纪初的俄罗斯土地改革，建立了国家所有（联邦所有和联邦各主体所有）、自治地方所有和私有（法人所有和自然人所有）多种土地所有形态，形成了人数众多的土地所有者阶层，从根本上改变了俄罗斯土地所有权结构。

截至 2000 年 1 月 1 日，在农业领域国有企业份额逐渐降低到 12%，非国有农业组织占比提高到 71%，拥有私人土地所有权或可继承终身占有权的居民占 17%。大量公民取得私人土地所有权。4 000 万俄罗斯公民基于各种不同的法律依据拥有土地。超过 13 000 万公顷土地转移给公民和法人所有，包括 11 760 万公顷农用地。1 190 万人成为土地份额所有权人，他们中的 1 090 万人取得土地占有法律文书，其中，农民土地份额所有——主要的土地所有形式占全部私人土地的 91%①。

土地利用结构在主要的企业法律组织形态层面发生重大改变。大型集体农庄和国营农场被改组，超过 11 000 个集体农庄和国营农场被改组为合伙企业、股份公司和其他组织形式。成立了大约 3 800 家股份公司，1 100 个农业合作社，超过 6 000 个其他经营组织形式，组建了超过 20 000 家畜牧合作社和小型农业合作社②。

与其他任何改革一样，俄罗斯土地改革的成果与代价、问题相伴而生，尤其是 20 世纪 90 年代激进式土地改革，出现的问题更是明显、突出。

一是在激进式土地改革过程中，按照地方平均标准在数量庞大的土地申请人之间进行土地划分，导致土地过于零碎，不符合土地高效利用的要求。这一问题在土地资源欠缺的地区表现得更为明显，农业经营用地常常被分为两块或更多块土地。根据俄罗斯农业科学院农业所 1992 年的专业调查，在俄联邦五个地区，被划分给单块耕地的农户占全部农户数量的比例为 39%，划分给两块耕地的比例为 41%，三块的为 14%，四块甚至更多的超过 5%。20 世纪 90 年代快速推进的土地改革使得在 1861 年土地改

---

① Электронный учебно-методический комплекс дисциплины. Дальневосточный государственный аграрный университет. История российского землеустройства. Благовещенск，2013：С. 75.

② 同①。

革和斯托雷平改革中出现的错误重演。这导致了一个复杂的问题，即如何更加便利地处分土地并通过交换及其他措施将其归为一个整体①。

二是大多数小土地所有者所有权虚拟化。总的来看，虽然在立法规范中确立了私人土地所有权并且颁发了土地份额所有权证书，但并没有形成有效的土地私人所有权实现机制。通过土地份额证书快速地进行土地私有化改革遇到了很大的争议和阻力。首要面临的就是两个具体的操作问题：一是为每一土地份额持有人协商土地坐落位置、边界以及申请登记需要付出时间和金钱；二是解决意图获取优质土地的土地份额持有人之间的争议需要金钱、时间、必要的技术保障等，但是国家对于这些保障措施，并没有与颁发土地份额证书同步配给。需要再次强调的是，绝大多数原集体农庄成员不想成为农场主。"很大一部分取得土地份额的农业工作者，不准备从事市场化的农业生产。许多农民没有意识到自己是土地所有人，因为俄罗斯的土地使用文化孕育并发展于村社和后来的集体农庄之中，其在生活环境、行为规范和对工作的态度上有自身独特的体系性。"② 他们想留在农业企业中作为员工，完成任务并获取报酬。他们不想自己承担风险耕种土地、出售产品、支付税费，也不想浪费时间和金钱用于划分真正的土地和将其进行地籍登记。相反，他们将土地份额视作社会正义的必要因素——对因毁坏已习惯的集体农庄生活而产生的精神和物质损失的补偿。因此，从某种意义上讲，1991 年以后盛行的土地份额分配（准确地讲不是土地，仅是获取土地的权利）实质是一种对由于集体农庄丧失了有保障的国家订购而导致在农村出现大规模失业的补偿③。

所以，土地由国有和集体（农庄）所有转归私人所有主要是形式上的变化，并没能促使形成真正的土地市场④。最初立法者规定，1993 年 1 月 1 日前土地份额所有人应当处分已经获得的土地份额，但是，由于农民信息阻塞和缺少开展土地改革必要的国家支持，既定目标没能实现。在开启

---

① Электронный учебно-методический комплекс дисциплины. Дальневосточный государственный аграрный университет. История российского землеустройства. Благовещенск, 2013：С. 78.

② Казьмин М. А. Земельная реформа в регионах постсоветской России：Итоги преобразований и упущенные возможности. М.：ЛЕНАНД, 2015：С. 12.

③ Василий Иванович Звягинцев, Барсукова Светлана Юрьевна. Земельная Реформа В России В 1990—2000-Е Годы, Или Как В Ходе Ведомственных Реорганизаций «Реформировали» Земельную Реформу. Журнал институциональных исследований, 2015 (7)：С. 88.

④ Буздалов И. Н. Условия и направлениясоциально-экономической модернизации сельского хозяйства России. АПК：экономика, управление, 2010 (5)：С. 21-34.

土地改革 12 年之后，在占有 11 500 万公顷农用土地的 1 200 万土地份额所有者中，拥有 9 490 万公顷农用土地的大约 890 万土地份额共有人没有划出自己真正的土地也没有处分自己的土地份额。土地份额所有人在规定期限内没有领取证书或者虽然领取证书但没有行使自己处分权利的无人认领的土地份额面积，在 2012 年时占整个土地份额所有权土地面积的 22%（2 090 万公顷）①。人们形式上成为份地的主人，但是事实上不占有任何土地。仅有 150 万人取得了完全合乎要求的所有权证书，绝大多数土地没有从共有土地中划分出来，没有确定边界，没有进行落位。不仅是俄罗斯，乌克兰、哈萨克斯坦等独联体国家也采取了这种土地私有化方式。

三是国家土地管理职能严重弱化，土地资源管理能力大幅衰退。有学者认为，在俄罗斯土地改革现实中，土地市场自由化表现为完全否定国家的土地资源管理职能。如果说土地改革初期作为优先方向，还存在着在农业流转中保护土地和依据新的法律规定同新的土地所有者确立合理的土地利用的任务，那么后来，改革决定的做出则完全取决于其他优先方向②。在快速推进土地私有化的背景下，国家的土地管理职能不断退化，土地资源成为完全市场化的客体。1997 年俄联邦政府做出了关于土地规划设计院系统私有化的决定。在此之前，土地规划设计院属于不能私有化的对象，其工作资金来自国家预算。按照该决定，土地规划设计院系统被改造为股份公司并被出售，土地规划设计院须将自己的档案转移给地方土地委员会。购买者主要是指望获得能够利用或者出售的真正资产，那些最为宝贵的土地文件（地图、规划等），通常被扔进垃圾场。

20 世纪 90 年代的土地改革迅速瓦解了苏联时期的土地利用体系，但并没有解决土地保护和土地有效利用的问题。有学者指出，近乎 25 年的土地改革，没有研究土地政策和对土地资源进行管理的统一机构，没有一个统一的中心来研究系统的协调行动和系统管理，来制定和维持与土地流转、利用、地力保护、登记和评估等所有活动有关的标准、规范。土地资源事实上不再是被管理的对象。俄罗斯农业土地从"财富"转化为真正资

---

① Доклад о состоянии и использовании земель сельскохозяйственного назначения Министерства сельского хозяйства Российской Федерации за 2012 год（издан в 2013 году）: 9.［2015-05-04］. http://rosagroland.ru/monitoring/analitycs/311/-Дата обращения.

② Василий Иванович Звягинцев, Барсукова Светлана Юрьевна. Земельная Реформа В России В 1990—2000-Е Годы, Или Как В Ходе Ведомственных Реорганизаций «Реформировали» Земельную Реформу. Журнал институциональных исследований, 2015（7）: C. 89.

源的可能性虽然还没有彻底地消失，但距离无法挽回已经不远了。不恢复重建调整土地领域的国家中心，实现它的运转、现代化和发展，当苏联时期具有经验的土地管理队伍不能积极工作时，不可挽回的节点将在这一时刻到来。这之后，俄罗斯土地领域就需要从一张白纸开始重新设计和建造①。俄罗斯国家自己剥夺了自己对经济进程和有助于投入几十亿美元的投资对象产生影响的最强大的资源。无论是吸引投资，还是收税，没有进行登记的土地都不能得到利用②。结果是"无主"土地急速退化，部分土地被抛弃，长满灌木和森林，土地灌溉系统和排水系统被破坏。农业企业停止耕种成为农用土地面积减少的主要原因。

　　与此同时，一部分农用土地以隐蔽的市场方式在利用。常常是大的土地所有者，他们基于投机目的取得土地且并不打算实际支配，甚至都不知道是谁基于何种用途在利用自己的土地。在这些土地上经营，包括收获和销售农产品，都脱离了国家核算和税收。任何一个专家都不能评估出这种土地资源利用的预算损失③。2000 年之前，在农业生产中没有得到利用的土地超过 3 000 万公顷，大面积农田长满了灌木、矮树林，沼泽化、被侵蚀、退化和毁坏。最终因缺少资金而无法恢复地力，无法对已破坏的土地进行复垦、改良④。

　　四是出现了土地集中与垄断的风险。面对在土地私有化快速推进的背景下土地所有权份额制度设计所导致的土地分散与产权虚拟化的不足，可能采取的有效补救方案就是尽快将土地份额流转起来进而集中，最终实现土地所有权的实体化。

　　2000 年，曾经担任诺夫哥罗德土地资源和土地规划委员会领导人的德米特里·鲍里索维奇·阿拉特斯基（Д. Б. Аратский）成为分管土地工作的俄联邦财政部第一副部长。2004 年，他成为后来替代联邦财政部的联邦财产管理局领导人。阿拉特斯基成名于迅速地开启了与土地份额毫不妥协的斗争，他认为这一制度对于国内发展土地关系是有害的。他主张确

---

① Василий Иванович Звягинцев, Барсукова Светлана Юрьевна. Земельная Реформа В России В 1990—2000-Е Годы, Или Как В Ходе Ведомственных Реорганизаций «Реформировали» Земельную Реформу. Журнал институциональных исследований, 2015（7）：С. 96.

② Алакоз В. В. и Никонов А. В. Землеустройство - инвестиционная карта России в аграрном секторе. Землеустройство, кадастр и мониторинг земель, 2013（4）：С. 6-12.

③ 同②。

④ Электронный учебно-методический комплекс дисциплины. Дальневосточный государственный аграрный университет. История российского землеустройства. Благовещенск, 2013：С. 76.

定期限，该期限经过后权利人没有处分土地份额的，则应当将其份额征收归国家。阿拉特斯基提出的倡议，被农民理解为试图欺骗大量土地份额所有人。要知道，正是由于国家的过错，没有国家土地规划和有组织地根据土地份额划分土地，绝大多数土地份额所有者实际不能支配土地。与此同时，基于土地份额划分土地和将其进行地籍登记的进展情况，在俄罗斯域内也极其复杂和不均衡。如在南方，那里的农业是高利润行业，划分土地和地籍登记很快就已解决；但是在非黑土地区、西伯利亚和远东直到现在还存在大量无主和尚未完备的土地份额。设定终止土地份额所有权的严格期限的想法多次被提及，也多次被认为将引发严重后果而遭到否定。但是加快取消土地份额的思路被成功地引入 2002 年 6 月 26 日通过的俄联邦农用土地流转法中，该部法律允许自由买卖农用土地。阿拉特斯基直接参与制定了该法案草案。就像"农民阵线"领导人评论所说的那样："2002 年之前给予农民的土地权利，在 2002 年之后又被收回去了。"①

农用土地流转法实施后，在实现农用土地份额加速流转的同时，很快就出现了组建大型土地庄园的趋势。该部法律规定，土地份额所有权人可以提出基于土地份额分割土地的土地划界草案。实践中，这为大资本家收购农用土地提供了机会。首先，他们通过可信任的土地份额所有者（通常是原来集体农庄或国营农场的领导）收购他人的土地份额，直至达到足以在土地份额所有权人大会上通过决定所必要的数量。然后，他们组织编制确保取得优质土地的土地划界草案，在土地份额所有权人大会上通过该划界草案后办理相关土地登记手续，成为实际的优质土地所有人。之后，再将该土地由农业用地转换为居住用地、工业用地或者建设别墅和园艺用地②。

与此同时，开发商利用允许土地份额买卖的机会，收购适合从事郊区住宅建设的农用地土地份额，然后根据这些份额分割土地，将其进行地籍登记，后续在腐败官员的帮助下将土地由低价值的农用地，转化为高价值的个人住宅建设用地。按照专家的说法，正是这部法律奠定了出现大地主的基础，形成了土地份额投机机制。这些人购买土地不是热衷于农业经

① Виссер О., Мамонова Н. и Споор М. Инвесторы, мегафермы и «пустующие» земли: крупные земельные сделки в России//Земельная аккумуляция в начале XXI века. Под общ. ред. А. М. Никулина. М.：Издательский дом «Дело» РАНХиГС, 2012：С. 109.

② Макаров А. Н. Хубиев К. А. Теневая экономика и реформа земельной собственности в современной России. Землеустройство, кадастри мониторинг земель, 2013 (6)：С. 29−34.

营，而是大部分随后改变土地用途并且高价出售。这一决策链条的每一步，都需同自治地方或当地权力机关领导人达成非正式协议才能顺利实施。"临时实施的、但整整存续 10 年的土地份额制度，替代了解决土地问题和建立发展农业交易的机会，导致土地领域腐败、停滞和投机分子、'地主'阶层的形成。土地交易已经进入'圈地运动'阶段。"① 另一个现象是，外国人开始积极地购买农用土地份额，不少的农用地转移到了外国公司的手中②。

防止土地集中与垄断，一直以来是俄罗斯土地改革的聚焦点，也是各种政治力量的角逐场。"如果说俄罗斯 20 世纪 90 年代是以工业和能源领域所有权十年斗争为标志，在新千年头十年（2000—2010 年）逐步转向对农业的关注。进一步加剧到在第二个十年（2010—2020 年）更像是土地十年斗争。"③ 甚至，这一现实紧迫情形已经成为要求彻底取消作为基本法律制度的农用土地分类的缘由。理由在于，战胜土地腐败问题是不可能的，所以必须取消这种分类限制。以土地分类问题为核心，在不同利益集团支持下，立法者之间已经出现了严重的斗争。

本章小结

历史总是如此让人难以预判和出人意料地循环往复，十月革命 73 年之后在同一片土地上又挂上了制度"倒挡"——重新启动了土地私有化进程。虽然土地革命与土地改革的目标截然相反，但所采选的方式都是急风暴雨般的剧烈与不容缓释的决然。

俄罗斯现代社会转型要求重新配置土地资源。打破土地国家垄断，实行土地私有化，成为这一时期土地立法的优先方向。改革的结果是，土地成为市场交易的对象，私人土地所有权和用益物权在俄罗斯立法中"复活"，形成了全新的土地立法体系。比较苏联时期的土地公有化变局与俄

---

① Виссер О., Мамонова Н. и Споор М. Инвесторы, мегафермы и «пустующие» земли: крупные земельные сделки в России//Земельная аккумуляция в начале XXI века. Под общ. ред. А. М. Никулина. М.: Издательский дом «Дело» РАНХиГС, 2012: С. 88.

② Электронный учебно-методический комплекс дисциплины. Дальневосточный государственный аграрный университет. История российского землеустройства. Благовещенск, 2013: С. 79.

③ 同①122.

罗斯现代转型中的土地私有化改革，两者的共同特征在于：都是服从于政治变革需要自上而下的强制性制度变迁，都要承受巨大的制度转换成本。但从土地国家垄断向土地所有权社会化转换，比之反向转换的难度要更大、更为复杂，这就决定了俄罗斯现代转型时期土地制度重构进程的曲折与不稳定，以及土地权利体系构成的过渡性与妥协性。

回顾 20 世纪 90 年代以及世纪之交的俄罗斯土地立法进程，我们看到，全部土地立法都是紧紧围绕打破土地国有垄断和私人土地权利确立与扩张这条主线展开和演进的。虽然由于政治环境变化和社会现实压制，整个立法进程表现出不均衡的力度、进度与向度，时而激进，时而回调，但是土地权利立法主线的走向没有发生根本性的变化。现代转型进程中的土地立法演变，给我们展现了一幅从土地所有权主体单一、权利类型固定、权能受限、严控流动到主体多元、类型多样、权能丰富、促进流动的土地权利制度变迁图景。

我们不能忽视既往制度惯性对于土地变革的牵制作用。与长期集体主义的历史思维定式有关，人们对向私有关系过渡毫无准备的心理状态、对繁重土地劳作社会评价的损减、对单一家庭从事有效土地经营在力量和资金方面客观不足的判断，成为激进式土地改革推进的严重阻碍。这对于村社而言，更为明显。所以，在 20 世纪 90 年代初期，只有 10％的村社年轻人赞成私有制，68％的人是国家和集体农业生产组织形式的支持者。到 90 年代末期，96％的俄罗斯公民表示赞成土地私人所有权，但是希望取得土地所有权的，不超过 10％[①]。

与此同时，土地法典与农用土地流转法颁布实施，并不意味着土地改革问题得到体系化法律支撑，也不意味着为土地改革彻底铺平了制度道路。土地制度从来都不是单纯的法律问题，而是牵涉更多的政治问题，"土地立法在非体系性发展，依据部分利害关系人的'定制'（而有时是'奇想'）或者在政治局势影响下修订土地法典和其他联邦法律，而不经社会讨论。相反，法律文献中的完善土地立法建议多年来未得到关注。"[②] 截至 2013 年，2001 年颁布实施的土地法典，就已经被 55 件联邦法律修订

---

① Электронный учебно-методический комплекс дисциплины. Дальневосточный государственный аграрный университет. История российского землеустройства. Благовещенск, 2013：C. 75.

② В. В. Устюкова, Н. Н. Мельников, О. А. Самончик, Г. Л. Землякова, Д. Ф. Климов. Современные проблемы реформирования Земельного законодательства. Аналитический вестник Совета Федерации ФС РФ, 2012 г (37)：C. 27.

过①。俄罗斯农业政治家和农业土地领域专家始终相信，农业有着广阔的前景，俄罗斯完全有能力在不远的将来成为农业强国。为此必须保护好农用土地，提高其资本化和投资吸引力，但在他们看来，这一目标与现行土地立法变革的趋势并不完全一致。强制性土地制度变迁所遗留的一系列问题，例如完善土地份额所有权的有效实现机制，避免出现新的土地垄断，重塑国家对土地资源的管理职能，等等，都亟待解决。

总之，强制性制度变迁不会自然而然、一蹴而就地生成成熟的土地利用模式，俄罗斯现代土地制度构建是一个渐进完善的过程，未来亦将如此。

---

① Волков Г. А. Проблемы совершенствования земельного законодательства. Экологическое право，2012（1）：С. 26.

第三章 俄罗斯土地立法理论概观

第一节 土地立法的调整对象与方法

俄罗斯法律有着复杂的结构，分为法律部门、法律制度、法律规范、法律概念以及其他组成部分。其中，法律部门，即部门法是俄罗斯法律最大的结构分类①。以部门法为划分标准，俄罗斯法律可以分为宪法、行政法、财政法、土地法、农业法、民法、劳动法、生态法、家庭法、刑法、劳动改造法、刑事诉讼法、民事诉讼法等，国际法分为国际公法与国际私法②。

土地法是俄罗斯传统的、相对独立的部门法。与之不同的是，在我国，土地法属于经济法范畴，是经济法的一个分支，而经济法系我国法律体系中的一个部门法。另外，按照我国对于某一部门法律的研究思维，通常可以从形式上或者实质意义上来界定某法律的涵盖范围。例如就土地法而言，"形式意义上的土地法是指：国家有权机关颁布和施行的，命名为《土地法》的制定法"。"实质意义上的土地法是指一个国家或地区的所有调整土地权利法律关系和土地管理法律关系的法律规范总和。"③ 在俄罗斯关于土地立法的研究论述中，没有广义与狭义、形式与实质土地法的划分。根据2001年通过的俄联邦土地法典第2条第1款的规定，土地立法由该法典、联邦法律和根据该法典及联邦法律制定的俄罗斯联邦各主体的法律构成。在俄罗斯，土地立法为独立的法律部门，是包括土地法典等一

---

① Чубуков Г. В. Земельное право России. М.：Изд. "Тихомиров М. Ю."，2002；С. 8.

② 张俊杰. 全球化条件下俄罗斯法律体系及其完善. 中外法律体系比较国际学术研讨会，2007：275.

③ 江平. 中国土地立法研究. 北京：中国政法大学出版社，1999：206.

系列专门调整土地关系的法律规范文件的集合。再加之目前对俄罗斯土地权利的法律调整虽然表现为由俄联邦土地立法与民事立法交叉调整，但实际上是由以俄联邦土地法典为核心的土地立法调整为主。因此，本节对于俄罗斯土地立法理论原理的评介，如果按照我国关于土地法的广义与狭义的理论划分标准来理解，主要对象是形式意义上的土地立法，而并不过多涉及俄罗斯民法、生态法、自然资源法、行政法、刑法等相关法律领域。

一、土地的多重价值内涵——作为法律调整对象

土地是土地立法中最为基础的概念。在俄罗斯土地立法中，土地被赋予多重含义。立法对土地的不同理解，在于土地自身的多功能性，而这具有重要的法律意义，土地立法调整对象和调整方法也正是围绕不同的土地含义而配置的。另外，对于土地的认识与定位是不断发展变化的。在1990 年以前的俄罗斯立法中，土地仅被看作自然资源，而不是不动产、物、财产①。随着土地成为市场经济交易的对象，土地的法律定位才愈加清晰与完备。

俄联邦土地法典第 1 条第 1 款规定："鉴于土地的意义是人的生存和活动的基础，调整土地利用和保护关系的出发点是：土地既是受保护的极重要的自然组成部分的自然客体，是作为农业和林业生产资料及在俄罗斯联邦境内进行经济活动和其他活动之基础的自然资源，同时又是不动产，是所有权及其他土地权利的客体。"俄联邦土地法典第 6 条规定："土地关系的客体是：（1）作为自然客体和自然资源的土地；（2）地块；（3）地块的部分。"

首先，土地被认为是自然的组成部分。土地与地下空间、森林、水体、动物界、植物界一样被看作自然环境的重要组成部分。这种土地观念认为，土地的特征主要就是它的产生与存在的自然性质，即非人造性。其法律意义在于，"土地作为自然客体，不能依据任何法律属于任何人"②。这是侧重于生态意义的对土地的理解，土地是全球人类生存的共同基础，土地并没有价值，或者说是无价的，更没有具体的所有权人。因此，土地成为生态法、自然资源法、土地法、刑法等多部门法律的共同调整对象。

---

① Виктория Юрьевна Бродовская. Проблема судебной защиты права собственности на земельную долю. Государство и право, 2011（12）：С. 89.

② Г. А. Волков, А. К. Голиченков, О. М. Козырь. Комментарий к Земельному кодексу Российской Федерации. Хозяйство и право, 2002（1）：С. 11.

立法调整最主要的基点是保护，而不是利用。调整方法与手段是公法性质的强制性方法，表现为赋予土地关系主体义务。

其次，土地被视作自然资源，是从事经济或者其他活动的基础。这主要表现为土地是农业生产和林业生产的工具，是在俄罗斯联邦境内进行经济活动和其他活动的基础。这是侧重于土地的经济意义，亦即土地能够满足人类生产、生活需求。对于土地的利用和保护不仅要顾及俄罗斯当代人的利益，还要考虑将其完好地转移到俄罗斯的下一代。因此，加强土地资源的管理、维护土地的肥力和合理用途就成为土地关系调整的目的。例如，在土地立法中确立土地保护优先于土地利用的原则、土地利用与保护应有利于人的健康的原则以及土地分类管理和使用的制度等等。因此，对土地的法律调整由土地立法、自然资源立法、民事立法等法律部门共同进行，调整方式以强制性方法为主、任意性方法为辅，更多地要求土地关系主体承担义务，而较少地给予其自由。

最后，土地是不动产，是所有权与其他权利的客体。按照俄联邦民法典第 130 条第 1 款的规定，土地属于不动产。当然，也有俄罗斯学者认为，土地是纯粹的不动产，而其他物，包括土地之上的建筑则是相对的不动产，因为它们原则上可以根据人的意志移动①。这里侧重强调土地的社会关系。在市场经济条件下，土地成为流转的对象，土地的社会功能对于调整土地关系具有重要意义。土地已经不是抽象意义上的地球的表层，而是被具化为"地块"，是经过登记被分割的土地的某一特定部分，已成为权利客体。因此，可以由土地立法、民事立法等法律部门共同对其进行法律调整。主体地位平等与意思自由成为对作为不动产以及所有权和其他权利客体的土地进行法律调整的基本特征，任意性调整方法成为主导方式。但是鉴于土地的上述前两种特殊性质，在俄罗斯土地法学者看来，对土地的法律调整不能完全等同于民事立法中对其他财产的法律调整，而是要予以限制和监控，例如，限制土地所有人的处分权能，土地应有限制地按照严格程序进入民事流转，等等。

在上述俄罗斯土地立法中，对于土地作为法律调整对象的多重含义解读，充分表明对土地本质认识的深入与全面，尤其是对土地作为自然客体、自然环境重要组成部分的定位，以及围绕这种定位所设定的一系列土

---

① Ерофеев Б. В. Земельное право России: Учеб. /Отв. ред. Н. И. Краснов. —9-е изд., перераб. М.: Юрайт-Издат, 2004: С. 35.

地保护原则与规则使俄罗斯土地立法呈现出生态化的特征。另外，对土地本质多重价值的充分理解，有助于我们更好地把握土地立法的调整对象、调整方法、立法体系、法律渊源，以及土地立法与其他法律部门，尤其是与民事立法之间在调整土地关系中的不同定位与分工。

二、土地立法的调整对象

土地立法的调整对象为土地关系，如何定义与理解土地关系的外延与内涵，直接关系到对于土地立法本质的理解。

俄罗斯学者对土地法进行定义，大都是从明确土地法调整对象来入手的。在叶罗费耶夫看来，"土地法调整对象是具有经济内容的土地社会关系，这种社会关系的特点在于土地作为特殊社会关系对象的自然特征。土地关系就是国家权力机关、地方自治机关、企业、组织、公民之间有关土地占有、使用、处分，优先适用土地法律规范以及在土地法对其不调整情况下某种程度地适用民事法律规范的社会关系"[1]。所以，从部门法的角度来看，"土地法可以定义为，调整俄联邦、俄联邦各主体、自治地方、法人、公民之间土地关系，旨在建立、完善、巩固建立在私有、国有、自治地方所有以及其他形式土地所有权基础上有效的土地制度，保障合理利用土地和保护土地，保障各种经济形式公平发展的必要条件，恢复土壤肥力，保护和改善环境，保护公民和其他土地利用者权利的独立法律部门"[2]。土地法"作为法律部门，它是反映国家意志并调整合理利用和保护作为俄联邦民族财富的土地社会关系的规范的系统集合"[3]。

俄联邦土地法典第3条规定，土地立法调整俄罗斯联邦境内的土地利用与保护关系（土地关系），土地是生活在相应地区各族人民生存与活动的基础。在土地法典中并没有明确土地关系概念，而是采取俄联邦宪法中关于土地利用与土地保护的表述方式来描述土地关系的基本内涵。俄联邦宪法第9条第1款规定：在俄罗斯联邦，土地和其他自然资源作为居住在相应地区的各民族人民的生活与活动的基础而被加以利用和保护。"法律起草者在土地法典草案讨论过程中拒绝了坚持要求他们形成土地关系客观定义的建议，'土地关系——是……'问题不是在于这种方式已经没有出

---

① Ерофеев Б. В. Земельное право России: Учеб/Отв. ред. Н. И. Краснов. —9-е изд., перераб. М. : Юрайт-Издат, 2004: С. 42.

② 同①.

③ Чубуков Г. В. Земельное право России. М. : Изд. "Тихомиров М. Ю. ", 2002: С. 8.

路，因为两个法学家对此会表达三种不同的想法"，而是在于"不但绝大多数法典化文件没有详尽地明确法律调整对象，而且在某些情况下甚至都不包括这样的术语"①。当然，在俄罗斯立法领域也有对调整对象予以明确界定的例子，例如俄联邦家庭法典就对所调整的对象通过列举的方式进行描述。

在笔者看来，土地法典没有直接规定土地关系的具体含义，除了立法习惯以外，最为重要的原因是所要描述对象的复杂性，对于其内涵与外延很难通过定义或者列举土地关系类型的方式予以全面而准确的规定。贸然地采取定义的方式，要么挂一漏万，要么逾越他法之界，不若稳妥地运用公认的土地关系分类——土地利用关系与土地保护关系，从而达到大致区分的效果。土地法典虽然没有就其专属调整的土地关系做出定义或详解，但是采取了通过规定土地立法与其他立法之间调整土地关系的界限的方式，从而间接地划清了土地立法所调整土地关系的范围，土地法典第 3 条第 2、3 款即为此用②。实践表明，这种划分土地立法与其他立法领域，尤其是同民事立法界限的原则性规定，并没有实现预期效果。在土地立法与民事立法对部分土地关系交叉调整的背景下，这种划分原则不但没有清晰界定彼此界限，反而使之愈加混淆不清。土地立法与民事立法在调整土地关系中的关系问题与土地权利关系甚巨，因此，这也成为争议最为激烈的领域。

我们所看到的作为俄罗斯土地立法对象的土地关系是一个多重复合关系的集合体。从土地的自然客体属性和经济工具属性出发，土地立法中既包括土地作为自然资源、人类生活基础的土地保护关系，也包括土地作为不动产、基本社会生产工具的土地利用关系；从公法与私法角度来划分，土地立法中既包括公法调整客体的土地行政管理关系，例如地籍管理、土地整治，也包括私法调整对象的土地民事法律关系，例如土地权利制度

---

① Комментарий к Земельному кодексу Российской Федерации. М.："Хозяйство и право"，2002；С. 23.

② 俄联邦土地法典第 3 条第 2 款：对利用和保护地下资源、水、森林、动物和其他自然资源的关系，对保护环境、保护受特殊保护的自然区域和客体、保护大气和保护俄罗斯联邦各族人民文化遗产客体的关系，适用相应的地下资源立法、森林立法、水立法、动物立法、保护和利用其他自然资源的立法、环境保护立法、大气保护立法、受特殊保护的自然区域和客体立法、保护俄罗斯联邦各族人民文化遗产客体立法和专门的联邦法律。上述各立法部门的规范可以适用于土地关系，如果土地立法没有调整这些关系。第 3 条第 3 款：关于土地的占有、使用和处分的财产关系及订立土地契约的关系，如果土地立法、森林立法、水立法、地下资源立法、环境保护立法、专门联邦法律没有另外规定，则由民事立法调整。

等；从程序法与实体法视角来理解，土地法中既有土地实体权利义务的规定，例如土地权利的权能内容，也有土地关系的程序性规定，例如取得建设地块使用权程序。

综上可见，俄罗斯土地立法调整对象涵盖了土地关系的方方面面，立法者的基本设计思路是欲将所有的土地关系均纳入其中，希望构建大而全的相对独立封闭的土地立法体系，或者说是不愿意看到土地关系被其他立法领域所"插足"。例如，即使是在俄联邦宪法确认土地为私人所有权客体、1994 年俄联邦民法典设置第十七章专门调整土地所有权和其他土地权利以后，按照上述土地法典第 3 条的规定，关于土地权利关系的民法调整还是要限定在"土地法典另有规定除外"的范围当中。

三、土地立法的调整方法

如果说研究土地立法的客体，是要说明土地立法的研究对象，那么研究土地立法的调整方法，就是要说明如何对其进行调整。法律调整对象直接影响法律调整方法，调整方法的差异取决于所调整的社会关系的特点。从另一角度来理解，"法律调整对象的边界可以借助于专属某个法律部门的方法来使之更明确"[1]。

在秋布科夫看来，"土地法方法就是对人们符合土地作为所有公民生存所必需的自然财富的性质与属性的行为施以影响的方式和技术"[2]。"土地法的调整方法划分为通过执行法令和禁止的义务性手段来影响的有组织的强制性方法和只是确定土地关系参与人的行为边界、赋予其在规定的范围内可以自由、独立地调整相互之间关系权能的任意性方法。"[3]

"土地法是复杂的构成，具有特有的法律调整方法。总之，它的特点体现在，其自身中包含了权力—专制（权力—服从）特征和民法所特有的自治特征。因此它具有土地法所特有的区别于任何其他俄罗斯法律部门的新的内容。"[4] 在俄罗斯土地法中，强制性调整方法与任意性调整方法共存，在具体配置上，则根据所调整关系的性质与特征选择与其相应的调整方法。强制性法律调整方法，其目的就是规定土地法律关系主体的义务。

---

① Чубуков Г. В. Земельное право России. М.：Изд. "Тихомиров М. Ю."，2002：С. 11.

② 同①.

③ 同①.

④ Ерофеев Б. В. Земельное право России：Учеб. /Отв. ред. Н. И. Краснов. —9-е изд.，перераб. М.：Юрайт-Издат，2004：С. 52.

"土地法中的禁止性规定——就是划定土地关系参与人能为或者应为的界限。"① 强制性调整方法建立在主体地位不平等、剥夺意思自由的服从与被服从的法律关系之上。违反强制性规定，逾越了法律确立的界限就会受到制裁。例如，按照俄联邦土地法典第 44、45 条的规定，如果土地使用者违反了土地用途的规定，法律不仅要剥夺违法者对土地的使用，而且剥夺其拥有的土地权利。就总体而言，在俄罗斯土地立法中，强制性调整方法占据的比例要比任意性调整方法占据的比例大。

叶罗费耶夫认为，任意性法律调整方法意味着这样一种法律作用方式：赋予土地法律关系主体在实现自己目标与任务时自由（自治）。任意性调整方法设定在当事人主体平等、意志自由的土地关系之上，其又可细分为三种类型，即建议性、核准性和授权性调整方法。建议性法律调整方法表现为，当土地法律关系主体为实现既定目标可以选择自己的行为方式时，给予主体选择行为的机会，即法律提供若干行为方式，赋予土地法律关系主体选择其中一种行为方式从而实现既定目的的自由。核准性法律调整方法是指土地法律关系主体独立地做出实现土地权能的决定，该决定仅在主管机关批准后生效。例如，俄联邦土地法典第 32 条规定，有关主体准备的预先协商土地坐落位置的相关资料，只有在经相关地方自治机构批准后才具有法律意义。授权性法律调整方法是指，给予土地法律关系主体某一权能范围的权利与自由。例如，公民作为土地所有权人，有权将土地所有权以继承的方式转移，在这种情况下国家并不予以干涉。

在俄罗斯土地法学者看来，土地关系法律调整方法与手段具有的特殊性，不在于将调整方法区分为强制性方法和任意性方法，因为这是其他法律部门都存在的调整方法，而在于调整对象系基于土地的社会关系，土地是自然客体并构成俄罗斯全体人民赖以生存和发展的基础。从这个意义上讲，土地是属于全体俄罗斯人民所有的，其不同于民法中任何其他财产客体，因此对于土地的法律调整必须基于其自身特点而有别于其他财产。例如，土地应当受限地按照严格的程序进入民事流转，无论是为了土地使用者利益还是社会利益均应严格限制土地所有权人的处分权能等。"在签订土地协议时，必须考虑到土地协议客体的特殊性。土地没有财产估价，但

---

① Ерофеев Б. В. Земельное право России: Учеб. /Отв. ред. Н. И. Краснов. —9-е изд., перераб. М.: Юрайт-Издат，2004：С. 44.

在市场条件下赋予它估测的市场价值。因此，土地具有了财产内容。"①
虽然交易自由已经深入俄罗斯土地立法的各类制度中，以协议的方式调整
土地关系已经愈加具有普遍意义，但是，民事立法中签订协议不受限制的
自由并不能完全适用于土地法之中，质言之，土地立法在调整土地关系上
较民事立法具有优先性。

　　根据 1993 年俄联邦宪法的规定，土地可以成为私人所有权客体，自
此，俄罗斯土地交易市场开始形成。从经济学的角度来看，交易市场建立与
发展的两个基本要素就是交易自由和土地权利的确定。但正是基于土地的特
殊性质，土地法律调整专有的方法在土地市场形成阶段应更多地反映出所作
用对象的特点。土地关系法律调整的方法要考虑到土地的自然属性和对全人
类的意义。它的调整作用表现为禁止将部分自然资源和环境整体"物化"，
对待它们不能像对待普通财产那样，而应将其看作归属于俄罗斯几千万人民
所有的基于自然环境的统一和不可分割的财产。在可持续地合理利用土地资
源原则中，规定土地进入民事流转的特别规则，限制土地所有权人的处分
权，为公共利益考虑土地的全人类意义，实行完整的土地地籍管理和土地监
测，等等②。"应当指出，在当前明显地出现了一种倾向，即国家对土地关
系调整干预的强化，强制性方法比任意性方法多。"③

第二节　土地立法体系与渊源

一、土地立法体系

　　通过研究土地立法的内部体系，能更加深入地了解土地立法的实质。
土地立法体系是有序的组合体，其中每一部分都有固定位置，并与其他部
分共同作用。在这个体系中，每一部分的位置并不是随意的，而是由它的
意义与特定作用所决定的。研究土地立法体系，意在查明土地立法的组成
部分，以及各组成部分之间的关系。
　　土地法由若干法律制度构成，其中每一法律制度都对同类的且相互联

---

　　① Ерофеев Б. В. Земельное право России：Учеб. /Отв. ред. Н. И. Краснов. —9-е изд.，перераб. М.：
Юрайт-Издат，2004：С. 51.

　　② 同①.

　　③ 同①52.

系的社会关系予以调整。按照俄罗斯土地法理论划分方法，土地法总体结构分为一般部分与特别部分。其中，一般部分主要是基础性规则，是特别部分的基础，在立法中优先于特别部分。特别部分是指针对不同类别土地进行法律调整的规范制度。

一般部分包括：（1）土地所有权、土地物权和其他土地权利，以及土地储备及土地类别划分和土地保护制度。（2）对有关土地协议的法律调整。公民与法人有权签订多种形式的土地协议，如土地买卖、抵押、赠与、遗赠、继承等。（3）土地利用的国家管理。主要规定国家机关参与土地关系的边界与程序，明确它们的职权和重要功能。（4）依据俄联邦立法对土地合理利用与保护的法律保障。（5）土地程序法。它规定土地程序法的概念与主要特点，确定土地程序法与行政法、民法、刑法之间的关系。（6）公民、法人土地权利保护和土地争议的解决。多类型土地所有权与土地上经营的多样性使得公民、法人之间土地争议数量增加，法院或仲裁法院通过土地权利裁判的方式来确认土地权利，但也不排除通过行政程序解决土地争议。（7）土地法律责任。这一制度规定了土地违法的构成、责任类型和追究责任的程序。（8）土地法律制度的概念和共同特征。包括法律规定的土地合理利用与保护的国家登记程序、预防违法行为措施以及明确其法律责任①。

特别部分是指对不同类别土地的专门法律调整。俄联邦土地法典第 7 条规定，俄罗斯联邦土地按专门用途分为七大种类：（1）农业用地；（2）居民点土地；（3）工业、能源、运输、通信、广播、电视、信息用地，保证宇航活动用地，国防、安全用地及其他专门用地；（4）受特殊保护的区域和客体的土地；（5）森林资源土地；（6）水资源土地；（7）储备土地。俄联邦土地法典后半部分针对不同类别土地的用途与特点，规定了有差别的调整规范。

一般部分和特别部分共同构成俄罗斯土地立法框架。一般部分规定的基础性规则应用于特别部分之中，并在特别部分中通过对不同类别土地进行具体调整而得到细化。一般部分与特别部分是俄罗斯土地立法体系第一层级的划分，在它们各自内部都包含着众多的土地法律制度、规范、概念等组成部分。每一部分都由若干法律制度构成，而每一法律制度又由若干

---

① Ерофеев Б. В. Земельное право России: Учеб. /Отв. ред. Н. И. Краснов. —9-е изд., перераб. М.: Юрайт-Издат, 2004: С. 76—78.

法律规范组成，每一法律规范又包括假定、处置、制裁三个组成部分。

二、土地立法渊源

"法律渊源就是将立法者意志变为必须执行的国家立法活动的各种表现形式。"① 从立法主体上划分，俄罗斯立法体系由两个层面构成，即俄联邦立法和俄联邦各主体立法。俄联邦宪法第1条规定，俄罗斯联邦是具有共和制政体的民主的、联邦制的法治国家。俄联邦和俄联邦各主体均有立法权②。其中归属于俄联邦专属管辖的事项由俄联邦立法；归属于俄联邦和俄联邦各主体共同管辖的事项，由俄联邦制定联邦法律并由俄联邦各主体依据该联邦法律制定联邦主体法律和规范性文件；不归属于俄联邦专属管辖和俄联邦、俄联邦各主体共同管辖的事项，则由俄联邦各主体制定法律和规范性文件予以调整。按照俄联邦宪法关于俄联邦与俄联邦各主体之间关于管辖事项的划分，"土地占有、使用和处分土地、矿藏、水流和其他自然资源的问题"为共同管辖事项。因此，在俄罗斯对于土地的法律调整是由俄联邦和俄联邦各主体共同进行的。在俄罗斯学者看来，"土地法渊源就是，由授权国家机关发布，包含土地法律规范并在一定地域、时间内对一定人群生效，作为土地立法体系组成部分的规定样式的文件"③。

俄罗斯土地法渊源是丰富而复杂的，从形式上列举，包括：（1）俄联邦签署和认可的包含土地法律规范的国际条约。（2）俄联邦宪法。它具有最高的法律效力，任何规范性法律文件都不能同其抵触。其中，不仅直接调整土地关系的宪法规范构成土地法渊源，例如规定土地私人、国家、自治地方所有权，而且调整生态关系的宪法规范对于土地法渊源也有重要的意义，例如保护环境、珍惜自然资源等等。（3）联邦宪法性法律。联邦宪法性法律是专门针对俄联邦宪法相关条文（第65、66、70、84、114、118、128、135条）规定的重大基础事项而制定的联邦法律，其层次高于一般的联邦法律，例如1995年4月28日通过的《俄罗斯联邦仲裁法院法》。对于土地法渊源而言，有关规定国家通过确认、维护、保护的方式对公民权利与自由进行保障的联邦宪法性法律就具有重要的意义。（4）联

---

① Ерофеев Б. В. Земельное право России: Учеб /Отв. ред. Н. И. Краснов. —9-е изд., перераб. М.: Юрайт-Издат, 2004: С. 85.

② 俄联邦宪法第5条第2款规定：共和国（国家）拥有自己的宪法和法律。边疆区、州、联邦直辖市、自治州、自治区拥有自己的规章和法律。

③ 同①89.

邦法律。如同其他立法领域一样，调整土地关系的联邦法律范围非常广泛，现行大部分调整土地关系的规范性法律文件都属联邦法律的范畴，例如俄联邦民法典、俄联邦土地法典、俄联邦农用土地流转法等。(5) 俄联邦总统命令①。俄联邦总统命令属于联邦层次的规范性法律文件。俄联邦总统命令对土地关系的调整起源于 20 世纪 90 年代的土地改革时期。当时1991 年土地法典已经过时，很多规定同 1993 年俄联邦宪法相抵触。总统命令保证了对土地利用、土地保护以及私人土地权利的合理限制。(6) 俄联邦政府的决议和指示②。国家行政机关为执行联邦宪法、法律和总统命令在其权限范围内颁布的受法律约束的规范性法律文件也是土地法渊源。由于在 20 世纪土地改革初期和中期，土地关系调整领域出现法律真空，本应由法律调整的事项，在很大程度上被俄联邦政府规范性法律文件所约束，其中俄联邦政府的决议扮演了重要角色。(7) 各部委和其他联邦国家行政机关文件。在各行业之间和各行业系统内，各国家部、委、局文件——规范性指令、指南等都是土地法渊源。原则上，这些文件仅对该部门内的机构和公职人员有约束力，但如果依据法律和俄联邦政府决议，该部门有权制定有约束力的文件，或者该部门的文件被俄联邦政府所批准，则该文件就获得对公众的约束力，例如 1992 年 1 月 14 日俄联邦农业部做出的关于重组国营农场和集体农庄的意见就是这方面的典型例子。(8) 联邦各主体规范性法律文件。在俄联邦各共和国，共和国宪法、关于自然资源利用与保护的共和国规范性决定，以及共和国总统的规范性命令、共和国政府的规范性决议和指示，包括有些联邦主体制定的土地法典，都是土地法渊源。在其他俄联邦主体，除了法律文件外，俄罗斯各主体章程、行政机关发布的规范性文件以及联邦各主体代表机构的决定、行政首脑的决定和指示也都可以成为土地法渊源。(9) 地方自治机关规范性法律文件。俄联邦宪法规定，承认和保护在权限范围内的地方自治。基于历史和地方传统，一些城市、农村或者定居点实行地方自治。地方自治保证独立决定地方自治问题及自治地方财产的占有、使用和处分问题，但地

---

① 俄联邦宪法第 90 条规定："1.俄罗斯联邦总统发布命令和指示。2.俄罗斯联邦总统的命令和指示必须在俄罗斯联邦全境执行。3.俄罗斯联邦总统的命令和指示不应违背俄罗斯联邦宪法和联邦法律。"

② 俄联邦宪法第 115 条规定："1.俄罗斯联邦政府根据并为了执行俄罗斯联邦宪法、联邦法律、俄罗斯联邦总统的规范性命令颁布决议和指示，保证其执行。2.俄罗斯联邦政府的决议和指示在俄罗斯联邦必须执行。3.俄罗斯联邦政府的决议和指示在违背俄罗斯联邦宪法、联邦法律和俄罗斯联邦总统命令的情况下可由俄罗斯联邦总统废除。"

方自治机关不属于国家权力机构系统。因此，地方自治机关关于调整土地关系的决定就成为土地法渊源。（10）作为法律适用结果发布的俄联邦最高法院委员会指导性决议和最高仲裁法院决定。这类规范性文件的特点在于，其对上述系统内的法院在解决具体案件时具有约束力，所有在法院或者仲裁系统解决争议的法律关系主体将适用这些规范性文件。（11）辅助性规范文件。各种标准规范在法律适用完善中起到辅助性作用，这些规范保证法律内容的"解码"，实际上就是将法律规定具体化，使之更具操作性。例如国家标准 17.5，1.01—78《环境保护、土地复垦》就明确了俄联邦土地法典所要求的土地使用人恢复被破坏土地的基本规定①。

　　总之，俄联邦土地法渊源分为不同层次：国际条约、俄联邦宪法和联邦宪法性法律、联邦法律、俄联邦总统命令、俄联邦政府文件、各部以及其他联邦国家行政机关文件、俄联邦各主体规范性法律文件、地方自治机关规范性法律文件，还包括俄联邦最高法院委员会的指导性决议和最高仲裁法院决定，以及各种标准规范。

　　"当前，在俄罗斯联邦不存在独立的区域法律体系，但存在俄罗斯联邦法律体系区域组成部分的事实。"② 作为联邦制国家的俄罗斯的土地法律体系是统一的，虽然存在联邦土地立法和联邦各主体土地立法，但俄罗斯各主体土地立法是俄罗斯土地立法体系的组成部分，并且要同俄罗斯联邦土地立法相一致，不存在"特例独行"的俄联邦各主体立法体系。这些不同层级的法律规范文件的效力不同，其基本原则为：任何联邦法律都不能违背宪法，任何联邦总统命令都不能违背联邦法律，任何联邦政府规范性文件都不能违背联邦法律和联邦总统命令，联邦主体宪法和法律、规范性文件不能同联邦宪法和联邦法律相抵触。只有联邦专属调整和联邦与联邦主体共同调整范围以外的事项，当联邦法律与联邦主体规范性法律文件的规定不一致时，以联邦主体规范性文件为准③。

　　综上，我们所看到的俄罗斯土地关系调整立法是一个多层次、复系列的统一的法律体系。其中既有最高层次的俄联邦宪法作为统领，也有联邦法律、总统命令，还有联邦各主体法律和政府规范性文件；既有专门调整

---

① Ерофеев Б. В. Земельное право России：Учеб. /Отв. ред. Н. И. Краснов. —9-е изд.，перераб. М.：Юрайт-Издат，2004：С. 95-102.

② 奥列克·彼得罗维奇·李奇强. 论区域法律体系：以俄罗斯联邦和中华人民共和国的经验为视角. 河南省政法管理干部学院学报，2010（1）：4-5.

③ 详见俄联邦宪法第 76 条、第 90 条、第 115 条。

土地保护与利用关系的俄联邦土地法典、调整平等主体之间土地利用关系的俄联邦民法典、调整农用土地流转的俄联邦农用土地流转法，也有其他资源性立法（俄联邦森林法典、俄联邦水法典等）在调整自身客体时所涉及的对于土地关系的交叉调整。这种立法体系的优势是：在确保作为最重要的国家财富的土地由联邦统一立法调整的前提下，有助于实现调整的细致化、专门化。例如联邦各主体根据俄联邦土地法典，结合实际情况能够更加细化地制定各自的土地法典；在土地法典对土地保护与利用关系进行全面调整的情况下，民法典对土地利用民事法律关系进行集中调整，水法典对涉及水体使用的土地关系进行专门调整，等等。

但与此同时，这种土地立法体系也存在问题，即在对土地关系交叉调整中不可避免地会产生不协调、矛盾，甚至是冲突。这种状况在俄罗斯调整土地关系立法中不仅已经有所显现，而且可以认为是相当严重的。

俄罗斯设置了立法体系内部矛盾排查、解决机制，赋予俄联邦宪法法院、俄联邦最高法院、俄联邦最高仲裁法院、俄联邦检察机关对规范性法律文件的审查职能。这些机关可以通过各自决定的方式来确认已经通过的违反立法体系规则的规范性法律文件无效或者违法。例如为加强中央集权，根据 2000 年 5 月 13 日关于联邦区俄联邦总统全权代表的俄联邦总统令，在俄罗斯设立 7 个联邦区，在每一个联邦区设立总检察长办公室，其任务就是保证俄联邦主体立法与俄联邦法律保持一致。"联邦主体通过的法规有 3 500 多项不符合俄罗斯宪法和联邦法律，其中五分之四现已得到修正。"① 其中包括相当一部分与联邦土地立法规范性文件冲突的联邦各主体土地立法规范性文件。

本章小结

土地是人类社会共同的宝贵财富，被赋予并承载着社会、经济、生态等多重意义与价值，并因此具有丰富的法律内涵。土地制度是反映人与人、人与地之间关系的重要制度，土地权利则是土地制度的核心。土地权利表现为以土地为客体的不同类型、不同样态的多种权利集合，可被称为权利群或权利束。这些权利群（束）成为土地法律关系主体对于土地意志

---

① 普京文集：文章和讲话选集. 北京：中国社会科学出版社，2002：275.

的法律保障。

在大陆法系国家，土地物权是物权制度的核心构成，物权则是土地权利最为主要的法律表现形态。纵观世界范围土地物权制度格局，从比较的视角看，各国土地物权制度表现出明显的相似性、同质性，相互之间存在很大的借鉴空间，但同时基于对历史、传统、社会、民族、学理等因素的不同考量，又彰显出相异品格与各自秉性；从发展的视角看，一国土地权利制度伴随着生产关系与社会土地利用需求的变化，也在不断演变与进化，纳新吐故，表现出不断注入时代内涵的发展走势。

俄罗斯土地立法研究是持续、积极、丰富的，无论是理论还是立法实践。在俄罗斯，土地被赋予丰富的自然、生态、社会、经济内涵，土地的第一价值是自然客体、自然环境的组成部分，第二价值是作为人类社会生存与发展基础的自然资源，第三价值是不动产、权利客体。这种价值定位与排序已融入土地立法规范设计之中，表现为根据土地价值类别赋予其不同的立法目标、立法原则与具体规则，适用不同的调整手段以及设定法律规范之间的优先顺位。土地立法尤为注重土地的第一、第二价值，使俄罗斯土地立法呈现出生态化特征，这符合世界自然资源立法的总体发展趋势。

在庞大复杂、多层次的俄罗斯立法体系中，土地关系由土地立法、民事立法、刑事立法、生态立法、自然资源立法等法律部门共同交叉调整。由于土地立法的历史传统以及对于土地价值的多重理解，俄联邦土地法典一直扮演着主要角色，其成为既包括土地保护、土地用途分类、土地监测、土地权利取得行政程序等公法内容，又涵盖土地所有权、土地他物权、土地租赁等私法规范的复合体。即使在土地已经成为市场交易对象的背景下，民事立法在调整土地关系领域仍处于相对弱势地位。

第四章　土地所有权

第一节　土地所有权理论概述

一、土地所有权含义

"从远古至今，所有权是任何社会经济生活的中心与核心。所有权集结了物质财富拥有者实质性的财产利益，预先决定了对财富的占有、再分配和消费秩序。"[1] 在俄罗斯理论文献中，所有权有着丰富的含义，通常对它的研究是从社会关系的视角出发的。《苏联百科大词典》把所有权定义为：历史地不断发展的社会关系，它描述不同主体（个人、社会组织、阶级、国家）对作为物质财富客体的物的分配（占有）特点[2]。在民法学文献中，"所有权作为民事主体权利，就是法律所确定的人根据自己的意愿占据、使用、处分其所属财产，同时承受其包含的负担和风险的可能性"[3]。

作为社会关系的所有权，可以从广义和狭义两个层面来理解。广义上的所有权是指生产关系的集合，生产是一切物质财富的源泉，而所有权对于社会和生产而言则是必要的基础条件。所有权是每一个人生存的条件。狭义上的所有权是指人对物的控制与支配关系，"所有权是一种社会关系，表现为某人自由地控制某物，排除他人干涉"[4]。所有权经济关系是所有

---

① Чубуков Г. В. Земельное право России. М.：Изд. "Тихомиров М. Ю."，2002：С. 49.

② Больша я советская энциклопедия. Изд. третье. Т. 24. Кн. 1. М：Советская энциклопедия，1976：С. 11.

③ Е. А. 苏哈诺夫. 俄罗斯民法：第 2 册. 王志华，李国强，译. 北京：中国政法大学出版社，2011：463.

④ Ерофеев Б. В. Земельное право России：Учеб./Отв. ред. Н. И. Краснов. —9-е изд.，перераб. М.：Юрайт-Издат，2004：С. 191.

权社会关系的重要内容，土地所有权关系则是所有权经济关系密不可分的重要组成部分。质言之，土地所有权是土地法和其他法律部门规范所调整的关于依法占有、使用、处分土地的社会关系。

在俄罗斯土地法理论中，土地所有权概念本身包含多重含义：

（1）作为土地法律制度的土地所有权。土地所有权是俄罗斯土地立法体系中基础性的重要法律制度，其由俄联邦宪法、俄联邦民法典、俄联邦土地法典以及其他立法与规范性法律文件中有关土地所有权的规范共同构成。在俄罗斯土地法学者看来，土地所有权制度有两个基本特征，即经济特征和生态特征，两者密不可分，对其法律调整要兼顾土地所有权制度这两个基本特征。"因此不能说，土地法中的土地作为不动产，而在生态法中则视作环境的组成部分。在这两种情况下，土地都是环境组成部分。"[①]这种认识也是土地法学者强调土地不同于一般性权利客体特殊性的重要理由之一。

（2）作为土地法律关系的土地所有权。参与到土地所有权法律关系之中的主体是多元的，不仅有土地所有权人，还有其他土地权利义务人，也包括履行土地交易登记职责的国家机关，负责确定地块所有权自然边界、地籍编号和其他特征的专门机关。

（3）土地所有权人的主体权能。这是从土地所有权内容角度对土地所有权的理解，也是通常意义上我们所称的土地所有权权能。在俄罗斯土地法理论中，土地所有权主体权能包括作为、不作为两种基本类型，以及权利保护权能。作为是指独立地经营自有土地，建设住宅、厂房、文化福利和其他建筑物与设施，从事灌溉、排水、文化、技术和其他填海工程等等；不作为是指不侵害其他所有权人权利，不破坏自然客体利用规则，不损害自然客体和自然资源；权利保护是指要求他人从事一定的行为，例如，要求在所有权人土地上从事勘测工作的企业将土地恢复到适于其用途使用的状态，提请司法和地方自治机关保护，要求赔偿全部损失，包括利润损失，以及其他保护土地权利措施[②]。这里的作为等同于我国民法学说所称的所有权积极权能，权利保护则属于类似物上请求权的所有权消极权能，而不作为则属于所有权限制。

---

① Ерофеев Б. В. Земельное право России: Учеб./Отв. ред. Н. И. Краснов.—9-е изд., перераб. М.：Юрайт-Издат, 2004：С. 196.

② 同①197.

（4）形成一定土地法律关系的法律事实。土地所有权取得意味着一定土地法律关系的形成与确立，这种关系不仅存在于所有权人、土地他物权人以及不特定第三人之间，还涉及国家机关。例如，相关国家机关应当向取得土地所有权的权利主体颁发所有权证书，并划定土地的实际边界和绘制地籍图。

在俄罗斯法学理论中，所有权还可以划分为主观意义上的所有权和客观意义上的所有权，这种划分亦适用于土地所有权。按照该分类，客观意义上的土地所有权就是把土地所有权作为一种法律制度，即上述第一种含义，土地所有权是蕴含于宪法、土地立法、民事立法以及其他规范性法律文件之中的调整土地所有权关系的各种规范的集合。主观意义上的土地所有权是指，把土地所有权视作所有权人权能的集合，即上述第三种含义，"在俄罗斯传统的土地立法与实践中，土地所有权被认为是包括占有、使用、处分三项权能的主观意义上的权利"①。土地所有权，通常是以主观意义上的状态被认识和理解的，三项权能则构成土地所有权法律关系的基本内容。

二、法律关系意义上的土地所有权

构成法律关系的三个核心要素是主体、客体、内容。在俄罗斯土地法理论中，对土地所有权法律关系构成的解析，亦是围绕着主体、客体、内容三项要素展开。

1. 土地所有权主体

根据俄联邦宪法、土地法典和民法典的规定，土地所有权主体分为以下几类：（1）俄联邦和俄联邦各主体。俄罗斯土地国家所有分为联邦所有和联邦主体所有，俄联邦和联邦各主体均可以成为土地所有权主体。（2）地方自治组织。自治地方土地所有权是俄罗斯土地所有权的一种类型，地方自治组织为自治地方土地所有权主体，负责调整本地域范围内土地关系，例如进行地籍管理和土地规划，确定具体土地地块的法律地位，进行土地权利登记，组建保护区域，等等。（3）具有法人资格的企业、组织、机构。（4）自然人。俄联邦公民、外国人、俄联邦境内无国籍人均可以成为土地所有权人，但联邦法律另有规定的除外。

---

① Ерофеев Б. В. Земельное право России: Учеб. /Отв. ред. Н. И. Краснов. —9-е изд., перераб. М.: Юрайт-Издат, 2004：С. 198.

2. 土地所有权客体

通常，土地所有权客体是指被某一主体占有、使用、处分的确定的地块①。俄罗斯存在一种较为特殊的土地所有权形态，即在从 1990 年开始的国有农业经济组织（国营农场和集体农庄）私有化过程中，原国有农业经济组织成员所取得的土地份额所有权。土地份额所有权人只是对一定的土地份额拥有所有权，实际上并不能对某一确定的地块占有、使用、处分。土地份额依照法定程序可以转化为具体的地块。因此，在俄罗斯立法中土地所有权客体分为地块和土地份额两类。

3. 土地所有权内容

"土地所有权内容就是对拥有所有权的土地占有、使用、处分的主体权能集合。"② 大陆法系国家对于所有权权能，通常采取列举的方式予以说明。俄罗斯同样采用了列举土地所有权权能的方式，但是权能内容与我国民法理论通说的占有、使用、收益、处分权能四分法不同③，其仅划分为三项权能，即占有、使用、处分。这种权能三分法，无论是在俄罗斯立法中，还是在民法与土地法学说中都广泛存在与运用。其中，俄罗斯立法与学说中的使用权能，涵盖了我们所谓的"使用"与"收益"权能。

占有土地是指依法事实上掌控地块或者国家土地资源的特定部分。"占有——就是事实上占有物，实际地掌控它。"④ 占有土地有别于占有一般性财产，一般性财产所有人可以将其移至所需要的地方，而占有土地则受到限制，因为土地不能移动。土地占有权能体现方式并不像普通物那样，可以将其随意地带到所需要的地方与位置，而只能通过划定边界、明确位置来表明占有权能的行使与存在。因此，土地占有权能的实现既可以通过拨给实物地块的方式，也可以通过有关土地规划证明的方式。

使用土地是指法律所允许的经营和其他开发土地、从中获取有益的性能，以及为满足社会需求的其他目的而利用土地的可能。这项权能表现为

---

① "土地"一词的俄语对应表述是"земля"。"земельный участок"在俄语中是指边界清楚、具体的一部分土地，可译作"地块"。两个词在俄罗斯立法文件和理论专著中交叉使用，其运用语境的主要区别在于：当表述作为权利客体的土地时，通常使用"земельный участок"，可以翻译为土地或地块，强调的是具体而明确的土地。

② Ерофеев Б. В. Земельное право России: Учеб./Отв. ред. Н. И. Краснов. —9-е изд., перераб. М.: Юрайт-Издат, 2004: С. 196.

③ 王利明. 物权法论. 修订版. 北京：中国政法大学出版社，2003：259-265；王泽鉴. 民法物权：第 1 册：通则·所有权. 北京：中国政法大学出版社，2001：154.

④ Нецветаев А. Г. Земельное право. М.: Изд. центр ЕАОИ, 2008: С. 121.

两种主要形式:一是土地所有权人使用土地的权利和实现所有权所允许的方法;二是建设建筑物、构筑物在土地上自由经营,改良土壤等方式①。土地所有权人可以自由利用土地,但这种利用不是任意的,要受到法律的限制。

处分土地是指依法决定土地法律命运的可能。土地的处分表现为三种形式:(1)土地事实状况的改变,即事实处分。这种事实处分会带来土地法律地位的变化。例如,将土地开发为菜园从而使该地适用有关农用地法律规定。(2)土地法律制度的改变。土地法律制度的改变通常是通过改变土地用途来实现的,因为不同类别的土地所适用的土地法律制度亦有区别。土地用途改变是受严格限制的,按照俄罗斯现行立法,从国家获得土地的私人土地所有权人无权改变土地用途,特别是涉及农用地、林地和狩猎区土地时。农业组织将土地分配给不适于从事农业和无意在农村居住的人的权利也受到限制。还有不能改变自然保护区、狩猎区等土地用途,等等。(3)土地所有权人构成的改变。例如,将土地出售、赠与以及土地征收。

俄罗斯土地法学者,按照土地所有权权能内容的共性与特性,将土地所有权权能分为一般权能与特别权能。

土地所有权一般权能是指适用于所有土地所有权关系的权能。例如,俄联邦土地法典第 40 条规定,土地所有权一般权能内容可以具体为:(1)根据俄罗斯联邦立法,为了自己的需要,依照规定的程序利用土地上的普通矿产、地下淡水和封闭性水体;(2)根据土地的专门用途和许可的利用方式,在遵守城市建设规程的要求和建筑、生态、卫生、消防及其他规则、标准的条件下,建筑居住用的、生产的、文化和日常生活的以及其他的建筑物、构筑物、设施;(3)根据立法规定的生态、建筑、卫生和其他专门要求,适应许可的利用方式,实施灌溉、排水、农作技术和其他土壤改良工程,构筑池塘和其他封闭性水体;(4)行使立法规定的其他利用土地的权利。土地所有权人对土地上的下列物品享有所有权:(1)农作物(禾苗和栽培物)、收获的农产品及其销售收入,但将土地出租,提供给他人永久(不定期)使用、可继承终身占有或无偿有期限使用的情况除外;(2)土地上的多年生植物,俄联邦森林法典另有规定的除外。

---

① Ерофеев Б. В. Земельное право России: Учеб. /Отв. ред. Н. И. Краснов. —9-е изд., перераб. М.: Юрайт-Издат, 2004: С. 198.

　　土地所有权特别权能是指与土地利用特定条件相关的权能。土地所有权人的特别权能受制于三类因素：所拥有土地的特点、土地所有权人法律地位的特点和其他情况。影响所有权人权能的土地特点受制于两种状况：土地的客观自然性质和经营状况。土地状况千差万别，因此立法对土地所有权人规定了一系列迥异的义务。例如，倾斜的农业耕地应当以纵横的方式进行耕种以免侵蚀土地；对于长满杂草的土地，土地所有人应当清除杂草；等等。土地所有权人权能受经营状况的影响。例如，对于受污染的土地，必须采取措施消除危害。企业土地所有权人（合作社、集体农业组织、股份公司等）的法律地位影响它们的权利能力，例如，工业股份公司通常没有权利在土地上进行农业耕种，章程另有规定的除外。公民亦是如此，例如，拥有农用地所有权的农民所有者的权能与拥有住宅用地所有权的公民所有者的具体权能就不尽相同①。

　　一些俄罗斯学者认为——尤其是在苏联时期出版和发表的理论成果中——在土地、地下资源、森林和水流国家所有权权能内容中，除去对土地、地下资源、森林和水流的占有、使用与处分传统权能外，还应有一种权能——管理权。而且对于这一问题的认识，主要是针对土地而言的②。在苏联土地国家垄断和国家对土地资源配置强力控制的背景下，这种观点在理论界有一定的市场，但并没有成为公认与主流的理论共识。"学界不止一次试图以其他权能增补这个'三位一体'，如管理权能，但最终都徒劳无功。"③ 现今俄罗斯理论界已经鲜有人坚持管理权能这一认识，即使是曾经主张过管理权能应为土地所有权权能内容之一的学者，在当今出版的土地法著作中也不再坚持这样的意见，例如 Б. В. 叶罗费耶夫等。

第二节　土地所有权的规范解读

　　俄联邦宪法第 9 条第 2 款规定，土地和其他资源可以属于私有财产、

---

　　① Ерофеев Б. В. Земельное право России：Учеб. /Отв. ред. Н. И. Краснов. —9-е изд. ，перераб. М. ：Юрайт-Издат，2004：С. 204-205.

　　② Б. В. 叶罗费耶夫，Н. И. 克拉斯诺夫，Н. А. 瑟罗多耶夫. 苏联土地法. 梁启明，译. 北京：中国人民大学出版社，1987：98.

　　③ Е. А. 苏哈诺夫. 俄罗斯民法：第 2 册. 王志华，李国强，译. 北京：中国政法大学出版社，2011：460.

国有财产、地方所有财产和其他所有制的形式。

　　俄罗斯社会转型进程中土地改革最具标志性的成果，就是国家土地所有权垄断被打破，建立了平等、多样化的公有与私有并存的土地所有权体系，这成为俄罗斯土地法律制度全新构建的基点。截至 2010 年 1 月 1 日，俄罗斯土地所有结构为：国有和自治地方所有土地份额为 92.2%，共计 157 630 万公顷；公民所有土地份额为 7.2%，共计 12 310 万公顷；法人所有土地份额为 0.6%，共计 1 025 万公顷①。

　　以所有权主体为划分标准，当今俄罗斯存在公民土地所有权、法人土地所有权、联邦土地所有权、联邦各主体土地所有权、自治地方土地所有权。按照公私标准来划分，公民土地所有权和法人土地所有权为私人土地所有权，联邦土地所有权和联邦各主体土地所有权为国家土地所有权，自治地方土地所有权不属于国家所有，为单独的所有形式。国有和自治地方所有又统称为公有。其中，国家土地所有权为苏联既有的土地所有权类型，但那时并没有划分为苏联所有和其加盟共和国所有，只存在统一的苏联国家土地所有权。公民土地所有权、法人土地所有权、自治地方土地所有权则是在 1990 年社会变革以后新出现的土地所有权类型。

一、私人土地所有权——公民所有、法人所有

　　俄罗斯土地立法为私人土地所有权发展创造了宽松的法律空间。历经 20 余年土地改革，私有土地在俄罗斯重新出现并不断扩张。在整个私人土地所有权结构中，公民所有占比很高，法人所有处于弱势地位②。

（一）私人土地所有权的一般性规定

1. 私人土地所有权主体

　　俄联邦宪法第 36 条第 1 款规定，公民及其联合组织有权拥有作为私

　　①　Государственный（национальный）доклад «О состоянии и использовании земель в Российской Федерации в 2009 году », Министерство экономического развития Российской Федерации. Федеральная. служба. государственной. регистрации, кадастра и картографии. С. 47.
　　②　俄罗斯土地私有化主要针对农用土地，截至 2010 年 1 月 1 日，农用地占全部私有土地的 96.9%，居住点土地占全部私有土地的 3%，工业用地和其他专用土地占 0.1%，其中特别保护地域和对象的土地占 0.01%，储备土地占 0.02%。在全部私人所有农用土地中，80.7% 是以土地共有份额形式存在。而在公民所有土地中，85% 是以土地份额形式存在。Государственный（национальный）доклад «О состоянии и использовании земель в Российской Федерации в 2009 году», Министерство экономического развития Российской Федерации. Федеральная. служба. государственной. регистрации, кадастра и картографии. С. 53, 61.

有财产的土地。俄联邦土地法典第 15 条规定，公民和法人依照俄联邦立法规定取得的土地，为公民和法人所有；公民和法人享有平等取得土地所有权的权利；外国公民、无国籍人、外国法人有权取得俄罗斯土地所有权，但联邦法律另有规定除外。

俄罗斯采取世界各国少有的方式，在立法中明确规定了法人概念。按照俄联邦民法典第 48 条关于法人的定义，凡是对独立财产享有所有权、经营权或业务管理权并以此财产对自己的债务承担责任，能够以自己的名义取得和实现财产权利和人身非财产权利并承担义务，能够在法院起诉和应诉的组织，都是法人。俄罗斯法律规定的法人范围宽泛，类别众多。从民事立法的视角来看，按照法人发起人（参与人）对法人所享有权利的不同，将法人分为三种类型：一是享有所有权的法人，即商业合伙、商业公司、生产合作社和消费合作社，它们的发起人（参加人）对法人财产享有债权。二是不是其财产所有权人的法人，即国有或自治地方所有的单一制企业以及由财产所有权人拨款的机构，这类法人属于其发起人对其财产享有所有权和其他物权的法人。在这种情况下，单一制企业和机构对于其占有、使用与处分的财产并不拥有所有权，而是拥有经营权和业务管理权，这两种限制物权是俄罗斯立法中独有的类型。三是具有所有权人资格的法人，即社会团体和宗教团体（联合组织）、慈善基金会和其他基金会、法人的联合组织（协会和联合会），其发起人（参加人）对法人财产不享有财产权利。上述三种不同类别法人法律地位的区别，在清算时最为清晰。在清算时，第一类法人的发起人有权要求从法人处取得清算后剩余的财产，第二类法人的发起人获得清算后所有剩余的财产，第三类法人的参加人无论是在退出组织还是在清算时，都对法人财产不享有任何权利。无论上述哪一类法人，抑或哪一种具体类型的法人，均需进行国家注册后才取得法人资格。当前，承担法人国家注册职能的机构是俄罗斯联邦财政部联邦税务局。

需要注意的是，在俄罗斯法学文献中，法人概念在更为广泛的意义上使用。除上述三类法人外，法人有时还包括国家机关、地方自治机关、国家和市政机构。因此，从广义上讲，并非所有的法人都可以成为土地所有权人。国家权力机关、地方自治机关、国家企业、国家和市政机构以及国有和自治地方单一制企业不能取得土地所有权，它们只能以永久（不定期）使用权或租赁方式占有、使用土地。

2. 私人土地所有权取得方式

公民和法人取得国有或自治地方所有土地所有权原则上是有偿的，支付的费用标准一般按照所在地区土地税的若干倍数或者地籍价值来计算。公民或者法人获得国有或自治地方所有建设用地或农业用地所有权，原则上应通过公开竞买的方式（招标或拍卖），只有在联邦法律、联邦主体法律特别规定的情况下，才可以无偿或以较为优惠的价格获得国有或自治地方所有土地所有权。

公民和法人可以根据俄联邦立法规定的依据，取得国有或自治地方所有土地所有权，这些依据既包括土地立法、民事立法，也包括私有化立法，以及其他有关调整土地关系与不动产关系的规范性法律文件中的依据。整体上，取得私人土地所有权的方式可以细分为以下情形：

（1）依据土地交易协议取得土地所有权。在俄罗斯，土地可以是市场交易的客体，公民、法人之间可以通过签订买卖、互换、赠与等协议，使土地所有权从一人转移至他人。

（2）基于建设目的或者非建设目的取得国有、自治地方所有土地所有权。公民、法人有权基于建设目的以及非建设目的取得国有、自治地方所有土地所有权，并且这一要求不应得到拒绝。基于上述目的申请获取土地所有权，通常只能采取事先未协商项目坐落位置的方式（类似于我们国家以"招拍挂"方式出让土地），通过拍卖（竞价、投标）有偿取得。在法律特别规定的情况下，基于特定目的公民取得建设用地所有权可以不受拍卖和预先协商建设地点程序的限制，例如拥有三个以上孩子的公民可以无偿获得土地用于个人住宅建设。

（3）基于建筑物所有权转移而取得土地所有权。俄联邦土地法典确立了建筑物和土地命运一体化规则，即土地与地上附着物共命运。建筑物所有权转移给他人时，如果建筑物与其下土地所有权同属于一人，则土地所有权应当同时转移。因此，取得建筑物所有权就成为取得其下土地所有权的一种方式。在这种情况下，存在一种例外，就是当建筑物下的土地为依法禁止流转的土地时，新的建筑物所有权人并不能取得土地所有权，只能以租赁形式利用该土地。

在俄罗斯土地利用现实中，存在大量土地与其上建筑物所有权分属不同权利主体的情形。针对此种情形，俄联邦土地法典第35条规定，当位于他人土地上的建筑物所有权转移给另一人时，新的建筑物所有权人取得与其原所有人一样的在同样的条件和同样的范围内对建筑物占用和对其利用所必需的土地相应部分的利用权。在建筑物所有权转移给数个所有人的情况下，根据建筑物所有权份额或已经形成的地块使用办法确定地块的使用办法。同时，立法赋予位于他人土地上的建筑物所有人享有购买或租赁该土地的优先权，该优先权依照民事立法中规定的向他人出售共有财产权份额的程序行使。

（4）基于取得时效取得土地所有权。按照俄联邦民法典关于取得时效的规定，持续、公开、善意地以所有人名义占有土地 15 年以上的，可以取得该土地所有权[①]。

（5）基于私有化特别规则取得土地所有权。"私有化乃是财产从公有转为私有的特别方式，与旧的国有经济组织拥有大量财产客体有关。它是暂时的过渡措施，是为了发展市场经济和为了正常的财产流转不致中断而形成一个物质基础。"[②] 俄罗斯公有财产私有化主要针对不动产，因为动产由公有变为私有一般通过买卖交易进行，而不动产私有化则是按照私有化程序进行。"土地私有化，就是将国家和自治地方所有的，提供给公民和法人永久（不定期）使用、可继承终身占有和租赁的土地转移给公民和法人所有。"[③]

在当代俄罗斯，最初出现的私人土地所有权实际上就是私有化的产物，即公民或者法人依据私有化立法和土地立法，从国有或者自治地方所有土地中取得土地私人所有权。国有或自治地方所有土地私有化，有三种不同的程序：第一种是集体农庄和国营农场重组，通过它们的私有化提供给农民土地。第二种是提供给公民从事个人副业和别墅、果园及个人建筑土地的私有化。第三种是国家和自治地方企业私有化时进行的土地私有化[④]。

公民、法人所利用的原国有、自治地方所有土地转化为私有土地的途径，具体可细分为以下几种：

第一，建筑物所有人取得其下国有、自治地方土地所有权。坐落于国有、自治地方所有土地之上的建筑物、构筑物的所有人对于该土地享有排他的土地私有化权，其可以向相应的国家机关或自治地方机关提出取得该土地所有权的申请，无须通过拍卖等竞价方式而以相对优惠的价格取得国

---

① А. Г. Нецветаев. Земельное право（Учебно-методическийкомплекс）. М.：Изд. центр ЕАОИ，2008：С. 143.

② Е. А. 苏哈诺夫. 俄罗斯民法：第 2 册. 王志华，李国强，译. 北京：中国政法大学出版社，2011：508.

③ Ерофеев Б. В. Земельное право России：Учеб. /Отв. ред. Н. И. Краснов. —9-е изд.，перераб. М.：Юрайт-Издат，2004：С. 238.

④ 同③213.

有、自治地方所有土地所有权。在这种情况下，按照 2001 年 10 月 25 日颁布的《关于俄联邦土地法典生效的联邦法律》第 2 条第 1 款的规定，2012 年 7 月 1 日以前，取得国有、自治地方所有土地所有权的价格由各联邦主体按照以下范围规定：居民人口 300 万人以上的城市的土地价格为地籍价值的 20％以内；其他地点的土地价格为地籍价值的 2.5％以内；在联邦各主体确定土地价格范围前，适用相应地区土地价格的最高限。

第二，土地使用人、土地占有人和土地承租人取得土地所有权。以永久（不定期）使用权、可继承终身占有权和租赁权方式占有、利用国有、自治地方所有土地的公民或法人，依照俄联邦土地法典规定的简化程序可以取得其所占有使用土地的所有权。具体规则详见下文关于土地永久（不定期）使用权、可继承终身占有权和租赁权的阐释。

第三，国有或自治地方企业私有化时取得土地所有权。按照俄罗斯国有、自治地方企业私有化立法规定，在国有、自治地方企业私有化时，作为这些企业财产综合体组成部分的不动产所坐落的土地和利用这些不动产所必要的土地，以及这些企业所拥有永久（不定期）使用权或租赁权的土地应当同时转移给购买人。国有、自治地方企业私有化购买人可以选择购买或租赁上述土地，即使选择租赁土地，也不影响其后续再要求购买该土地。同样，根据《关于俄联邦土地法典生效的联邦法律》第 2 条第 2 款的规定，根据城市规模，以土地税为计量基准，规定了确定购买土地优惠价格的区间，由俄联邦各主体在此区间内确定土地出售价格：城市人口 300 万人以上的土地价格为单位面积土地税的 5 倍到 30 倍；城市人口 50 万到 300 万人的土地价格为单位面积土地税的 5 倍到 17 倍；城市人口 50 万人以下的土地价格为单位面积土地税的 3 倍到 10 倍；在联邦各主体确定土地价格之前，适用相应地区单位面积土地税的最低限。

第四，国营农场和集体农庄重组时取得农业（农场）土地所有权。从 1990 年开始，俄罗斯对国营农场和集体农庄进行改造，1 200 万名原国营农场职工和集体农庄庄员成为土地份额所有者，形成了庞大的农民阶层，支配着大约 3 000 万公顷土地。建立了面积为 3 200 万公顷的再分配土地储备。超过 63％的农地归属于公民所有①。这种情况下的土地所有权转移，是以无偿取得与有偿取得相结合的方式进行的。具体操作规则是：国营农场和集体农庄的全部农用土地（移交给村、乡、城市管理的土地除

---

① Чубуков Г. В. Земельное право России. М.：Изд. "Тихомиров М. Ю."，2002；С. 27.

外）除以从事农业生产的人数（包括以前从事农业生产的退休人员，以及在农村从事社会服务的人员，如教师、医生等），以此来确立无偿转移土地的平均标准，农村地区地方行政首长考虑所在地域农村居民人口密度，确定无偿转移给农民所有的土地的具体平均标准。在所在行政区域确定的平均土地标准份额内，公民无偿取得该土地份额；超过所在行政区域平均土地标准份额的部分，公民应缴纳相应费用①。需要着重说明的是，在这种私有化方式中，所获得的是土地份额所有权，而并非边界清晰、位置明确的实物土地。在 2003 年俄联邦农用土地流转法生效以后，土地份额可以按照一定程序划分出实物土地，权利人相应地可以取得实物土地所有权。

为激励农民耕种土地的积极性，稳定粮食生产，俄联邦农用土地流转法为后续农用土地私有化预留了制度空间，公民、法人在若干情形下可以不经竞拍（拍卖、投标）程序取得农用土地所有权。该法第 10 条第 4 款规定，公民、法人租赁国有或自治地方所有农业用地，自租赁协议签订之日起 3 年后，在遵守协议使用土地的前提下可以申请以市场价格或俄联邦各主体法律规定的价格获得该土地的所有权；提供给农业组织永久（不定期）使用的国有、自治地方所有农用土地，在符合俄联邦各主体法律规定的情况下可以无偿提供给公民共有。有权取得土地共有份额的公民类别目录和确定土地份额范围的规则，由俄联邦各主体法律规定；作为再分配储备土地的国有、自治地方所有农用土地可以租赁给公民和法人，在符合联邦法律、联邦各主体法律规定的情况下可以有偿或者无偿地归公民或法人所有。

上述这些国有、自治地方所有土地所有权私有化简易程序设计，充分考虑到了在俄罗斯土地制度由国家垄断向多样化土地所有权体系转变过程中土地利用的实际，简化了公民、法人取得土地所有权的程序，降低了取得土地所有权的成本，既有助于私人土地所有权快速发展，又保障了土地利用关系的稳定性。

3. 私人土地所有权的限制

俄罗斯立法对私人所有土地的限制主要集中于主体资格、土地面积、权利行使等方面。在主体资格方面，对外国公民、外国法人、无国籍人取得土地所有权做了相应限制，相关内容置于后文详述。在土地面积方面，为防止土地过分集中，立法规定了单一公民、法人取得农地最大面积限

---

① Ерофеев Б. В. Земельное право России: Учеб. /Отв. ред. Н. И. Краснов. —9-е изд., перераб. М.: Юрайт-Издат, 2004: С. 239.

额。一个公民或一个法人在一个自治地方区域内所有的农用土地最大规模由联邦各主体立法规定，不能超过该自治地方在做出提供土地决定时地域内所拥有的农用土地面积的 10%。此外，为防止土地过于零散化，俄联邦各主体和地方自治机关规范性法律文件规定了土地最小面积，其因土地用途和类别不同而有所差别。低于法定最小面积的土地流转和处分受到限制，例如俄联邦不动产抵押法第 63 条规定，小于上述规范性文件所规定最小面积的土地禁止设定抵押。

公民、法人依法可以自由地支配土地，在不损害环境和他人合法权益的条件下实现所有权权能。法律对土地利用的限制主要集中在以下几方面：必须按照土地用途和许可的方法积极地利用土地，不得破坏环境，包括不得破坏作为环境重要组成部分的土地本身，不得污染土地和使土地肥力退化；必须遵守土地法、生态法、防疫法等法律文件，否则会导致不利的法律后果，直至通过司法程序剥夺土地所有权；受相邻土地及不动产使用人行使权利的限制，例如设定私人地役权；基于公共利益需要设定公共地役权；因国家、自治地方需要征用土地；在出售共有土地时，受共有人优先购买权的限制；公民、法人可以将土地出租或出借给他人使用，但现行立法不允许在私人土地上设定用益物权，地役权除外。

立法对农用土地所有权流转做了特别规制。公民、法人出售农用土地时，俄联邦各主体或者俄联邦各主体法律规定的自治地方机构在同等价格条件下拥有优先购买权，以公开拍卖形式出售农用土地除外。在这种情况下，农用土地出售人应以书面形式将出售农用土地的意愿和土地位置、规模、价格以及进行相互核算的期限，告知俄联邦各主体最高权力执行机关或俄联邦各主体法律规定的地方自治机关。其中，进行相互核算的期限不能少于 90 天。如果俄联邦各主体或者俄联邦各主体法律规定的自治地方机构拒绝购买或者自接到通知之日起 30 日内没有以书面形式回复，则出售人有权在一年内以不低于所告知的价格出售该农用土地；如果以低于所告知价格或者改变其他实质性条件出售，则农用土地出售人应该按照上述程序重新告知。侵害上述优先购买权的土地买卖协议无效①。

---

① 按照 2002 年 7 月 24 日最初颁布的俄联邦农用土地流转法的规定，违反俄联邦各主体和自治地方机构优先购买权的土地买卖协议不是当然无效，而是可撤销。在这种情况下，俄联邦各主体和自治地方机构自土地所有权转移登记之日起一年内可以通过司法程序取得土地购买者的权利、义务。2005 年 7 月 18 日的联邦法律修改了原有规定，这种调整可以理解为进一步强化了俄联邦各主体和自治地方对农用土地的优先购买权。

4. 私人土地所有权终止的依据

私人土地所有权终止的依据分为两类：一是依据土地所有权人的意愿终止，例如放弃、出售、赠与土地所有权；二是依据法律规定强制终止，例如土地灭失，基于国家和自治地方需要征收土地，两年未支付土地税，不按照土地用途和许可的方法积极利用土地，等等。

（1）基于国家和自治地方需要征收土地[①]。俄罗斯法学界对基于"国家和自治地方需要"征收土地行为性质的理解，基本趋向于一致，将其看作一种混合型法律行为，即私法赎买与行政征收的组合体。购买和补偿土地协议是民事法律交易，是平等主体之间遵循市场规则进行的对价协商；授权国家机关做出征收土地的决定是行政法律行为，是有权行政机关依法做出的具体行政行为。征收土地行政决定在前，购买与补偿协议在后。基于征收的土地所有权流转，不同于正常的民事流转，也不同于有权国家机关单方做出提供土地所有权的行政决定，而是行政—民事的混合流转。

1994 年俄联邦民法典规定了基于国家和自治地方需要征收土地的规则，2001 年俄联邦土地法典基本上"复制"了民法典的规定。"现行立法并没有像以往立法那样，明确作为土地所有权终止依据的国家和自治地方需要的含义。"[②] 2001 年俄联邦土地法典第 49 条第一次对此做了简要描述，在以下情况，可以为了国家和自治地方需要征收土地：1）履行俄罗斯联邦国际义务。2）安排国家或自治地方项目，而且没有可能安排这些项目的其他方案。3）联邦法律规定的有关从俄罗斯联邦各主体所有或自治地方所有土地中征收土地的其他情况，以及俄联邦各主体法律规定的其他情况。

历经 2004 年、2007 年、2011 年多次修订，现行俄联邦土地法典规定："在下列特殊情况为国家和自治地方需要可以征收土地，包括征购：

"（1）履行俄罗斯联邦国际义务。

"（2）安排以下国家或自治地方项目，而且没有可能安排这些项目的其他方案：

"1）联邦能源系统项目和地区能源系统项目；

"2）利用核能项目；

---

① 龚兵. 俄罗斯土地征收立法的新发展. 学术交流，2017（1）：94-99.

② Ерофеев Б. В. Земельное право России：Учеб. /Отв. ред. Н. И. Краснов. —9-е изд.，перераб. М.：Юрайт-Издат，2004：С. 243.

"3）国防和安全项目；

"4）联邦交通、通信线路项目，以及地方交通、通信项目，公共铁路设施；

"5）保障宇航活动项目；

"6）确保保护俄罗斯联邦国家边界和状态的项目；

"7）保障天然垄断组织活动的联邦和地区线路；

"8）电力、天然气供应系统项目，热能供应系统项目，联邦或地区的热水、自来水供应和（或）排水中心系统项目；

"9）联邦、地区或地区间、地方公路。

"（3）联邦法律规定的有关从俄罗斯联邦各主体所有或自治地方所有土地中征收地块（包括通过征购）的其他情况，以及俄罗斯联邦各主体法律规定的其他情况。"

征收公民、法人所有的土地，应当在土地所有权人同意的情况下，通过赎买的方式进行。做出征收决定的国家机关和自治地方机构至少应当于征收土地一年前，将征收决定告知土地所有权人。只有经土地所有权人同意，才能在其收到该决定之日起一年内对土地进行赎买，赎买价格由征收机关与土地所有权人协商确定。赎买价格应当包括土地和其上不动产的市场价值，以及因征收土地而给土地所有权人造成的全部损失，其中包括土地所有权人因提前终止对第三人的债权债务而受到的损失，包括预期的利益。如果土地所有权人不同意征收或者不同意赎买条件，做出征收决定的机关可以向法院提起关于赎买土地的诉讼。

在俄罗斯，土地征收是一个存在很大争议的问题，无论是在理论界，还是在征收实践中。争议焦点主要集中在：如何正确理解和界定"国家和自治地方需要"；"国家和自治地方需要"是否恰当地表示了土地征收现象的实质，可否用"公共需要"替代"国家和自治地方需要"；怎样克服民事立法和土地立法在该领域存在的分歧；如何理解对原土地权利人的"等价补偿"；等等[1]。这些有关征收土地讨论焦点的存在，已不再单单表明是学者们对于立法完美与精细化的研究偏执。俄罗斯土地征收实践表明，土地征收事由在很多情况下已经远离于"国家和自治地方需要"，而倾向

---

① Ф. П. Румянцев. Административное и частноправовое регулирование предоставления и изъятия земель сельскохозяйственного назначения в Российской Федерации. Государство и право, 2013（11）: С. 29.

于满足市场经济个体利益和增进地方税收这两个目的。例如，鞑靼斯坦共和国仲裁法院和第十一仲裁上诉法庭在一个土地征收案件判决中认定地方自治机关基于自治地方需要征收土地的决定是非法的，因为没有提供任何证据证明征收诉争土地是为自治地方需要。在上述案件中，征收诉争农用土地的目的在于使其作为封闭股份公司"Бирюли"的矿产原料基地，以及实现生产陶瓷产品、建设货运交通中心"ISUZU и FIAT"的投资计划。法院在判决理由中释明，土地法典没有规定基于国家和自治地方需要征收土地的目的在于吸引投资者、填补自治地方预算资金空缺和建设新的工作地点。伏尔加地区联邦仲裁法院支持上诉法庭的结论，认为在上述情形中缺少征收土地的法定理由①。上述案件所代表的纠纷表明，立法中的土地征收目的——"国家和自治地方需要"往往被故意做扩大化理解，以满足个体利益和实现本地区经济发展利益，从而损害了土地权利。同时，立法中对于土地征收目的的概括性表达，虽旨在严控随意征收土地并避免挂一漏万，但往往又为滥用者提供了借用的"机会"。

另外，俄联邦土地法典第49条规定的为了国家和自治地方需要征收土地的第三种情形——联邦法律规定的有关从俄罗斯联邦各主体所有或自治地方所有土地中征收土地的其他情况，以及俄联邦各主体法律规定的其他情况——在某种程度上也为撕开"国家和自治地方需要"裂口提供了可能，存在征收土地情形清单扩大的不确定性。

（2）因未利用土地和未合理利用土地强制性剥夺土地所有权。俄联邦民法典第284条规定，用于农业生产、住宅建设或其他建设的土地在3年内未按规定用途使用，可以依法没收土地所有权，但法律规定了更长期限的除外。这一期限不包括开发土地的必要时间，以及由于自然灾害或由于其他致使土地不能按照既定用途使用的情况而未能使用土地的时间。俄联邦状况没有消除，则俄联邦各主体权力执行机关有权提请法院，要求剥夺其土地所有权并公开拍卖其未合理利用的土地②。

农用土地所有权人应当按照土地用途和所允许的利用方式使用土地，

---

① Ф. П. Румянцев. Административное и частноправовое регулирование предоставления и изъятия земель сельскохозяйственного назначения в Российской Федерации. Государство и право, 2013（11）: C. 30.

② 为了更有效地保护土地所有人和土地利用人的权益，减少启动剥夺土地权利人权利的不确定性，俄罗斯在最新的立法调整中，对农用土地流转法第6条进行修订，将原来联邦各主体国家机关和在联邦各主体法律规定的情况下地方自治机关有权向法院申请强制剥夺土地所有权和其他土地权利，调整为仅联邦各主体国家机关具备该项职权。

不应损害作为自然客体的土地，包括导致土壤退化，污染、毁坏土地，毒害、毁坏、毁灭肥沃土壤层以及有害于经济活动的其他负面有害作用。违反土地立法关于合理使用土地的要求，导致土壤肥力实质性下降或者生态环境严重恶化，可以依据司法程序强制没收所有者的土地。2011 年 7 月 22 日，俄联邦政府颁布实施《关于确定实质性减损农用土地肥力标准的决定》，对于如何确定农用土地退化、毒害、毁坏客观统一的技术指标做出明确规定，其中包括以下情况：耕作层有机物含量减少 15％ 及以上；酸性土壤中的酸度减少 10％ 及以上；碱性土壤中的碱度提高 10％ 及以上；有效磷含量（微克/每公顷）降低 25％ 及以上；交换钾含量（微克/每公顷）减少 25％ 及以上。土壤检测满足上述任意三项以上技术指标，即可认定为土壤肥力实质性减损。

土地所有人不正当使用土地，在行政机关指定的期限内，没有履行改进义务使土地回复既有状态，俄联邦各主体权力机关可以提请法院强制剥夺其土地所有权。在法院关于终止其土地所有权并将土地公开拍卖的判决生效 6 个月内，俄联邦各主体权力执行机关应针对该土地进行必要的地籍工作并按照民事立法规定程序举行公开拍卖。拍卖所得款项在扣除组织和拍卖费用后交付给原所有权人。如果拍卖未成功，则自确认拍卖流拍之日起 2 个月内，该块土地可以按照拍卖底价归属于国家或自治地方所有。

在上述情况下，如何处理原土地所有人利益损失，是一个有争议的问题。有学者倾向于在类似强制剥夺土地所有权的情况下不予补偿[①]。有学者认为，在不正当利用土地而被剥夺土地所有权的情况下，应给予"不等价"补偿[②]。也有学者认为，不补偿原则违背了俄联邦民法典处理类似问题的基本立场，但现行立法规定仅仅从拍卖款项中扣除拍卖的相关费用，还不足以弥补不正当利用土地对原所有人所造成的损害，因为使土地回复到原有状态的费用，或者说已经造成的对土地的损害，还无人承担。他们建议，除拍卖相关费用外，还应当从拍卖所得中扣除回复土地到原有状态

[①]　Ф. П. Румянцев. Административное и частноправовое регулирование предоставления и изъятия земель сельскохозяйственного назначения в Российской Федерации. Государство и право, 2013（11）：С. 27.

[②]　Чаркин С. А. Изъятие земельных участков для государственных или муниципальных нужд：проблемы, возникающие на практике. Росс. судья, 2008（10）：С. 23.

的费用，剩余部分再补偿给原土地所有人①。这一见解具有合理性，值得借鉴。

上述关于违反土地法规定非合理利用土地导致土地所有权被强制剥夺的规则，同样适用于土地占有人、土地使用人、土地承租人。在俄罗斯司法实践中，已经出现因非合理利用土地可继承终身占有权人被强制终止土地权利的案例。例如，圣彼得堡和列宁格勒州仲裁法院满足了当地市政机构的申请，剥夺了不利用土地和不合理利用土地的土地占有人的可继承终身占有权。该案中，一农场主获得一块 2.7 公顷土地的可继承终身占有权，用于修建通往农场的道路，该块土地为农用土地。但是，该农场主并未按照约定进行建设，也没有采取有助于土地维持原有功能的措施，致使该原天然农用地块长满乔灌木和低矮树木。按照俄联邦行政违法法典第 8.8 条的规定，该农场主被追究行政责任，并被要求在规定期限内消除违法行为，但该农场主没有履行行政决定。因此，俄联邦西北区仲裁法院认为，没有理由取消该司法判决，因为强制剥夺该人争议土地可继承终身占有权是依法做出的②。

需要注意的是，在司法实践中对于未利用农用土地而强制剥夺土地所有权的案件，部分法院往往持"轻微违法"原则而并不支持土地执法机关的强制终止土地权利的请求，理由是缺少对所保护社会关系的实质性损害。这也导致在类似案件处理上，出现执法尺度不一的状况③。

(二) 土地共有

从一般意义上讲，共有作为一种法律制度，在通常情况下是所有权存在的非常态。社会对于该法律制度设计的需求并不强烈，甚至不鼓励其产生与存在，因为共有往往意味着不能物尽其用。但是在俄罗斯，共有制度由于涵盖了私有化所产生的农用土地份额所有权（在共有形态上归为按份共有），因此具有重要的现实和理论意义，这决定了对其单独讨论的必要性。

共有是所有的一种表现形式，并不是特别的所有权类型。俄罗斯民法理论对于共有性质的认知，同我国理论界的共识并无实质性差别，"在这

---

① Ф. П. Румянцев. Административное и частноправовое регулирование предоставления и изъятия земель сельскохозяйственного назначения в Российской Федерации. Государство и право, 2013 (11): С. 27.

② 同①28.

③ 同①28.

种情况下并不产生什么特别的'所有形式'（类似'混合所有'或'集体所有'）"，"这里所讲的所有权只是一般所有权，只是主体'复杂'且有多个而已"①。在俄罗斯财产共有状态存在结构中，具有特殊性的是，国家和自治地方机构、法人、公民以及这些主体的组合都有可能成为对于某物的共有人。这种情况主要是由私有化造成的，例如在多层公寓住宅中，可能既存在由于私有化而形成的属于公民所有、法人所有的住房，也存在未私有化的属于国家和自治地方所有的住房，基于此，上述这些主体就对于多层公寓的公共部分形成了复杂的共有关系。

　　在俄罗斯民法理论中，土地共同所有可以分为两种形式：一是土地按份共有，是指两个或两个以上所有人按照确定份额占有、使用、处分土地，最主要的表现形态就是私有化时期集体农庄和国营农场改造时公民所取得的农用土地份额所有权；二是土地共同共有，是指两个或两个以上所有人不区分份额地对同一土地占有、使用、处分，表现为基于法律规定存在于特别信赖的个人关系之中的共有，例如土地夫妻共有与农户家庭共有。共同共有土地和份额共有土地模型，是俄罗斯立法中独具特色的权利模型，尤其是土地份额共有，它是俄罗斯由计划经济向市场经济转型、由土地国家垄断向土地私有化调整的产物。对土地份额共有的法律调整成为具有很大程度独创性的制度设计。

　　1. 土地按份共有

　　"土地份额"概念最早出现在 1990 年 11 月 23 日《俄罗斯苏维埃联邦社会主义共和国土地改革法》之中②。作为原集体农庄和国营农场私有化产物的公民土地份额所有权为典型的土地按份共有，在俄罗斯土地所有权共有结构中占据绝对优势。在这种情况下，农业经济组织劳动者从被改造的农业经济组织中按照所在地区无偿获得土地所有权的平均限额获得土地份额。如前所述，取得超过所在地区平均限额的土地份额所有权的，则要支付费用。逻辑上，对于土地份额所有权的法律调整，既要遵循俄联邦民法典中有关按份共有的规则，也要遵循农用土地流转法的要求。按照俄联邦农用土地流转法第 12 条第 1 款的规定，进行土地份额交易适用俄联邦民法典的规则，但是当土地份额共有人超过 5 人时，则在适用俄联邦民法

---

　　① E. A. 苏哈诺夫. 俄罗斯民法：第 2 册. 王志华，李国强，译. 北京：中国政法大学出版社，2011：520.

　　② Виктория Юръевна Бродовская. Проблема судебной защиты права собственностина на земельную долю. Государство и право，2011（12）：С. 90.

典时应当考虑到农用土地流转法的特殊规定。实际上，在绝大多数情况下，因国营农场、集体农庄私有化而形成的共有土地份额所有权人都远远超过 5 人，因此，真正调整土地份额流转的是俄联邦农用土地流转法，而不是俄联邦民法典。

（1）按份共有土地的利用。根据俄联邦农用土地流转法第 12 条第 1 款的规定，没有依据份额划分出土地的土地份额所有权人有权遗赠、放弃土地份额所有权，将土地份额转为利用按份共有土地的农业经济组织的注册资本（股份），将土地份额信托管理或出售、赠与其他土地份额所有权人以及利用该按份共有土地的农业经济组织或者农户（农场）成员。法律禁止土地份额所有权人以法定以外的方式处分土地份额。如以上述法定以外的方式处分土地份额，只能是在依据份额划分出实物土地之后。土地份额所有权人出售土地份额给其他土地份额所有权人和利用该共有土地的农业经济组织或者农户（农场）成员时，无须将自己出售土地份额的意愿通知其他土地份额所有权人，在这种情况下不存在优先购买权问题。土地份额所有权转移时，适用于该土地份额所在土地的租赁协议无须修改。

每一个土地份额所有权人都有按照所拥有份额支付税金、费用以及其他为共有土地而支付的费用的义务，包括维持和保护土地的成本。

土地份额所有权人对土地占有、使用、处分最为鲜明的特征，就是要依据土地份额所有权人全体会议做出的决议进行。实际上，土地份额所有权人在保持土地份额共有的情况下，对于土地占有、使用并无宽松的自由空间，其对于自身土地份额权利的行使仅能是在所有权人全体会议上投赞同票或者反对票，以此表达自己的意愿，或者选择"用脚投票"，退出共有状态，划分出实物地块。因此，土地份额所有权人全体会议是全体共有人行使权利的机构，被赋予了广泛的权限。例如：批准基于土地份额划分土地边界的方案；批准依据划分土地边界方案所形成土地的所有权人名单；批准按照指定程序认定的无主土地份额名单，规定共有土地的租赁条件，规定在按份共有土地上设定私人地役权的条件；批准确立某人以及确定该人的授权权能和授权期限，该人被授权无须委托即可以共有人名义商定按份共有土地的坐落位置和边界，申请就按份共有土地进行地籍登记和不动产权利国家登记，以及签订该按份共有土地租赁协议和设定私人地役权协议。

土地份额所有权人全体会议可以根据土地份额所有权人、使用该共有土地从事农业生产的主体（法人或者非法人组织、公民）、按份共有土地所在城市或者居民点自治机关的提议召开。关于召开所有权人全体会议的信息，例如时间、地点、议程等内容应当提前在联邦各主体指定的媒体和按份共有土地所在城市或者居民点自治机关的网站上公布。会议出席人数不能低于全体土地份额所有权人总数的 20% 或出席会议的份额所有权人所占的土地份额应达到全部土地份额的 50% 以上。所有权人全体会议以公开表决的方式做出决定，所做出的决定须经出席会议的土地份额所有权人所持全部份额的半数以上通过为有效，或者经全体会议参加人半数以上通过为有效。

法律为不同意共有土地出租或不同意土地租赁条件的土地份额所有权人提供救济途径，其有权要求依据土地份额划分出实物地块。而且，在这种情况下根据土地份额划分实物土地，无须得到共有土地承租人或对土地租赁权拥有抵押权益的人的同意。一旦根据土地份额划分出实物土地，所划分出实物土地之上存在的租赁协议或土地租赁权抵押协议自然终止。

（2）依土地份额划分出实物土地的程序。这一程序是解决土地份额所有权人获取独立地块、独立支配土地的关键，它既关系到依据土地份额划分实物地块的共有人的切身利益，也关系到保存共有状态的其他共有人的利益。

俄联邦农用土地流转法规定，在不违反俄联邦土地法典和其他联邦法律关于土地形成规定（例如，单块土地面积最小限额）的情况下，农用土地份额所有权人有权依据自己的份额划分出实物土地。具体划分可分为两种情况：一是依据土地份额所有权人全体会议的决定进行。在土地份额所有权人全体会议关于土地份额划分为实物土地的决定中，应包括划定地界的方案、所形成土地的所有权人名单、所形成的共有土地份额比例。二是在没有上述土地份额所有权人全体会议决定时，土地份额所有权人可以同地籍工程师签订协议，由后者编制按照土地份额划分土地的方案。所划分出的土地规模应依据土地份额证明文件来确定，并考虑到所划分土地的状况与品质，划分出的土地面积可以略大于或略小于土地份额证明文件上的土地面积。为防止土地划分损害其他共有人的利益，立法规定土地份额所有权人应当与利害关系人——其他土地份额所有权人协商划定地界的方案，方案中应包括基于土地份额所划分出的实物土地的位置与范围，这是法定必经程序。协商通知应当送达其他共有人或者在联邦各主体指定的公众信息工具上公布，其他共有人有权对划分出的土地的位置与范围提出异议，异议应在上述协商通知送达或者公告后的 30 天内向编制该划分地界方案的地籍工程师或者共有土地所在地的地籍管理机关提出。如果其他土地份额所有权人反对且协商不能达成一致，有关土地份额划分出实物土地的位置与面积的争议，由法院审理解决。基于土地份额划分出来的实物土地只能用于农业经营，不能擅自改变用途。

（3）无人认领土地份额的认定与处理。在俄罗斯土地私有化过程中，国营农场与集体农庄内部划分与确认原成员土地份额的工作不是在准备充分的条件下稳步开展的，而是在不规范与仓促状态中完成的，再加之当时土地权利登记立法不完备与登记机关不健全，就出现了部分土地份额最后无法明确所有人的情况。按照俄联邦农用土地流转法的规定，认定无人认领土地份额存在三种情况：一是拥有土地份额所有权的公民在 3 年乃至更长时间内没有将土地份额出租或者以其他方式对其处分，但土地份额所有权已经依据 1997 年 7 月 21 日的《俄罗斯联邦关于不动产权利和不动产协议国家登记的联邦法律》进行登记的除外。二是在上述国家登记的联邦法律生效前，在地方自治机关关于农地私有化决定中没有关于土地份额所有权人信息的，则该土地份额被认为是无人认领的土地份额。三是土地份额所有权人死亡，没有法定继承人和遗嘱继承人，或所有继承人都无权继承，或所有继承人放弃继承，或所有继承人被剥夺继承，或所有继承人不接受遗产，或所有继承人放弃遗产并且没有指明为其他继承人利益而放弃，则该土地份额也被认为是无主的土地份额。

凡是列为无主土地份额的，由按份共有土地所在城市或者居民点自治机关编制清单，该清单应当在俄联邦各主体所确定的公众信息工具上公布，并将其置于城市或者居民点自治机关官方网站不少于 3 个月，直至召开土地份额所有权人全体会议。自无主土地份额清单经土地份额所有权人全体会议审议通过之日起，这些土地份额被认定为无主土地份额。如果土地份额所有权人全体会议在该无主土地份额清单公布以后 4 个月内，没有通过关于认定其为无主土地份额的决议，则按份共有土地所在城市或者居民点自治机关有权批准该无主土地份额清单。随后，按份共有土地所在城市或者居民点自治机关有权提请法院确认按照上述程序确认的无主土地份额归属于自治地方所有。

（4）关于土地份额所有权的征收。在俄罗斯现行立法之中，对于因土地改革所形成的存在大量土地共有人共用的农用土地的征收并没有专门的规范予以调整。按照 1994 年俄联邦民法典关于土地征收的程序性规定，基于国家和自治地方需要做出征收土地决定的行政机关应当将征收决定逐一告知所有土地共有人，并与所有土地共有人逐一协商购买土地的条件，签订土地购买协议。显然，这种方式在征收共有农用土地的实践中并不具备操作性；即使具备，也无效率。2001 年俄联邦土地法典和 2002 年俄联邦农用土地流转法也未就上述情况的操作路径做出明确规定，这成为一处立法调整的空白。有学者认为，在这种情况下，考虑到农用土地流转法中赋予土地份额所有权人全体会议授权的人权利与义务的机制，可以由俄联邦各主体国家权力机关将征收决定告知土地份额所有权人全体会议授权的人，并与其商定购买土地事宜①。

这一见解有一定的合理性，因为在存在众多土地共有人的情况下，立法为关系共有土地法律命运的事宜设置了有较高效率的运行机制，即允许土地份额所有权人全体会议授权的人在授权范围内以共有人名义对外代表全体共有人从事广泛的行政和民事法律行为，包括签订土地租赁协议等等。但是笔者认为，土地征收关系着共有土地的终极命运和共有人的核心利益，在现行立法并未赋予土地份额所有权人全体会议授权的人相关权能和土地份额所有权人全体会议并未特定授权的情况下，将国家基本立法所赋予的保护土地所有者的两项基本权利，即获得联邦各主体国家权力机关做出的土地征收的告知权与购买土地的协商权，都托付给土地份额所有权人全体会议授权的人是危险和不当的。

如果该共有农用土地被他人租赁从事农业经营或者在其上坐落着财产，则土地承租人和财产所有者有权因为租赁的提前终止或财产损失获得相应补偿。

（5）有关土地份额所有权归属的争议。在国营农场、集体农庄私有化过程中，最初大多数土地份额所有权人并没有将土地份额划分为具体地块，而是保持土地共有状态，并将其土地份额投入其所在的国营农场与集体农庄改组后成立的农业企业法人（通常是股份公司）的注册资本中。随着土地再分配的结束和公民对自身土地份额所有权归属意识的增强，在原集体农庄、国营农场员工与在原集体农庄、国营农场基础上改组成立的农业企业法人之间，关于土地所有权的争议逐渐浮出水面。争议的核心问题就是，谁是这片土地的所有权主体。

在俄罗斯，这一问题不仅在理论研究中存在不同认识，而且在司法实

---

① Ф. П. Румянцев. Административное и частноправовое регулирование предоставления и изъятия земель сельскохозяйственного назначения в Российской Федерации. Государство и право, 2013 (11)：С. 31.

践中亦出现了相互矛盾的解决方案。第一种意见认为，作为法人的农业企业为土地所有权主体。理由在于，在 1991 年 10 月 29 日俄联邦政府《关于集体农庄和国营农场改组程序的命令》第 10 项和 1992 年 9 月 4 日俄联邦政府《关于农业加工企业与组织的改组与私有化程序的命令》第 16 项规定中，已明确了固定的土地份额的处分方式，如土地份额所有权人没有为从事农业生产而获得实物地块，则其应将土地份额作为发起出资投入新建的股份公司注册资本中。如果在集体农庄和国营农场改组过程中，土地份额所有权人向该企业内部管理委员会提交申请和（或者）签订股份公司设立协议，则他的土地份额所有权自动地转移给所创建的公司所有。第二种意见认为，土地份额所有权人为土地所有权主体。理由在于，没有事实证明土地份额所有权人将土地份额作为设立出资投到了创建的股份公司注册资本中，因为在股份公司法人与设立人之间没有关于移转土地份额的申请与协议以及接受与转移的文件。俄罗斯学者维多利亚·尤里夫纳·布罗多夫斯卡娅（Виктория Юрьевна Бродовская）通过全面分析俄罗斯私有化以来私人土地所有权（土地份额所有权）的立法文件，得出结论：在 1993 年 12 月 25 日之前无论是俄联邦宪法、民法典、土地法典还是俄联邦总统令，都没有规定公民可以将自己的土地份额转为在集体农庄和国营农场基础上改造的股份公司的资本金，因为当时的立法规定，任何土地的转移，除继承外，只允许转移给作为国家代表的人民代表苏维埃。因此，将土地份额所有权转移给农业企业法人在立法上是不允许的，是无效的①。由于这一争议问题的确定性解决，影响到相当数量公民和法人的利益，也关系到私有化立法与现行立法的衔接，因此，俄罗斯司法机关对此比较慎重，"截至目前，关于该争议俄联邦最高仲裁法院主席或全体会议没有正式的意见"②。

　　2. 土地共同共有

　　"共同共有是指一个整体的财产同时归几个人所有而财产权实现没有区分份额的关系。与按份共有不同，该共有类型只作为法律有明确规定的例外而产生。"③ 在俄罗斯民事立法中，规定了两类共同共有，即夫妻财

　　① Виктория Юрьевна Бродовская. Проблема судебной защиты права собственности на земельную долю. Государство и право, 2011 (12)：С. 94.

　　② 同①88.

　　③ Е. А. 苏哈诺夫. 俄罗斯民法：第 2 册. 王志华，李国强，译. 北京：中国政法大学出版社，2011：529.

产共同所有权和农户（农场）成员财产共同所有权。

（1）夫妻土地共同共有。在婚姻关系存续期间夫妻所取得的全部财产归属夫妻共同所有，共有财产之中既包括动产，也包括土地、住房等不动产。按照俄联邦家庭法典的规定，夫妻共有财产占有、使用、处分须经双方一致同意。夫妻一方处分共有财产时，推定其已经配偶一方同意。依据俄联邦土地法典，夫妻一方在宅旁园地、菜园、个人副业、车库用地私有化过程中取得的土地，或者依据土地协议或根据法律规定的其他依据取得的土地，在离婚时为夫妻共同财产，另有约定的除外。

（2）农户（农场）成员土地共同共有。按照俄联邦民法典的规定，农户（农场）财产归其成员共同共有，法律另有规定或共有人另有约定除外。农户（农场）成员土地共同共有与土地份额所有权人按份共有的一个重要区别在于，为维持农户（农场）经营目的，在成员退出时，成员共有的财产，包括土地，不进行分割。退出成员有权要求获得与其土地份额相当的金钱补偿。按照俄联邦农户农场法的规定，在农场终止时或成员退出经营时，农户（农场）成员共有财产的份额是均等的，除非共有人之间另有约定。在现实中，农户（农场）经营者往往是夫妻和其他家庭成员，因此就会针对同一土地产生两种共同共有类型——夫妻共有与农户（农场）共有。按照俄联邦家庭法典第 33 条的规定，在此种情况下，共有土地的处置按照农户（农场）共同共有规则确定①。当农户（农场）中某成员死亡而其继承人不是该农户（农场）成员时，则继承人有权获得与其共有财产份额相当的补偿，而不能要求分割共有土地以及其他共有财产。这样规定亦是为了维持农场的存在，尽最大可能使之继续实现农业生产功能，不减损农业生产能力。

二、公共土地所有权——自治地方所有、国家所有
（联邦、联邦各主体所有）

（一）自治地方土地所有权

《俄罗斯联邦宪法》第 131 条规定，考虑到历史的和其他的地方传统，在城市、村镇和其他领土上实行地方自治。《俄罗斯联邦地方自治组织一般原则法》第 10 条第 1 款规定，地方自治在俄联邦全境内实行。

---

① E. A. 苏哈诺夫. 俄罗斯民法：第 2 册. 王志华，李国强，译. 北京：中国政法大学出版社，2011：534.

这意味着，在俄罗斯，联邦主体以下的各级区划都实行地方自治，也就是说，由地方居民自己共同管理地方公共事务。地方自治的组织形式是地方自治机构，而不是地方政府。地方自治组织构成，表现为城市、城市郊区、农村、市镇区和联邦直辖市的市内区域①。按照俄联邦宪法的规定，地方自治组织行使地方自治职能，并不属于国家权力机关系列。

俄联邦宪法第132条规定：地方自治机关独立管理市政财产，形成、批准和执行地方预算，设立地方税收和集资、维护社会秩序并解决其他地方性问题。地方自治机关可依法分享一部分国家职权，并获得必要的物资和财政资金以行使这些职权。行使转交的职权由国家监督。从这个意义上讲，地方自治组织拥有一定的管理本地区事务的公共权力，其又属于公权组织（公法组织）。可见，俄罗斯立法赋予地方自治组织与公民、法人并列的，但又独立、特殊的主体地位。地方自治组织占有、使用和处分市政财产，其中土地是市政财产的重要组成部分。

所有层级政权机关都参与土地关系管理，因为按照俄联邦宪法第72条的规定，土地关系属于俄联邦和俄联邦各主体共同管辖的事项。在土地关系领域地方自治权能的宪法基础主要体现在：俄联邦地方自治保障居民独立地决定地方问题（第130条第1款）；土地和其他自然资源的占有、使用和处分由其所有人自由地予以实现，如果这不对环境造成损害、不侵犯他人的权利和合法利益的话（第36条第2款）；使用土地的条件和程序根据联邦法律加以规定（第36条第3款）；在俄罗斯联邦，土地和其他自然资源作为在相应区域内居住的人民生活与活动的基础得到利用和保护（第9条第1款）；土地和其他资源可以属于私有财产、国有财产、地方所有财产和其他所有制的形式（第9条第2款）。

地方自治机关在土地处分中具有两种职能：一是处分归属于自治地方所有的土地，二是处分尚未区分所有权的国有土地。按照2001年《关于俄联邦土地法典生效的联邦法律》，尚未区分所有权的国有土地的处置权限赋予了地方自治机关。在历史上，土地处分职能亦归属地方政府。在2001年土地法典生效之前，大多数通过的提供土地某种权利的文件均是地方性文件。自治地方机关按照权限有权签订土地协议，例如签订土地租赁协议、地役权协议和颁发永久（不定期）使用权、可继承终身占有权的

---

① 刘铁威．俄罗斯联邦地方自治内涵解析．俄罗斯研究，2008（4）：53.

文件等等①。

自治地方土地所有权，就是城市、农村居民点和其他居民点、其他市政组织土地所有权。自治地方土地所有权主体为地方自治组织。按照俄联邦土地法典规定，自治地方土地所有权的取得依据是：联邦法律和根据联邦法律制定的俄罗斯联邦各主体法律规定的属于自治地方所有的土地；在区分国家土地所有权时产生的自治地方所有的土地；依照民事立法规定取得的土地；由联邦所有无偿转为自治地方所有的土地。自治地方所有土地的取得依据同联邦所有、联邦各主体所有土地的取得依据基本相同，区别有两点：一是自治地方所有土地的取得依据可以由根据联邦法律制定的俄罗斯联邦各主体法律来规定，二是基于保障自治地方组织发展的需要，联邦所有土地可以无偿地转为自治地方所有。

按照上述第二种取得依据，区分土地国家所有权时划分为自治地方所有的土地的基本规则是：自治地方所有的客体所占据的土地，以及为有关地区、城市居民点直接从事市政服务所必需的土地，属于自治地方所有。按照立法所确定的自治地方所有土地的取得依据和原则，自治地方所有土地的基本构成类型为：农用地，居民点用地，工业、交通、通信、无线电广播、电视、信息、能源和其他用途用地，自然保护、休养和历史文化用地，水源地，如果在上述国家所有土地上坐落着自治地方所有或私人所有的不动产，法律所规定的特别不动产除外；地方自然特别保护区用地、自治地方所有的独立水体所占据的水源地；自治地方组织范围内的储备地，如果其上没有坐落着属于国有或在私有化之前属于国有现已被私有化的不动产。整体上，自治地方土地同国家土地比较而言，前者的用途范围较窄。

为了保障自治地方发展，增加自治地方用于满足公民、法人土地利用需求的土地储备，俄罗斯立法为自治地方取得土地所有权提供了较为宽松的空间。例如，为保障自治地方发展，可以将国家所有土地无偿地转为自治地方所有，包括该自治地方地域以外的土地；当依法无偿提供土地所有权给公民、法人时，可以将联邦所有和联邦各主体所有土地无偿地转移给自治地方所有，也可以将一个自治地方的土地无偿转移给另一个自治地方所有；在自治地方组织所辖区域内的私人土地所有权人放弃土地所有权时，从办理所有权终止登记时起，该土地归所在城市市区、市和农村居民

---

① Завьялов А. А., Маркварт Э. Земельные отношения в системе местного самоуправления. М.: Статут, 2011: С. 95-96.

点所有，如果该土地跨区，则由该土地所在自治地方组织取得土地所有权，联邦法律另有规定除外。自治地方获取土地所有权的途径，是其所独有的。

自治地方可以成为土地按份共有人。依据俄联邦农用土地流转法的规定，被确认为无主的农用地份额可以由法院判定归属土地所在地域的自治地方组织所有。自治地方所有的土地份额划分为实物土地的方法，依据上文中私人所有土地份额划分为实物土地的方法进行，但基于维持共有土地良好状态和保护公民土地权益的考虑，在将自治地方所有土地份额划分为实物土地时，首先应当在未利用土地或者劣质土地上进行。同时，对于基于自治地方所有土地份额而划分出来的自治地方农用土地，地方自治机关应当自土地所有权国家登记之日起两周内，在俄联邦各主体所规定的公众信息工具和自己的官方网站上公布依据法定条件取得该块土地机会的信息。上述信息还应该在该自治地方组织的信息平台上公布。如果使用该土地的农业经济组织或农户（农场）在自该土地所有权国家登记之日起 3 个月内向地方自治机关提出签订购买协议或租赁协议申请，则可不通过拍卖的形式将该土地转移给使用该土地的农业经济组织或农户（农场）所有或租赁。在这种情况下，土地出售价格不能高于地籍价值的 15%，租赁价格在地籍价值的 0.3% 以下确定。

自治地方土地管理与处分由地方自治机关按照根据联邦和联邦各主体立法制定的地方章程、土地规划和功能分区进行。自治地方土地的主要用途是满足当地居民的公共需求（满足居住用地、公共服务、基础设施工程等需求）。自治地方所有土地可以按照地方自治机关依据其章程做出的决定提供给公民和法人。例如，公民为建设个人住宅，建设车库、合作社园艺等，可以按照俄联邦土地法典规定的程序申请取得自治地方土地所有权。公民可以按照俄联邦农用土地流转法规定的程序，租赁自治地方所有的农用土地用于农业生产。

自治地方所有土地原则上不能用于抵押，除非法律明确允许。按照俄联邦不动产抵押法第 62 条的规定，自治地方所有土地和国家所有权尚未区分的土地，用作住宅建设或用于住宅建设综合开发并用于保障偿还通过建设基础设施改造这些土地的信贷机构的贷款时，可以成为抵押客体。在这种情况下，自治地方所有土地抵押的决定由地方自治机关做出，而国家所有权尚未区分的土地的抵押决定由俄联邦各主体国家权力执行机关或者依据土地立法有权处分该土地的地方自治机关做出。

（二）国家土地所有权

俄罗斯虽然破除了土地国家垄断，但仍旧维持着很高的国有土地比例。国有土地，无论是在整体的土地份额上，还是在具体的不同类型的土地份额上都占据优势地位。凡是不属于公民、法人和自治地方所有的自然资源，包括土地，都属国有。

国家土地所有权是苏联时期存在的唯一土地所有权形态，延续和保留至今，而所有其他类型的土地所有权均是从国家土地所有权中衍生而来的。这一衍生过程，最初表现为将国家所有土地按照一定规则区分为联邦所有、联邦各主体所有、自治地方所有。最初的 1991 年 12 月 27 日俄联邦最高委员会《关于俄联邦国家所有权划分为联邦所有，作为俄联邦组成部分的共和国、边疆区、州、自治州、自治区、莫斯科、圣彼得堡所有和自治地方所有的决定》并没有涉及土地所有权区分。最先涉及此问题的是 1993 年 12 月 16 日俄联邦总统《关于俄罗斯联邦自然资源的命令》。

关于俄罗斯国有土地区分为联邦所有、联邦各主体所有和自治地方所有，最为重要的规范性文件是 2001 年 7 月 17 日《俄罗斯联邦国有土地分权法》①，它规定了将国有土地区分为联邦所有、联邦各主体所有、自治地方所有的具体规则。按照该部联邦法律所确定的具体规则，在土地清查、勘界的基础之上，由特别授权的联邦财政权力执行机关联合其他联邦权力执行机关制定土地清册，在清册中相应列明联邦所有、联邦各主体所有和自治地方所有土地，划清联邦与联邦各主体以及自治地方组织之间的土地所有权边界。这一土地清册最后经俄联邦政府批准确定。该土地清册中所包含的土地信息记录在国家地籍文件中。俄联邦、俄联邦各主体、自治地方关于国有土地划分的争议，应由相关各方运用调解程序解决，在协商解决国有土地划分争议未果的情况下，通过司法途径解决。生效的法院判决是争议土地所有权国家登记的依据②。

实际上，划分工作并没有立法者所预计的那么顺利，由于工作准备与

---

① 目前，随着区分国有土地为联邦所有、联邦各主体所有、自治地方所有的历史阶段性任务基本完成，根据 2006 年 4 月 17 日联邦法律的规定，2001 年 7 月 17 日颁布的《俄罗斯联邦国有土地分权法》已经失去效力。现在，划分国有土地主要依据俄联邦民法典和其他规定土地归属的联邦法律。

② Чубуков Г. В. Земельное право России. М.：Изд. "Тихомиров М. Ю."，2002：С. 53 - 54.

协商程序非常复杂，国家土地所有权划分进程迟延了很多年①。苏联时期所有土地都归属国家所有，而实际上这些土地又都坐落在现在联邦各主体区域内，这给随后的土地划分带来了难题。

不同于苏联时期的单一国家土地所有权，俄罗斯"国家体制和社会经济体制特点造成一种后果，那就是国家不是充当民事法律关系的统一主体，而相反，是多元主体。这些主体有：整体的俄罗斯联邦（联邦国家），和它的各个主体——共和国、边疆区、州、联邦直辖市、自治州、自治专区"②。俄罗斯立法中的国家土地所有权，按照国有化程度的不同，区分为联邦所有、联邦各主体所有两个层次。

1. 联邦土地所有权

按照俄联邦土地法典的规定，联邦所有土地的构成依据分为以下三类：

一是在区分国家土地所有权时，确定归属于俄罗斯联邦所有的土地。依据联邦法律所规定的区分原则，专属于联邦所有的不动产客体所占用的土地，以及实现联邦目的任务所必需的土地都归联邦所有。其包括：保障国家国防和安全需求、保护俄联邦国家边境的土地；联邦能源和航空系统所占用的土地，联邦核能设施、国防工业、通信设施、气象服务、采矿、热能电力综合体、铁路运输、航空运输、水运、海运、管道运输、联邦公路所占用的土地，联邦权力机关用地，对外封闭的行政区域机构土地，联邦水源地、林地，联邦储备矿藏土地和其他联邦储备土地；联邦国家自然保护区、国家自然公园、国家自然禁猎区、自然遗迹、世界和全俄罗斯历史文化遗产、疗养与医疗康复区域、其他特别保护联邦地域，包括海岸与河岸；俄联邦科学院、联邦科学院区域机构、科学研究机构、联邦高等教育机构、联邦试验生产农场、联邦农业科学研究机构、联邦国家教学实验和教学生产农场、国家养马场、良种场、俄联邦政府所批准的国家土壤改良系统的土地③。此外，按照俄联邦宪法，对大陆架行使主权和司法权是俄联邦国际条约和国际法的基本原则和规范。1995 年 10 月 25 日俄罗斯国家杜马通过俄联邦大陆架法，规定大陆架包括俄联邦领海以外依其陆地领

---

① Боголюбов С. А. -Отв. ред. Научно-практический комментарий к Земельному кодексу Российской Федерации с постатейными материалами и судебной практикой. 5-е изд. М. : Издательство Юрайт, 2011: С. 105-106.

② Е. А. 苏哈诺夫. 俄罗斯民法：第 2 册. 王志华，李国强，译. 北京：中国政法大学出版社，2011：258.

③ Ерофеев Б. В. Земельное право России: Учеб. /Отв. ред. Н. И. Краснов. —9-е изд. , перераб. М. : Юрайт-Издат, 2004：С. 226с.

土的全部自然延伸，扩展到大陆边外缘的海底区域的海床和底土，都属于联邦所有。

二是联邦法律规定为联邦所有的土地。例如 1998 年 7 月 19 日关于水文气象机构的联邦法律第 13 条规定，国家观测站，包括其占据和所属部分的土地专属于国家所有①。

三是俄联邦依照民事立法规定的根据取得的土地。在这种情况下，俄联邦是作为民事权利主体参与到民事流转中取得土地所有权的。公民和法人所有的土地可以通过买卖、赠与以及根据俄联邦土地法典和其他法律规定的依据转移为联邦所有。此外，在无人继承财产的情况下，作为遗产的土地按照法定程序转归俄罗斯联邦所有，联邦法律另有规定的除外。目前，以俄罗斯联邦的名义继承无主财产的通常是税务机关，其隶属于俄联邦财政部系统②。

联邦土地所有权由国家权力执行机关代联邦行使，国家权力执行机关可以将联邦所有土地依法转移给公民和法人所有，或通过设立土地限制物权或者其他土地权利的方式将土地提供给公民和法人利用。

2. 联邦各主体土地所有权

联邦各主体所有土地的权利人为俄罗斯联邦所辖的各个联邦主体（共和国、州、边疆区、联邦直辖市、自治州、自治区）。联邦各主体所有土地的取得依据同联邦所有土地的取得依据相同：一是在区分国家土地所有权时，确定为联邦各主体所有的土地。按照该依据，联邦各主体所有的土地基本构成包括：属于俄联邦各主体所有的不动产所占用的土地；提供给联邦各主体国家权力机关、国营独资企业和俄联邦各主体国家权力机关设立的国家事业单位的土地；根据联邦法律划入地区性受特殊保护自然区域的土地、属俄联邦各主体所有的森林资源土地、属俄联邦各主体所有的水体占用的水资源土地及作为土地再分配资源的土地；私有化前属俄联邦各主体所有的被私有化的财产所占用的土地。二是联邦法律认为属于俄联邦各主体所有的土地。三是联邦各主体依照民事立法规定的依据取得的土地。

---

① Боголюбов С. А. -Отв. ред. Научно-практический комментарий к Земельному кодексу Российской Федерации с постатейными материалами и судебной практикой. 5-е изд. М. : Издательство Юрайт, 2011: C. 108.

② Е. А. 苏哈诺夫. 俄罗斯民法：第 2 册. 王志华，李国强，译. 北京：中国政法大学出版社，2011：265.

基于联邦直辖市莫斯科、圣彼得堡的特殊地位，同时考虑到它们人口集中、经济发达对于土地利用的需求大的实际情况，俄联邦立法为它们规定了特殊的土地所有权制度，旨在保障和扩大它们所有的土地。2001 年 2 月 21 日，普京在国务委员会会议上专门针对土地改革进程发表讲话，其中专门提到联邦大城市莫斯科和圣彼得堡的土地所有权问题。他认为，这些地方也需要特别的调整办法①。为此，俄联邦土地法典规定，在区分国家土地所有权时，莫斯科和圣彼得堡的土地不能转为自治地方所有。这两个联邦主体地域内的自治地方土地所有权只能在依据这两个联邦主体法律将土地由这两个联邦主体所有转为自治地方所有时产生。同时，在这两个联邦主体地域内，被所有权人放弃的土地，自办理终止土地所有权登记之日起，归属于这两个联邦主体所有。

从民事法律关系角度观察，区分为联邦所有和联邦各主体所有的国家土地所有权，与公民土地所有权、法人土地所有权为同等权利，受到平等保护。但无论是俄罗斯联邦，还是俄罗斯联邦各主体均为公法组织，其除了可成为民事法律关系主体以外，还负载着特殊的公法职能，这一点尤其在俄罗斯有着深厚的历史传统。与公民、法人比较而言，国家作为公法组织从来就具有特别的地位与权利。"首先，它们具有特别的权能（功能），使它们得以制定规范性文件，规定行使其所属所有权的程序。其次，它们为公共（社会）利益行使这一权利。"② 因此，国家土地所有权（联邦所有与联邦各主体所有）呈现出自身独有的整体性特征：

一是国家土地所有权取得依据的特殊性。俄罗斯公民和法人取得土地所有权的依据，是从 20 世纪 90 年代开始陆续颁布的关于土地改革的规范性法律文件，而国家土地所有权是苏联土地国家所有权的延续，因此国家土地所有权产生的依据并非现今的俄联邦宪法和联邦法律等规范性法律文件，而是 1917 年的《土地法令》。今天按照关于区分国有土地的联邦法律将国有土地划分为联邦所有和联邦各主体所有，并不意味着国家土地所有权的重新取得，而只是将国家土地所有权划分为两个不同的层次。

二是国有土地具有最为宽泛的用途。国有土地利用能够完成法人、公民所有土地所不能完成的任务。例如在国有土地上可以建设国防工业、核

---

① 普京文集：文章和讲话选集. 北京：中国社会科学出版社，2002：258.
② E. A. 苏哈诺夫. 俄罗斯民法：第 2 册. 王志华，李国强，译. 北京：中国政法大学出版社，2011：265.

工业、机场、航天设施等等，这些国家基于公共利益需求而设立的设施与实施的特殊土地利用行为只能存在于国有土地之上。简言之，国有土地利用的目的在于满足综合性的国家职能需求，而有别于一般意义上的土地利用目的。

三是国家土地所有者权能和土地资源利用与监督职能相重合。国家既是国有土地所有权主体，具有占有、使用、处分的民事主体权能，同时又肩负着对所有土地利用进行监督与保护的公法行政职能，成为双重身份的结合者。

四是国家土地所有权的层次越高，按照特定用途利用土地的范围就越宽，例如基于军事需要利用的土地只能是联邦所有的土地，而动力机器制造企业利用的土地可以是联邦所有的土地，也可以是联邦各主体所有的土地①。相反，国家土地所有权的层次越低，土地用途范围就越窄，相比较公民和法人所有土地而言，这种用途范围的差别就更为明显。

此外，关于其他土地所有权类型的讨论也值得注意。俄联邦宪法第9条第2款规定：土地和其他资源可以属于私有财产、国有财产、地方所有财产和其他所有制的形式。这里出现一个疑问：在土地联邦所有、联邦各主体所有、自治地方所有、公民和法人所有以外，是否还存在其他类型土地所有权？对于这一问题的认识在俄罗斯法学界并不一致。以苏哈诺夫先生为代表的民法学者认为，"显而易见，在当前除了财产的私人所有和公共所有以外，不存在任何'其他所有形式'"。"承认除了私人所有权和公共所有权之外还可能出现'其他所有形式'，乃应视为建立在意识形态、政治经济学解释私人所有权所造成的误解的结果。"② 而在秋布科夫看来，俄联邦宪法的规定不是误解，它反映了社会政治经济现实。新的所有形式能够在未来出现，因为经济高于法律。现在在部分地区已经出现了关于承认哥萨克村社土地所有权、北方少数民族对于传统使用土地的所有权的声音。另一理由是，在学术文献中，很早以前就使用了作为私人所有变种的"个人"所有概念，而在民法典中立法也承认了共有（按份共有和共同共有）③。笔者以为，第一种认识较为合理，从民法学研究视角来看，俄联

---

① Ерофеев Б. В. Земельное право России: Учеб. /Отв. ред. Н. И. Краснов. —9-е изд., перераб. М.: Юрайт-Издат, 2004: С. 229.

② Е. А. 苏哈诺夫. 俄罗斯民法：第2册. 王志华，李国强，译. 北京：中国政法大学出版社，2011：458-459.

③ Чубуков Г. В. Земельное право России. М.: Изд. "Тихомиров М. Ю.", 2002: С. 59-60.

邦宪法中关于"其他所有形式"的表述，指的是经济范畴，而非法律范畴，不能将所有制形式同所有权相混淆，更不能将所有制形式同所有权类型一一机械对应。就目前俄罗斯有关土地立法的理论和实践而言，土地所有权类型仅限于上述五种。目前没有新增的其他所有权类型，未来也不会有。

本章小结

当下，多样化与平等性是俄罗斯土地所有权的两个基本法律特征。对俄罗斯土地所有权现状一个最为简洁的描述就是，在俄罗斯一国、一个联邦主体或一个自治地方区域内的土地上存在着多种类型的土地所有权，存在着具有若干不同性质与地位的土地所有权主体，形成了联邦所有、联邦各主体所有、自治地方所有、公民所有和法人所有的多类型土地所有权共存结构。在整体土地所有权结构中，国有和自治地方所有土地占比很高。在私人土地所有权结构中，公民所有土地占比相对较高。其中，公民所有土地表现为两种形态：一是所有权客体为四界清楚的独立地块，二是所有权客体为土地份额。土地份额所有权是俄罗斯公民土地所有权最主要的存在样式，调整土地份额所有权的法律规范也成为俄罗斯土地所有权立法独具特色的组成部分。

在多样化的土地所有权体系中，无论哪一类土地所有权和何种性质的土地所有权主体，均被俄罗斯立法赋予了平等的法律地位，受到法律同等确认与保护，彼此之间没有孰高孰低、孰重孰轻之分，这成为俄罗斯土地所有权立法构建与良性运行的基础规则。与此同时，在俄联邦宪法和其他规范性法律文件规定的所有权顺位排序中，私人土地所有权位列自治地方土地所有权、国家土地所有权之前，这可以视为立法者对私人土地所有权确认与保护的宣示性态度，虽并不意味着私人土地所有权的优先地位，但至少标示出私人土地所有权并不低于其他公共土地所有权，而这种标示对于脱胎于苏联传统的俄罗斯立法而言，不仅重要，而且非常必要。

在公平对待与同等保护的基准下，俄罗斯立法对于不同类型土地所有权的调整又呈现出差异化的取向与价值。一是促进自治地方土地所有权和私人土地所有权优先发展。这种优先性取决于俄罗斯国有土地占据绝对份额的现实状况和发展市场经济所要求的形成足够土地流转基础的需要。因此，自治地方土地资源储备的扩大，增加了公民、法人从自治地方取得土地的机会。如上所述，在法定情况下国有土地可以无偿地转换为自治地方所有。同时，在土地立法中继续贯彻土地私有化政策，保障将国有或自治地方所有土地转换为实际已经利用该土地的公民和法人所有。这些立法规定为新生的自治地方土地所有权和私人土地所有权再发展、再扩张创造了有利条件，为它们优先发展提供了制度保障。二是赋予不同类型土地所有权相异的价值功能和权能范围。国有土地除可以提供公民、法人利用以外，还用于满足国家职能特定目的，用于公民、法人所有土地所不能满足的用途。通常公共土地所有权层次越高，按照特定用途利用土地的范围就越宽。自治地方所有土地的主要用途是满足当地居民的公共需求。因此，自治地方土地同国有土地比较而言，前者的用途范围较窄；私人土地用途范围则更为狭窄，只能依法用于满足自身占有、使用需求。因此，从用途范围而言，土地所有权国有化程度越高，受法律限制越小，反之则受法律限制越大。三是私人土地所有权设立与行使的空间在一定程度上还受到压缩。例如，公民在出售独立农用地块时，俄联邦各主体和自治地方拥有优先购买权。公民农用土地份额所有权流转限定在法定范围内的主体之间，不允许以法定方式以外的其他方式处分土地份额。土地限制物权仅能设定在国有、自治地方所有土地上，私有土地还不能通过设定用益物权而间接进入流转并使所有权人获取收益。

迅速、彻底、不可逆转的私有化是叶利钦在西方经济学家指导下为重建俄罗斯开出的药方，而土地私有化则是该药方当中的一剂猛药。应当讲，从 20 世纪 90 年代开始到 21 世纪初是俄罗斯土地私有化的优先发展阶段。这一时期国家土地法律政策的基本指向就是土地私有化，无论是宪法、土地法典、民法典等规范性立法文件，还是总统令、联邦政府决定等规范性文件，都为土地私有化打开了优先发展的空间，逐步扫清了制约私人土地所有权产生的法律障碍，提供了促进私人土地所有权发展的有利条件。进入 21 世纪以后，俄罗斯土地所有权法律关系发展走向发生偏转。"当前阶段土地所有权关系可以分为稳定成分和暂时成分。例如关于所有类型的土地所有权平等和多样性就是国家土地法律政策的稳定成分，而土地所有权私有化优先地位则是暂时成分，它旨在矫正土地制度的变形，这种土地制度在土地国家所有权垄断的实践中已经被证明是不正确的。"[①]

---

① Ерофеев Б. В. Земельное право России: Учеб. / Отв. ред. Н. И. Краснов. —9-е изд., перераб. М.: Юрайт-Издат, 2004: С. 209.

随着这种偏转的启动，土地所有权关系发展的暂时成分——私有化优先将会逐渐弱化。俄罗斯土地所有权策略发展的新指向——防止土地过于集中与垄断，逐渐成为制定与调整土地法律政策不得不予以格外重视的优先问题。现行土地立法中关于单一主体——公民、法人拥有农用土地的最大面积限额就是这一原则的具体体现。

第五章　土地限制物权和其他土地权利

第一节　土地限制物权概述

一、限制物权概述

在大陆法系和英美法系两分法框架下，无论是传统的还是现代的俄罗斯法律体系都始终遵循着大陆法的结构进行构建、发展和演变，虽然苏联时期的立法使这种发展逻辑暂时断裂，但是当代俄罗斯整体立法重构依然传承和延续了这一框架。

苏联时期实行土地国有化，国家成为土地的唯一所有人，限制物权制度产生的基础——非所有人基于经济动因有限制地使用他人所有的不动产，已经不复存在，因此在该时期的立法中取消了限制物权的概念。"1922 年《俄罗斯苏维埃联邦社会主义共和国土地法典》、1968 年《苏联和各加盟共和国土地立法纲要》、1970 年《俄罗斯苏维埃联邦社会主义共和国土地法典》，以及 1961 年《苏联和各加盟共和国民事立法纲要》、1964 年《俄罗斯苏维埃联邦社会主义共和国民法典》，对于公民土地限制物权没有任何描述。"[①] "在 1922 年通过的苏俄民法典中规定了限制物权，而其在 20 世纪 60 年代所进行的苏维埃民事立法法典化中被完全废除绝不是偶然的（为了计划经济的需要人为地创造了体现国家法人的相对财产独立的经营权构造是个例外）。在该时代国家对土地的专有权、简化的和被合并的'计划—组织式的'财产流转对于自己的法律形式来说不需要像限

---

① Копылов А. В. Вещные права на землю в римском, русском дореволюционном и современном российском гражданском праве. М.：Статут, 2000：С. 113-114.

制物权这样复杂的法律范畴。"① 显然，当下俄罗斯立法中的物权体系构建，不是对苏联立法之中相关规范的直接继承与改良。

在俄罗斯法学理论中，物权被划分为所有权与他物权，但对于"他物权"概念存在不同的理解，这种不同的理解往往成为混淆债权与物权关系的有力依据。有学者基于对"他物权"的字面理解，将所有对他物的合法占有都称为物权。由此，有部分学者认为，"'他物权'概念本身并不完全准确，因为从形式上讲，它包括所有人之外的任何物之依法（合法）占有人的权利，其中也包括承租人、保管人、运送人、信托管理人等的债权在内"②，并建议最为准确的表达应该是使用德国民法的"限制物权"概念。

俄罗斯民法理论中对限制物权的理解与把握，与大陆法系的德国分支物权理论并无实质差别。俄罗斯经典民法教科书将限制物权定义为："不通过其所有权人（其中包括他的意志）使用他人（通常情况下）不动产，受到一定法律限制并按法定程序进行登记的绝对民事权利。"③ 限制物权作为对于他人之物的权利，具备全部物权的基本要素，赋予权利主体直接支配他人之物的权利。俄罗斯法学界对于限制物权特征的描述与我国民法学界对于物权制度研究的进路与结论基本一致，限制物权的基本特征可以概括为：限制物权的受限性，相比较所有人权能而言，限制物权权利人的行为可能性范围狭窄，权能内容受到限制；限制物权的派生性，其依附于所有权，不能脱离所有权而单独存在，更不能脱离所有权而转移；限制物权的附随性，限制物权依附于物之上，物的所有权转移，并不影响限制物权的存续；限制物权的法定性，限制物权的内容与性质依据法律规定产生，不能由当事人自由约定。正如 И. А. 波柯洛夫斯基所指出的那样，"每一个类似的对他人之物的有限权利的真正价值，是被割裂的、道德上和经济上被损害的所有权"④。基于此，法律只能允许限制物权在有明确规定的情况下存在，而不允许任意创设；限制物权应进行国家登记，即采用公示原则。按照俄联邦民法典第131条第1款的规定，不动产物权及其权利的限制、产生、转移和终止必须在所有第三人都能获得的国家统一登

---

① 魏磊杰，张建文. 俄罗斯联邦民法典的过去、现在及其未来. 北京：中国政法大学出版社，2012：220.

② Е. А. 苏哈诺夫. 俄罗斯民法：第2册. 王志华，李国强，译. 北京：中国政法大学出版社，2011：535.

③ 同②539.

④ 同①223.

记簿上进行国家登记。物权变动模式采登记生效主义，物权自登记时发生变动效果，法律另有规定的除外。

虽然俄罗斯限制物权理论体系是遵循大陆法系传统，尤其是德国法模式构建的，但"遗憾的是，国内民法由于前述原因在半个多世纪以前不得不远离经典立场，而在目前（在现行民法典）正在尝试恢复"①。"民法典第十七章的起草人非常清楚，在保留土地国有垄断的条件下，旨在允许私人参与其他私人不动产的传统物权，在俄罗斯民法中注定要通过某种方式寻求。要知道这里的限制物权在绝大多数情况下意味着私的所有者（公民和法人）对属于国家（公法组织）所有的不动产的参与。"② 因此，俄罗斯现行立法中的限制物权体系，在类型与内容等方面，与大陆法系传统的限制物权经典理论和类型标准配置相比存在实质性差别。

俄联邦民法典第216条第1款规定了限制物权的类型：土地可继承终身占有权、土地永久（不定期）使用权、地役权、财产经营权和业务管理权。其中，前三种为土地限制物权，财产经营权与业务管理权为专门适用于单一制企业和机构对其自身财产的限制物权。此外，在俄联邦水法典（第41、42、43条）、俄联邦森林法典（第21、43条）和俄联邦民法典其他条款之中，还存在其他具有限制物权特征的民事权利。从限制物权权利客体类别的角度观察，俄罗斯现行立法中的限制物权体系可以分为四类：一是利用他人土地和其他自然资源的限制物权，例如土地可继承终身占有权、土地永久（不定期）使用权、地役权、水役权、林役权、城市建设役权；二是使用他人住房的权利，例如俄联邦民法典（第292条第1款、第602条第1款）规定的住房所有权人家庭成员的住房使用权、依据终身赠养合同或遗赠合同的住房使用权；三是担保物权，例如抵押权、留置权；四是经营权与业务管理权，即赋予单一制企业和机构非所有人身份对企业和机构财产所享有的权利。

观察上述限制物权体系，即使没有就其构造进行详析，仅从外观审视就可以清晰地发现，虽然俄罗斯民事立法中使用了限制物权的概念并构建了限制物权体系，但是其所形成与命名的限制物权表现出有异于大陆法系传统限制物权体系的"改造"与"创新"的痕迹。简析之，主要表现在：

① E. A. 苏哈诺夫. 俄罗斯民法：第2册. 王志华，李国强，译. 北京：中国政法大学出版社，2011：539."前述原因"请详见该书第535—538页。

② Суханов Е. А. Кодификация законодательства о вещном праве. Проблемы реформирования Гражданского кодекса России: Избранные труды 2008—2012 гг. М. : Статут, 2013：С. 276.

传统土地物权体系中的在他人土地上建设建筑物的地上权的概念并没有在俄罗斯限制物权体系中出现；土地可继承终身占有权、土地永久（不定期）使用权为俄罗斯立法所专有，在其他大陆法系国家并不存在；使用他人住房的权利，相当于罗马法中的对他人之物进行使用与收益的用益权，但在俄罗斯现行立法中，这种用益权的客体仅限于住房，而不包括其他财产；抵押与留置在现行俄罗斯民法典中被归为保障债的履行的范畴，没有归入第二编"所有权与其他物权"之中，而是规定在第三编"债法总则"之中，抵押与留置的权利性质问题在俄罗斯民法理论界已经成为具有百年历史的至今仍在争论的问题；经营权与业务管理权更是俄罗斯民事立法中独有的限制物权类型，它们不是生成于大陆法系传统物权体系土壤，不能完全以传统物权理论来解读。"国内立法中这些物权的产生与国家计划经济的存在密切相关。其中国家作为基本财产的所有权人不能直接经营其所属的客体，同时又无意放弃对这些客体的所有权，客观上不得不允许'独立的'法人——'企业''机构'参与财产流转，赋予它们对自己财产的某种'限制物权'。"① 这样表述大概较为准确地说明了经营权与业务管理权产生的目的。经营权与业务管理权的权利主体为具有法人资格的单一制企业和机构，一般意义上的法人和公民不能成为经营权与业务管理权的权利人。经营权与业务管理权的权利客体是单一制企业和机构所拥有的综合性财产，既包括物，也包括权利与义务，例如债务也是综合性财产的组成部分。需要注意的是，单一制企业和机构所占有与使用的土地并不属于经营权与业务管理权的客体范畴，通常俄罗斯立法提供给单一制企业和机构以土地永久（不定期）使用权。这两类限制物权的存在间接地证明了俄罗斯在由计划经济向市场经济转变进程中，力求通过法律制度设计实现国家作为所有权人对仍然占有很大分量的国有经济的控制，同时为国有企业进入市场并成为相对独立的支配其财产的市场主体寻找法律制度支撑。可以预见的是，这两种限制物权在相当长的时期内会继续存在。

二、设定于他人土地上的权利群

土地是最重要的不动产，以土地为客体的权利组合表现为多种权利共存的权利束。在这一权利束中，聚合着不同类型、不同样态、不同性质的土地权

---

① E. A. 苏哈诺夫. 俄罗斯民法：第 2 册. 王志华，李国强，译. 北京：中国政法大学出版社，2011：550.

利，它们共同绘就了一张以土地为客体的权利图谱。在这一权利图谱中，按照物权与债权两分法的划分标准，土地权利可分为土地物权与土地债权。

通过上文分析我们可以得知，目前俄罗斯立法中的土地限制物权，包括土地可继承终身占有权、土地永久（不定期）使用权、地役权。由于本书研究侧重于讨论俄罗斯土地的实际占有与使用，而土地抵押的设定目的系基于土地的流通价值而担保债的履行，因此本书对于土地抵押并不做专门论述。同样，水役权是指取水、饮牲口以及在取得所有权人同意后船只通过水体的权利，林役权是指使用林地的限制物权，水役权和林役权虽然也涉及土地利用，但并不是直接以土地为客体，以占有、使用土地为主要权能内容，所以，本书亦不做专题讨论。除土地限制物权以外，俄罗斯立法规定可以将土地以租赁的方式提供给公民、法人利用，俄联邦土地法典第 24 条还规定了土地无偿定期使用。按照民法学通说，土地租赁权和无偿定期使用权属于基于合同设立的土地债权。

上述土地限制物权与土地债权被立法赋予了不同的功能定位，在俄罗斯公民、法人利用土地实践中发挥着不同的作用。在本章接下来的几节中，将集中对土地可继承终身占有权、土地永久（不定期）使用权、地役权等三项土地限制物权，以及土地租赁权、土地无偿定期使用权进行研究。

第二节　土地可继承终身占有权

俄罗斯公民从 20 世纪 90 年代起可以取得国有和自治地方所有土地可继承终身占有权，主要用于农业经济、私人农场、蔬菜种植、园艺栽培、个人住宅和别墅建设。截至 2010 年 1 月 1 日，公民在国有和自治地方所有土地上拥有可继承终身占有权的土地为 172.15 万公顷，其中用于农业（农场）经济的 117.12 万公顷（占公民全部农业（农场）用地的 7.3%，下同），用于个人副业的 43.3 万公顷（5.9%），用于园艺栽培的 5.58 万公顷（4.4%），用于蔬菜栽培的 0.18 万公顷（0.6%），用于个人住宅建设的 5.87 万公顷（6.8%），用于别墅建设的 0.1 万公顷（2.1%）①。

---

① Государственный (национальный) доклад «О состоянии и использовании земель в Российской Федерации в 2009 году», Министерство экономического развития Российской. Федерации. Федеральная. служба. государственной. регистрации, кадастра и картографии. С. 79—89.

一、历史溯源

土地可继承终身占有权（право пожизненного（наследуемого）владения землей）并不是当代俄罗斯民法典和土地法典纯粹原创的土地物权类型。"俄罗斯现行立法规定的土地可继承终身占有权源自罗马法中的永佃权和十月革命前的钦什代役租权，前者同后两者的区别在于使用他人土地的无偿性质和公法性质（以行政决定为依据）的设定程序。"① 在俄罗斯民法学理论研究的视野中，土地可继承终身占有权可以追溯到古罗马的永佃权（змфитевзис）。

在古罗马法中，在权利属性上，永佃权是一种重要的物权，这种特征使其有别于作为债权关系的租赁；在权能内容上，永佃权是最接近所有权的限制物权，永佃权人拥有广泛而强大的占有、使用土地的权能，可以将自己的权益转给他人。比较而言，永佃权是一种利用他人之物的权利，但其权能要远大于同为利用他人之物的地役权，具有更为积极与主动的权限，可以取得劳动成果的所有权。永佃权支付费用方式灵活，既可以支付金钱，也可以支付劳动成果。永佃权人负有不使土地恶化的义务，对于利用他人之物的权利而言，这是对永佃权人的唯一限制。

在俄国十月革命前，土地可继承终身占有权的近似体被称为钦什代役租权（чиншевое право）。钦什代役租权是可继承的在支付费用的前提下可对他人的土地在确定的范围内永久使用的物权。钦什代役租权形成于西部地区，后来扩展至整个俄罗斯帝国。钦什代役租权最早出现在 14 世纪的波兰和立陶宛，那时，城市与农村的普通居民无权取得不动产财产所有权。当他们受邀迁移到新设立的国王所有的城市或地主的村镇时，为了使迁移能够顺利进行，商定这些迁移的人及其权利承受人在有义务支付土地利用费用的基础上，可以永远可继承地使用土地并且有转让土地的权利——钦什（源于拉丁语），且土地利用费用标准永远不改变。这种土地开发模式满足了各方利益。钦什代役租权人愿意迁移，对于新的土地开发充满兴趣，因为土地权利可以继承与传续。土地所有者的利益在于：首先他会获取虽然不多但是有保障的收入，其次形成了对自己土地的非剥削的经营关系，再次保障了钦什法律关系主体之间的关系延续。钦什代役租权

---

① Копылов А. В. Вещные права на землю в римском，русском дореволюционном и современном российском гражданском праве. М. : Статут，2000：С. 12.

发展了几个世纪，并在 18 世纪固定下来。随着俄罗斯领土扩张到西部与白俄罗斯接壤，钦什代役租权这种土地占有模式进入了俄罗斯的立法中。总之，在俄罗斯西部地区，包括 18 世纪末的整个新的俄罗斯地域，钦什代役租权法律关系已经得到广泛普及并为人们所熟知①。

钦什代役租权被认为是支付一定费用后可继承的永久使用他人土地的物权，其客体可以是城市或农村的土地。钦什代役租权不同于土地租赁之处在于：一是其权利存续没有期限，二是它具有物权性质。

设定钦什代役租权的依据主要包括：（1）基于土地所有人与土地使用人协议设定钦什代役租权。协议应当采用书面形式，但不要求进行公证。协议确定了土地所有者与当地居民的关系，包括每年支付给土地所有者费用的额度，并且规定居民可继承地永远使用土地权利。（2）基于取得时效取得钦什代役租权。1855 年俄罗斯上议院做出决定，对于连续 30 年支付地租的人应授予其钦什代役租权，同时不能因为其缺少法律依据而取消其权利。

钦什代役租权人的权利包括永久地占有、使用土地并获取耕种土地的劳作成果，以继承方式转移土地和在生前将土地转移给他人。总体上看，钦什代役租权的权能高于罗马法中的永佃权，钦什代役租权人甚至有权利使土地恶化，有权从土地所有人处购买该土地，在双方协商终止合同时有权从土地所有人处取得土地改良的补偿，有权通过出售、赠与、遗嘱或者其他方式转移土地。钦什代役租权人的义务包括：不能使土地上获得的收入少于钦什代役租权人在土地上的付出；支付针对土地的所有公共税费和徭役；向世袭领主报告钦什代役租权转移的信息；适时向土地所有人支付确定的费用。不支付费用不会导致权利的终止，但在这种情况下土地所有人有权将土地公开拍卖，用取得的收入支付拖欠的税费。此时钦什代役租权人占有、使用土地的权利并不终止，只是他要面对新的土地主人。当然，按照 1855 年上议院的决定，在设定钦什代役租权的合同中约定在钦什代役租权人不支付地租费用时土地所有人有权收回土地并不违法。因此，在合同有明确约定的情况下，土地所有人可以收回不支付费用的钦什代役租权人所占有、使用的土地。

在钦什代役租权的制度设计中，土地所有人有如下权利：有权要求钦

---

① Копылов А. В. Вещные права на землю в римском, русском дореволюционном и современном российском гражданском праве. М. : Статут, 2000: С. 99–100.

什代役租权人支付土地上的所有税负；按照规定的期限从钦什代役租权人处收取费用，如果土地扩大，可以要求按比例增加费用；免除钦什代役租权人支付费用的义务；在土地所有人更换时（继承除外），新的土地所有人可以向钦什代役租权人收取认可金；在钦什代役租权合同有明确约定时，因钦什代役租权人违反义务，土地所有人有权解除合同。钦什代役租权在生存的主体之间转移要取得土地所有人同意，但未经其同意并不导致权利转移无效，土地所有人仅可以向原钦什代役租权人主张债务请求。

在以下情形下，可以调整钦什代役租权人向土地所有人支付的费用：（1）钦什代役租权人与土地所有人协商调整；（2）根据土地所有人或钦什代役租权人的意志进行调整，如果在签订钦什代役租权合同时约定了这一权利；（3）因钦什代役租权客体——土地的扩大，土地所有人有权要求按比例增加费用。

钦什代役租权因下列原因终止：钦什代役租权的客体完全灭失（客体部分灭失不导致权利终止，而是可以相应减少地租）；钦什代役租权客体因国家或自治地方需要被强制转让；当事人协商终止设定钦什代役租权的合同；钦什代役租权人死亡且没有继承人；钦什代役租权人单方放弃自己的权利；土地所有人与钦什代役租权人合一；钦什代役租权人取得土地所有权。从1886年到1889年，钦什代役租权人有权购买其所占有、使用的土地，后来在政府的支持下承诺购买土地；如钦什代役租权人违反合同义务，其权利根据土地所有人的要求而终止[①]。

总的来说，钦什代役租权是十月革命前俄罗斯立法中最为接近罗马法永佃权的用益物权制度。虽然两者并非完全相同，但它们都是对土地永久可继承、可转让的占有、使用，都受到土地所有者较少的干涉和法律有力的保护，这些使得它们都具有很强的生命力与适应性，在各自国度与法域发挥了重要作用。在俄罗斯，钦什代役租权出现、普及的演变历程充分表明该制度适应了俄罗斯的社会环境。与此同时，该制度也对俄罗斯土地权利立法后续发展产生了深远影响，例如俄罗斯当代立法中的土地可继承终身占有权就是钦什代役租权的翻版。

"1922年《俄罗斯苏维埃联邦社会主义共和国民法典》中规定了两种

---

① Копылов А. В. Вещные права на землю в римском, русском дореволюционном и современном российском гражданском праве. М. : Статут, 2000：С. 108–112.

他物权——建筑权和抵押权，并通过这种方式取消了地役权和类似于永佃权的制度。使用他人土地只能通过普通租赁的方式，而从 1928 年开始立法者所有注意力都集中于保护取得利用国有土地广泛权利的国营农场和集体农庄的权利。"① 随后，苏联在 20 世纪 60 年代民事立法中取消了关于土地物权的所有表述，在这个时期，不要说设立土地限制物权是不可能的，即使是公民租赁土地也成为不可能。因为，按照 1968 年《苏联和各加盟共和国土地立法纲要》第 50 条的规定，签订任何直接或间接侵害国家土地所有权的协议都是违法的。

在 20 世纪 90 年代开启土地改革的 1990 年 2 月 28 日《苏维埃社会主义共和国联盟和各加盟共和国关于土地的立法纲要》中第一次使用了可继承终身占有权的概念。按照该纲要的规定，可继承终身占有权人所拥有的具体权能包括：独立地耕种土地；取得经营土地的产品和收入的所有权；利用常用的矿产、泥煤、水体、林地；在土地上建设建筑物和设施；取得播种和栽培农业作物产品的所有权；通过继承转移该权利；放弃可继承终身占有权；为保护自己的权利可以向第三人以及土地所有权人提起诉讼；等等。与此同时，权利主体负有按照用途有效地利用土地、按时交纳土地税、采取措施保护土地、不侵害其他土地使用人和土地占有人权利以及提高土地肥力等义务。随后，1990 年 3 月 6 日《苏联所有制法》和 1991 年 1 月 5 日《苏联总统关于实行土地改革首要任务的命令》相继规定了可继承终身占有权②。在俄罗斯向市场经济转轨的初期，可继承终身占有权在关于土地立法的联邦法律、总统命令中常被提及，例如 1990 年 11 月 22 日通过的《俄罗斯苏维埃联邦社会主义共和国农业（畜牧业）法》、1990 年 11 月 23 日通过的《俄罗斯苏维埃联邦社会主义共和国土地改革法》、1990 年 12 月 24 日通过的《俄罗斯苏维埃联邦社会主义共和国所有制法》，以及 1991 年 4 月 25 日通过的《俄罗斯苏维埃联邦社会主义共和国土地法典》，此外还有 1991 年 5 月 31 日通过的《苏联和各加盟共和国民事立法纲要》都对公民土地可继承终身占有权进行了规定③。就整体而言，苏联时期立法关于可继承终身占有权的规定与俄罗斯转型初期联邦立法和总统

---

① Копылов А. В. Вещные права на землю в римском, русском дореволюционном и современном российском гражданском праве. М.: Статут, 2000: С. 113.

② 同①116.

③ Копылов А. В. Вещные права на землю в римском, русском дореволюционном и современном российском гражданском праве. М.: Статут, 2000: С. 120.

命令中的规定相比，甚至是与俄罗斯当代的立法规定相比，并没有多少实质性差别。

在 1994 年俄联邦民法典出台之前，土地可继承终身占有权的概念在俄罗斯法学界一直是存在争议的。"俄联邦土地改革立法为公民创立了这个法律名词。俄罗斯土地制度改革很多年来，可继承终身占有权成为亲西方土地法律制度'照搬者'毫无理由批评的对象。甚至俄联邦总统有一次命令将'可继承终身占有'表述从 1991 年的《俄罗斯苏维埃联邦社会主义共和国土地法典》中删除。一年以后，俄联邦民法典在公民他物权中规定了这个名词。对此，按照我的理解，是正确的。在土地所有权多样的条件下，相应地对于非土地所有权人需要存在各种不同的土地权利类型。统一这些权利类型没有考虑到俄罗斯土地制度改革中的所有现实。"[1] 这里所说的亲西方制度"照搬者"，暗指那些希望用经典的大陆法系物权体系改造与设计俄罗斯土地物权制度的民法学者，因为这些民法学者认为，新创设的"可继承终身占有权"是一个任何国家都未曾存在的并不规范的法律名词。当然，也有民法学者认为，"在俄罗斯法学研究中，对该权利制度民法学研究的经验有利于该权利制度。该权利制度适应俄罗斯实际情况的结论，已经被十月革命前俄罗斯钦什代役租权惊人的生命力所证实，同时还被这种限制物权在现行立法中长期存续所证明（从 1990 年开始）"[2]。

综上，我们看到，土地可继承终身占有权的历史原型为罗马法中的永佃权和俄罗斯帝国时期的钦什代役租权。此后，第一次被确立于 20 世纪 80 年代末 90 年代初的苏联关于土地改革的立法文件中，并且被俄罗斯现代民事立法和土地立法所继承。土地可继承终身占有权在权利内容上类似于永佃权、钦什代役租权，基本点都是对他人土地的永久性利用。它们的主要区别是：可继承终身占有权的客体是国有土地，因为在国家土地垄断的情况下，不存在私有土地，而永佃权和钦什代役租权则可以设定在私有土地之上；可继承终身占有权的取得依据只能是公法性质的国家机关文件，而永佃权、钦什代役租权的取得依据是合同；可继承终身占有权人不能自由转让权利，权利只能通过继承的方式流转，而永佃权人、钦什代役租权人可以自由地转让自己的权利；可继承终身占有权人只需缴纳土地税，无须缴纳租金，而永佃权人、钦什代役租权人则要向土地所有人支付

---

① Чубуков Г. В. Земельное право России. М.：Изд. "Тихомиров М. Ю."，2002：С. 65.
② 同②127.

地租；可继承终身占有权人有义务提高土壤肥力，而永佃权人、钦什代役租权人则无此义务。

二、现实构成

俄联邦宪法第 2 条规定，人、人的权利与自由是最高价值。承认、遵循和捍卫人与公民的权利和自由是国家的义务。同时第 18 条规定，人和公民的权利与自由是直接有效的。可继承终身占有权，就其象征性意义而言，是俄联邦宪法规定的具有最高价值地位的人的自由、权利、义务在土地权利设计中的具体化。"可继承终身占有权的目的就是要保障公民进行农业生产的宪法权利的实现，保证从事农业经营的连续性。"①

当前，可继承终身占有权主要受 1994 年俄联邦民法典和 2001 年俄联邦土地法典双重调整，但是两者对于可继承终身占有权做出了不一致的规定。

按照 1994 年俄联邦民法典第 265～267 条的规定，可继承终身占有权的取得依据是，根据公民申请，国家权力执行机关和地方自治机关做出提供土地的行政决定，将土地无偿提供给公民使用；除缴纳土地税之外，公民无须支付其他费用；可继承终身占有权应进行国家登记，取得权利证书，权利自进入统一的国家不动产权利登记簿时产生；获得土地可继承终身占有权的公民，对于土地享有占有和使用的权利，可以建造建筑物、构筑物和其他不动产，同时取得这些不动产的所有权；可以将土地出租给他人或者交付给他人供其无偿有限期使用，但不允许将土地出售、抵押或者有其他可能使土地流转的行为；可继承终身占有权禁止流转，但依据继承法规定转移除外，可继承终身占有权依据继承转移的国家登记，应当以继承权证明文件为依据。

2001 年俄联邦土地法典对公民可继承终身占有权做出了与俄联邦民法典迥异的重大调整，取消了公民再取得可继承终身占有权的可能性。按照土地法典第 21 条的规定，该法典实施后不再提供可继承终身占有土地给公民，对于在土地法典生效前已经取得的土地可继承终身占有权继续保留，但是不允许再对该土地进行处分，即不允许将土地出租或供他人无偿定期使用。权利流转的唯一方式就是因继承而产生权利主体变更。但是，

---

① Ерофеев Б. В. Земельное право России: Учеб. / Отв. ред. Н. И. Краснов. —9-е изд., перераб. М.: Юрайт-Издат, 2004: С. 251.

按照法不溯及既往的原则，土地法典关于可继承终身占有权人处分权能的限制，不适用于在土地法典生效以前就存在的可继承终身占有权人与他人签订的土地租赁协议或者无偿定期使用协议。实际上，在可继承终身占有权流转方面，现行土地法典还提供了两种"变通"的流转方式：一是当在可继承终身占有权土地上存在的不动产转移给他人时，该土地可继承终身占有权同时转移给该不动产取得人。二是按照土地法典规定的土地交换程序，经做出提供可继承终身占有权决定的国家权力执行机关和自治地方机关批准，公民可以通过土地交换的方式实现可继承终身占有权的流转。

还有一个重要变化是，土地法典允许公民将土地可继承终身占有权一次性无偿转换为土地所有权，并且没有规定转换期限的限制，而且除联邦法律规定的收费外，不得收取其他费用。

如前文所述，俄联邦民法典专门调整土地所有权和其他物权的第十七章在土地法典颁布实施前一直处于"休眠"状态。2001 年颁布实施的俄联邦土地法典，无论是作为调整土地关系的专门法，还是作为后于俄联邦民法典生效的新法，在两者对于同一调整对象存在冲突的情况下，显然，对于可继承终身占有权的法律调整是以俄联邦土地法典为主导的。这就意味着俄罗斯公民今后不可能再获得新的土地可继承终身占有权，已有的该类土地物权要么保持原有状态，要么无偿转换为土地所有权。不过，目前土地法典中关于公民可以将可继承终身占有权、土地永久（不定期）使用权一次性无偿转换为所有权的规定已经失去效力。现在，土地可继承终身占有权、土地永久（不定期）使用权仍然可以转换为土地所有权，但需依据 2001 年 10 月 25 日《关于俄联邦土地法典生效的联邦法律》规定的转换规则进行。按照该联邦法律规定的转换与处置规则，如果在俄联邦土地法典生效之前，公民对提供给他用于从事副业、郊区经营、菜地、园艺、个人车库、个人住宅建设的土地拥有土地永久（不定期）使用权或可继承终身占有权，该公民可将土地登记为土地所有权，除非联邦法律规定该土地不能为私人所有；如果证明或者确定公民对在土地法典生效之前提供给他的从事副业、郊区经营、菜地、园艺、个人车库、个人住宅建设的土地拥有权利的国家文件、证书或者其他文件没有规定所提供的土地权利，或者不能明确土地权利类型，则认为该土地是提供给该公民所有的，除非该土地被联邦法律规定为不能属于私人所有。同时，根据 2006 年 6 月 30 日《关于修改部分有关简化办理相关不动产客体的公民权利相关手续的俄罗

斯联邦法律文件的联邦法律》① 规定，拥有土地可继承终身占有权或永久
（不定期）使用权证书的公民，如不能具体说明对土地的权利或无法确定
权利的种类，则自动得到此土地的所有权。

俄联邦民法典没有规定可继承终身占有权的终止依据。民事权利的共
同终止依据均适用于土地可继承终身占有权，例如权利人放弃权利、土地
灭失、基于国家和自治地方需要征收土地，以及在权利人死亡时没有继承
人或者继承人放弃继承。上述土地可继承终身占有权一次性无偿转为土地
所有权，从一定意义上讲，也是权利终止的依据。与民法典规定不同，土
地法典第 45 条详尽地规定了可继承终身占有权、永久（不定期）使用权
强制终止的依据：（1）不按照土地专门用途和土地法典规定的土地分类所
属类别利用土地。（2）采用使农业用地肥力严重减退或使生态状况明显恶
化的方式利用土地。（3）不纠正故意实施的下列土地违法行为：由于在贮
存、使用和运输过程中违反化肥、植物生长激素、有毒化学品和其他危险
的化学或生物制品的管理规则，使肥沃的土壤层流失、污染、损害或毁
灭，从而对人体健康或环境造成损害；违反土地法典第 95 条至第 100 条
有关规范规定的受特殊保护自然区域的土地、自然保护和休闲用地、历史
文化用地、特别重要土地、其他具有特殊利用条件的土地及受到放射性污
染的土地的利用制度；经常不实施必要措施改善土地状况，保护土壤免受
风蚀、水蚀和防止土壤状况恶化的其他过程；经常不缴纳土地税。（4）在
民事立法规定的三年内没有将用于农业生产或住宅及其他建设的土地按
指定目的利用，如果联邦法律没有规定更长的期限，但由于自然灾害或
其他排除利用的情况使土地不能按用途利用的期间除外。（5）根据土地
法典第 55 条规定的规则，为国家或自治地方需要将土地征收。（6）根据
土地法典第 51 条规定的规则将土地征用。

强制终止土地权利有两个前提条件：一是强制终止土地权利程序的启
动应在对上述土地违法行为做出行政处罚，并向土地权利人送达警告书之
后，且土地权利人没有按照警告书改正土地违法行为。二是强制终止土地
权利程序启动的责任部门为相应的国家权力执行机关与地方自治机关，其
向法院提出终止土地权利的申请，由法院做出是否终止土地权利的决定。

---

① Федеральный закон о внесении изменений в некоторые законодательные акты РФ по вопросу
оформления в упрощенном порядке прав граждан на отдельные объекты недвижимого имущества от
30. 06. 2006.

综合俄联邦民法典和土地法典的规定，土地可继承终身占有权构成特征表现为：（1）土地权利的稳定性。可继承终身占有权并没有设定明确固定的权利存续期限，不仅及于权利人的一生，而且在其生命终止后，可由立法保障按照权利人确定土地归属的意愿转给继承人。这种设计旨在保障权利人获得长期占有、使用土地的权利，并且激励权利人用心经营土地和向土地投入。（2）土地利用权能的广泛性。土地可继承终身占有权人拥有相当宽泛的权能，占有、使用与处分土地均有涉及，这种权能已经接近于或近似于土地所有权的权能内容。"土地可继承终身占有权作为非常近似于土地所有权的权利被规定在立法之中。"① 例如，权利人不仅有权独立地耕种土地，还有权无须经土地所有权人允许在土地上建设建筑物、构筑物和其他不动产，并取得它们的所有权，除非法律有相反的规定。按照俄联邦民法典第1181条的规定，土地可继承终身占有权继承时，该土地界线内的表层（土壤层）、封闭水体、树木和植物均作为遗产进行继承。（3）权利主体范围的特定性，权利主体只能是公民。（4）权利可转化性。按照俄联邦土地法典的规定，公民土地可继承终身占有权可以不受转换期限限制一次性无偿转为私人土地所有权。国家权力执行机关和地方自治机关应在公民提交书面申请之日起两周内，做出提供土地所有权给拥有可继承终身占有权公民的决定。需要强调的是，土地权利转换并重新登记是可继承终身占有权人的权利，而不是义务。从另一个角度讲，可继承终身占有权转换为土地所有权，实际上成为国有、自治地方所有土地私有化的一种特别方式，相比较其他私人土地所有权取得依据，这种方式更加简易、便捷。而且，在这种土地私有化方式中，公民权利扩张了，因为通过这种方式对土地进行私有化不用考虑土地面积的大小，而依据土地私有化立法，对于超过规定限额面积的土地，权利人应当向地方行政机关按照协议价格购买。

从产生和发展的整个立法境遇全面审视土地可继承终身占有权，对其设立价值和当代发展整体评判的两个关键词就是妥协与过渡。妥协性表现在它产生的历史背景与制度价值上，因为在启动土地改革的苏联后期存在是否设立私人土地所有权的激烈争论，在当时的政治环境下从土地完全国有垄断到设立私人土地所有权不可能是一次性完成的任务。因此，立法者

① Ерофеев Б. В. Земельное право России: Учеб. /Отв. ред. Н. И. Краснов. —9-е изд., перераб. М.: Юрайт-Издат, 2004: С. 248.

在借鉴永佃权与俄罗斯钦什代役租权制度的基础上创设了不同于以往任何土地权利制度的公民可继承终身占有权这一概念。"终身占有继承（类似于永久的无限期使用）在现代俄罗斯法中的产生是私人土地所有权许可和界限激烈争议在某种程度的妥协。"① 它从诞生之日起就是私有化与坚持公有制之间斗争妥协的产物，实质上就是在坚持土地公有制下变通的私人土地所有权。"土地可继承终身占有权作为非常近似于土地所有权的权利被规定在立法之中。"② "就其内容而言，可继承终身占有权就是一个受限的私人土地所有权的变相形式。"③ 诞生于苏联末期土地立法之中的可继承终身占有权，实质上是在国有土地长期垄断背景下私人土地权利复苏的"破冰"前奏，它以另一种形式扮演着私人土地所有权的角色，承担着打破国有土地垄断，赋予公民无限期占有、使用土地权利的使命。

这种妥协性的制度设计必然决定了其过渡性的命运。因为，在广泛地向公民提供土地所有权的情况下，这种实质上是 1990 年由于政治妥协而出现的土地权利的存在就引发了疑问④。从当时的立法变革也可以证明这一判断。在 1993 年俄联邦宪法明确规定赋予公民私人土地所有权以后，根据 1993 年 12 月 24 日《关于俄联邦土地立法符合俄罗斯联邦宪法的命令》的规定，1991 年俄联邦土地法典中有关调整可继承终身占有权的条文被废止了。正是基于此，2001 年俄联邦土地法典规定不再提供公民土地可继承终身占有权，不允许既有权利人再对该土地进行处分，土地仅能通过继承方式流转，并提供了将既有的可继承终身占有土地转换为私人所有土地的可能性。这样的做法表明了立法者希望和鼓励将转型过渡阶段形成的土地可继承终身占有权转换为私人土地所有权的立场。可以预见的是，可继承终身占有权在一段时间内，甚至在很长时间内还将在俄罗斯继续存在，但在私人土地权利体系中，它将不会成为主流的私人土地权利类型，其数量以及所涉及的土地规模将会逐渐减少，直至完全消失。

① Е. А. 苏哈诺夫. 俄罗斯民法：第 2 册. 王志华，李国强，译. 北京：中国政法大学出版社，2011：544.

② Ерофеев Б. В. Земельное право России: Учеб. /Отв. ред. Н. И. Краснов. —9-е изд.，перераб. М.：Юрайт-Издат，2004：С. 248.

③ Г. А. Волков，А. К. Голиченков，О. М. Козырь. Комментарий к Земельному кодексу Российской Федерации. Хозяйство и право，2002（1）：С. 53.

④ 同③.

第三节　土地永久（不定期）使用权

截至 2010 年 1 月 1 日，俄罗斯全境设定公民永久（不定期）使用权的土地面积为 183.62 万公顷，其中用于农业（农场）经济 54.29 万公顷（占公民全部农业（农场）经济用地的 3.4%），用于个人副业的 70.4 万公顷（占公民全部个人副业用地的 9.5%，下同），用于园艺栽培的 28.44 万公顷（22.7%），用于蔬菜栽培的 8.4 万公顷（29%），用于个人住宅建设的 21.9 万公顷（25.3%），用于别墅建设的 0.19 万公顷（4.1%）[1]。同时，大量法人组织以永久（不定期）使用方式利用土地，包括国家机关、自治地方机构、国家企业、商业组织等。

一、历史溯源

从出现时间来看，土地永久（不定期）使用权（постоянное (бессрочное) пользование земельными участками）不同于土地可继承终身占有权，前者并不是 20 世纪 90 年代俄罗斯社会转型中新出现的，而是较早就存在于苏联土地立法之中的土地权利类型。这种权利类型从前被称为土地不定期（永久）使用权（бессрочное (постоянное) пользование земельными участками），被分别规定在 1970 年《俄罗斯苏维埃联邦社会主义共和国土地法典》、1991 年《俄罗斯苏维埃联邦社会主义共和国土地法典》第 12 条之中[2]。"在苏联时期，这种法律名称是公民和法人依法利用土地的主要和唯一（个别情况除外）依据。"[3]

1990 年 2 月 28 日通过的《苏联和各加盟共和国土地立法纲要》第 6 条规定了土地永久使用权。权利主体不局限于公民，还可以是法人。权利内容近似于可继承终身占有权，权利人同样不需要支付费用，仅需缴纳一定的土地税。两者的区别主要体现在：（1）公民永久使用土地只能用于种

---

① Государственный（национальный）доклад «О состоянии и использовании земель в Российской Федерации в 2009 году», Министерство экономического развития Российской. Федерации. Федеральная. служба. государственной. регистрации, кадастра и картографии. С. 79−89.

② Г. А. Волков, А. К. Голиченков, О. М. Козырь. Комментарий к Земельному кодексу Российской Федерации. Хозяйство и право, 2002（1）：С. 51.

③ Чубуков Г. В. Земельное право России. М.：Изд. "Тихомиров М. Ю.", 2002：С. 64.

菜、割草、饲养牲口。（2）公民只能在提供永久使用土地的决定所确定的条件下利用土地，而不能像可继承终身占有权人那样独立地耕种土地。（3）公民在永久使用土地上兴建建筑物和构筑物，须经做出提供土地永久使用决定的人民代表苏维埃同意，而可继承终身占有权人无须许可。（4）土地永久使用权人没有提高土壤肥力的义务，而可继承终身占有权人负有此项义务。（5）永久使用权不能转让，亦不能以继承的方式流转。唯一的流转途径就是按照该纲要第 10 条的规定，在转移他人土地上的不动产时，不动产取得人获得对该不动产所在土地的永久使用权。作为那个历史阶段土地私有化政策的延续，立法给予永久使用权人取得该土地所有权的机会。按照 1993 年 10 月 27 日和 1997 年 5 月 16 日俄联邦总统令的规定，拥有土地永久使用权的自然人和法人可以购买该土地并取得所有权。

土地永久使用权最早出现在苏联土地立法中，就其基本特征而言，它并不像可继承终身占有权那样，可以在罗马法和十月革命前的俄罗斯立法中找到近似体。俄罗斯民法学者卡贝洛夫在详尽地考察了永久使用权的形成与发展进程，并将其与罗马法和大陆法系国家相近似的权利类型进行比较后认为，永久使用权由于不可转让性和受制于权利主体生命期限的特征而类似于人役权，但其权利内容又比人役权广泛。此外，公民和法人都可以成为永久使用权的权利主体。他认为，永久使用权是一个特殊的权利类型，不同于我们所熟悉的任何罗马法上的限制物权。不过就其权能内容而言，它近似于处于人役权和永佃租赁之间①。

二、现实构成

当前，对于土地永久（不定期）使用权，主要由俄联邦民法典和俄联邦土地法典来调整，但是两法典对于永久（不定期）使用权做出了截然不同的规定。

1994 年俄联邦民法典第 216 条最先使用了土地永久（不定期）使用权的概念。公民和法人有权获得国有或自治地方所有土地的永久（不定期）使用权。永久（不定期）使用权取得程序是，根据公民和法人申请，国家权力执行机关和地方自治机关做出提供土地的行政决定，土地无偿提

---

① Копылов А. В. Вещные права на землю в римском, русском дореволюционном и современном российском гражданском праве. М. : Статут, 2000：C. 119.

供给公民和法人使用，权利人利用土地仅需缴纳土地税。权利人在法律、其他法律文件和土地使用文件规定的限度内对土地进行占有和使用，可以建设建筑物、构筑物和其他不动产设施，并取得这些不动产的所有权。土地永久（不定期）使用权处分受到限制，未经土地所有人同意，权利人不能将该土地出租或提供给他人无偿定期使用。同时，土地永久（不定期）使用权不能流转，也不能通过继承转移。实际上，这一流转限制可以通过其他法律规则而被规避。例如，俄联邦民法典第 271 条第 2 款规定，在位于他人土地上的不动产所有权转让给其他人时，所有权取得人依照原所有人相同的条件和范围，取得对有关部分土地的永久使用权。按照俄联邦民法典第 552 条第 3 款的规定，不动产出卖时，如果不动产的卖方不是该不动产所占有的土地的所有人，买方以与不动产卖方相同的条件取得该土地使用权。因此，如果永久（不定期）使用权土地上建有建筑物，在转移该建筑物所有权时，即可发生土地永久（不定期）使用权转移的法律效果。

按照俄联邦民法典第 287 条的规定，不正当使用土地是终止非土地所有人土地权利的依据，终止依据和程序由土地立法规定。俄联邦土地法典为土地永久（不定期）使用权规定了与土地可继承终身占有权相同的不正当使用土地时的终止依据和程序。这里需要注意的是，2013 年 6 月 7 日《关于修订俄联邦土地法典和俄联邦土地法典生效的联邦法律第三条的联邦法律》（N123-ФЗ）实质性地改变了因不正当使用土地强制终止永久（不定期）使用权的依据和程序。修订后的土地法典第 45 条将不正当使用土地的情形进一步细化，并取消了"连续不支付土地税"作为终止土地权利的依据。拖欠土地税可以依据税法典第 122 条和刑法典第 198 条、第 199 条追究责任，但其不再是土地物权的终止依据。同时，修订后的土地法典第 54 条中的永久（不定期）使用权终止程序也发生了变化。国家权力执行机关、地方自治机关应按照俄罗斯政府批准的程序做出终止永久（不定期）使用权的决定。这两处对于永久（不定期）使用权提前终止规则的修改，有两点价值：一是使永久（不定期）使用权更具吸引力，因为拖欠土地税不能成为提前终止权利的依据，权利主体可以不再顾忌此点；二是有权做出终止永久（不定期）使用权的国家权力执行机关和地方自治机关做出终止土地权利决定的程序受到俄联邦政府统一规范，不允许出现执法随意化现象。

同可继承终身占有权的命运近似，2001 年土地法典虽然接受了民法典所设计的这种权利新名称，但是在实质内容方面却做出了完全不同于俄联邦民法典的规定。主要表现在：一是取消了公民和普通法人（相对于俄联邦土地法典第 20 条列明的特定范畴法人）取得新的土地永久（不定期）使用权的可能，该权利类型今后仅提供给特定范畴法人（国家和市政事业机构、国家企业、终止履行职能的俄罗斯联邦总统历史遗产中心，以及国家权力机关和地方自治机关）。按照 2001 年 10 月 25 日《关于俄联邦土地法典生效的联邦法律》第 3 条第 2 款的规定，还可以将国有或自治地方所有土地永久（不定期）使用权提供给国家科学院、国家科学院所设立的或者隶属于它们的机构。也就是说，今后"对于公民、商业公司和商业合伙、生产合作社、拥有经营权的国有和自治地方单一制企业，均不再提供土地永久（不定期）使用权"①。二是规定土地法典生效前已经取得永久（不定期）使用权的予以保留，但是权利人不能对土地进行处分，包括出租、作为设立商业组织的出资等等。与此同时，土地法典还规定了将既有永久（不定期）使用权转为其他类型土地权利的两种路径：

第一种是法人的土地永久（不定期）使用权应强制转换为土地租赁权或取得土地所有权。按照 2001 年 10 月 25 日《关于俄联邦土地法典生效的联邦法律》第 3 条第 2 款第 2 项的规定，从土地法典生效之日起，已经取得永久（不定期）使用权的土地法典第 20 条第 1 款列明的特定范畴法人以外的法人，应按照俄联邦土地法典第 36 条所确定的规则，在 2012 年 7 月 1 日前，将其拥有的土地永久（不定期）使用权转换为土地租赁权或者取得该土地的所有权。除此以外，宗教组织应根据意愿将土地永久（不定期）使用权转为无偿定期使用。这一强制性权利转换规定的例外是，在土地法典生效以前提供给国有或者自治地方所有的单一制企业的土地永久（不定期）使用权转换，不受上述转换期限的限制；园艺、菜园、别墅非营利公民联合体、车库消费者合作社的土地永久（不定期）使用权转换，也不受上述转换期限限制；与此同时，更长的权利转换期赋予了那些拥有土地永久（不定期）使用权并在该土地上铺设电信、管道、铁路、公路、通信线路和其他类似设施（线路）的法人，它们可以在 2013 年 1 月 1 日之前进行权利转换。

---

①　Г. А. Волков, А. К. Голиченков, О. М. Козырь. Комментарий к Земельному кодексу Российской Федерации. Хозяйство и право, 2002（1）：С. 52.

法人土地永久（不定期）使用权权利转换的具体操作程序是：法人提出关于权利转换的申请，国家权力执行机关和地方自治机关做出提供土地相应权利的决定，然后按照俄罗斯关于国家登记的法律进行权利登记。由于在上述转换期限到来之前，商业组织法人和非商业组织法人的永久（不定期）使用权共存，为此，立法还规定，在法人永久（不定期）使用土地上的建筑物、构筑物和设施出售时，购买人可以选择将该土地权利转化为土地租赁权或者取得土地所有权。

多数商业组织法人由于缺乏资金并不能选择购买其拥有永久（不定期）使用权的土地，而只能选择租赁。但对于这些拥有永久（不定期）使用权的商业组织来说，土地利用的代价由缴纳数额微小的税金改为支付较多的土地租金是非常不利的变化，它们对于这一变化是抵触的[①]。"私有化企业通过法庭捍卫自己的永久（不定期）使用权，是因为这样可以向国家支付并不高的税金，从而在将土地租赁时获取利润。"[②] 为了顺利完成永久（不定期）使用权的转换工作，俄罗斯立法分别采取了两项措施：一是约束和督促商业组织将土地永久（不定期）使用权转换为土地租赁权或取得土地所有权，从 2013 年开始俄联邦行政违法法典增加了关于违反权利转换期限和程序的法律责任的内容，对未按照法律要求进行土地权利转换的主体进行处罚。二是考虑到因权利转换而由原来缴纳土地税改为支付土地租金可能给上述商业组织带来过重的经济负担，立法规定在必要的过渡期内土地租金的数额范围由俄联邦政府规定，以确保租金尽可能地低。

法人将永久（不定期）使用权转换为土地租赁权或者取得土地所有权的选择，要受联邦法律的限制。例如，当外国法人为永久（不定期）使用权人时，如果永久（不定期）使用的土地是联邦立法规定的不允许外国公民、外国法人、无国籍人所有的边境土地或者其他特殊地域的土地，那么外国法人只能选择将永久（不定期）使用权转为土地租赁权，而不能取得土地所有权。这一点限制不仅针对在外国注册的法人，即使是在俄罗斯国

① 拥有土地永久（不定期）使用权的法人将土地权利转换为土地租赁权或取得土地所有权的最后期限一延再延。在土地法典通过时，该时限确定为 2004 年 1 月 1 日前，随后通过修订法律将该期限改为 2006 年 1 月 1 日，后来的立法修订又将最后时限调整到 2012 年 7 月 1 日。该期限一再延长，在一定程度上反映了土地权利转换的难度与复杂程度。

② Г. А. Волков, А. К. Голиченков, О. М. Козырь. Комментарий к Земельному кодексу Российской Федерации. Хозяйство и право, 2002（1）：С. 51.

内登记注册但由外资控股的法人同样受到上述限制。例如，俄罗斯封闭股份公司"Минерал Кнауф"在阿赫图宾斯克地区拥有 168.64 公顷永久（不定期）使用土地，其依据《关于俄联邦土地法典生效的联邦法律》第 3 条的规定申请取得该土地所有权被阿赫图宾斯克地区政府拒绝。该公司将阿赫图宾斯克地区政府告上法庭，但其诉讼请求并未获得法院支持。法院认为，该公司控股股东为一家德国公司，其为在俄罗斯登记注册的外国法人，而争议土地所在的整个阿赫图宾斯克地区都依法被列为边境地区，所以该公司不能取得诉争土地的所有权[①]。在这种情况下，该公司只能将永久（不定期）使用权转换为土地租赁权。

　　第二种是公民可以自愿将土地永久（不定期）使用权一次性无偿转换为土地所有权。按照土地法典第 20 条第 5 款的规定，拥有土地永久（不定期）使用权的公民有权一次性地无偿取得该地块所有权。除联邦法律规定的收费外，不允许收取任何额外费用。在这种情况下，公民拥有是否转换的选择权，且不受法律强制性约束。这种权利转换实际成为土地私有化的一种方式，与其他私有化方式相比，这种方式对公民更为有利，因为公民通过其他的土地私有化方式无偿取得土地所有权要受一定土地面积的限制，超过确定限额的土地，应当按照协议价格向当地政府购买。而土地法典规定的权利无偿转换打破了这一限制，即无论公民所拥有永久（不定期）使用权的国有、自治地方所有土地面积多大，他都可以在支付较低税费的情况下无偿取得土地所有权。如果一个公民拥有两块或者两块以上永久（不定期）使用的土地，在转换为土地所有权时是否全部无偿，法律并没有明确规定。有学者认为，在这种情况下，"一次性"意味着公民只能针对一块土地进行权利转换[②]。

　　根据 2006 年 6 月 30 日联邦法律的规定，土地法典中上述关于公民可以将永久（不定期）使用权一次性无偿转换为土地所有权的规定已经失效。目前，公民土地永久（不定期）使用权仍然可以转换为土地所有权，但应依据 2001 年 10 月 25 日《关于俄联邦土地法典生效的联邦法律》规定的转换规则进行。即如果在俄联邦土地法典生效之前，公民对提供给他用于从事副业、郊区经营、菜地、园艺、个人车库、个人住宅建设的土地

---

①　Боголюбов С. А. Отв. ред. Научно-практический комментарий к Земельному кодексу Российской Федерации с постатейными материалами и судебной практикой. 5-е изд. М. ：Издательство Юрайт，2011：С. 114-116.

②　同①138.

拥有土地永久（不定期）使用权，该公民可将土地登记为土地所有权，除非联邦法律规定该土地不能为私人所有；如果证明或者确定公民对在土地法典生效之前提供给他的从事副业、郊区经营、菜地、园艺、个人车库、个人住宅建设的土地拥有权利的国家文件、证书或者其他文件没有规定所提供的土地权利，或者不能明确土地权利类型，则认为该土地是提供给该公民所有的，除非该土地被联邦法律规定为不能属于私人所有。

在俄罗斯关于公民土地永久（不定期）使用权无偿转为土地所有权，存在一个争议问题，即个人企业主可否被视作公民从而有权无偿取得提供给其永久（不定期）使用土地的所有权。对此，俄罗斯司法实践部门和理论界的立场不同。例如，个人企业主 B. M. Poмaшoв 向哈卡斯共和国仲裁法庭提起诉讼，要求认定阿巴坎市城市建设、建筑、土地利用和环保局 2001 年 11 月 23 日做出的关于拒绝无偿将公民拥有的阿巴坎市土地永久（不定期）使用权转为所有权的决定无效。一审法院驳回了其诉讼请求，二审法院判决也没有改变这一结果。法院认为，依据俄联邦民法典第 23 条第 3 款，对于不组成法人的公民从事的经营活动，如果立法没有不同规定或从法律关系实质中不能得出不同的结论，则适用该法典中调整商业组织法人活动的规则。判决指出，在民事和土地法律关系中作为个人企业主的自然人的法律地位同商业组织法人的法律地位一样，所以个人企业主不能如同公民那样无偿取得其永久（不定期）使用土地的所有权。上述法院的论据建立在"公民"概念与"个人企业主"概念对立的基础上[①]。俄联邦最高仲裁法院全体会议在此问题上采取了类似的立场，其在 2005 年 3 月 24 日《关于土地立法适用中若干问题的决定》第 3 条中，同样建议法院在适用土地法典第 20 条第 5 款时要考虑民法典第 23 条的规则。这意味着，拥有土地永久（不定期）使用权的法人没有无偿取得该土地所有权的资格，相应地，作为个人企业主的公民同样无权无偿取得在其上从事经营活动的土地的所有权。

类似的司法判决在俄罗斯理论界引发了争议。持不同意见的学者认为，个人企业主在经营活动关系中可以比照商业组织，但是在土地关系中并不应如此看待。企业主有权私有化其永久（不定期）使用、满足个人需

---

① Устюкова. В. В. Еще раз о соотношении земельного и гражданского права（по материалам судебной практики）. Государство и право, 2006（3）: С. 30.

求而没有用于经营活动的土地①。"民法典中使用'公民'概念时，指的是任何公民——无论是企业主还是'普通'的公民——非企业主"。"在任何一个关于土地法典的释义中，包括土地法典纲要起草人所撰写的土地法典释义中，无偿取得（转换）先前拥有永久（不定期）使用权的土地所有权权利，都同公民'地位'无关，包括同该公民是否从事经营活动无关。"② 换言之，土地法学者们根本没有考虑，在解释土地法典第 20 条第 5 款时要考虑民法典第 23 条第 3 款规则的可能。我们看到，在上述争议中，除了对土地立法规范与民事立法规范之间的关系以及适用的理解不同外，其核心利益纠葛在于，不具备法人资格的从事经营活动的个人企业主是否有资格享有法律赋予公民的无偿取得土地的优惠待遇。

　　2005 年 7 月 18 日的联邦法律实质性地修改了俄联邦农用土地流转法中的若干规则。其中规定，农业组织，也包括从事农业（农场）经营的公民有偿取得他们所拥有永久（不定期）使用权或可继承终身占有权的土地的所有权，农地价格为不高于俄联邦各主体法律规定的农地地籍价值的 20％（为减少农业组织和从事农业（农场）经营公民的购置成本，2010 年 12 月 29 日的联邦法律将该比例调整为 15％）。俄联邦各主体法律也可以规定无偿提供农用土地所有权的情况。该立法所表明的意向是，将从事农业经营活动的公民与农业组织法人同等对待，给予以优惠价格取得农用土地所有权的权利，而不是无偿取得。不过，这个问题还是没有彻底解决，因为，作为个人企业主的公民拥有永久（不定期）使用权使用非农用土地时，并不受农用土地流转法调整，因此，对该类问题最终如何处理还需要立法进一步明确。

　　俄罗斯立法还向法人提供了在其将永久（不定期）使用权转为土地租赁权以后重新取得该土地所有权的可能。按照 2011 年 12 月 12 日联邦法律对 2001 年 10 月 25 日《关于俄联邦土地法典生效的联邦法律》的修订结果，修订后的第 3 条规定，从该联邦法律生效之日到 2012 年 7 月 1 日期间，有关土地永久（不定期）使用权已转换为土地租赁权的，从 2012 年 7 月 1 日开始，建筑物、构筑物、设施所有权人可以按照该联邦法律第

---

① Боголюбов С. А. -Отв. ред. Научно-практический комментарий к Земельному кодексу Российской Федерации с постатейными материалами и судебной практикой. 5-е изд. М. : Издательство Юрайт. 2011: С. 138.

② Устюкова. В. В. Еще раз о соотношении земельного и гражданского права (по материалам судебной практики). Государство и право, 2006 (3): С. 32-33.

2 条第 1 款规则与程序所确定的价格，取得其拥有租赁权土地的所有权。这种灵活的制度设计意在推动土地私有化，同时，有助于实现土地所有人与其上建筑物、构筑物、设施所有人的同一。

综上，通过对俄罗斯现行民事立法与土地立法中土地永久（不定期）使用权规范的解读，可以从与土地可继承终身占有权比较的视角，观察土地永久（不定期）使用权的构成特征：（1）权利主体范围由相对宽泛转为有选择性限缩。与可继承终身占有权不同，民法典规定不仅公民可以成为永久（不定期）使用权的主体，而且法人亦然。但是，土地法典仅保留了特定范畴法人继续取得土地永久（不定期）使用权的可能，同时强制特定范畴法人以外的法人可以将既有的土地永久（不定期）使用权转换为土地租赁权或取得土地所有权，并引导和激励公民将既有的土地永久（不定期）使用权无偿转为土地所有权。（2）取得永久（不定期）使用权依据的有限性。有权提供土地永久（不定期）使用的国家和自治地方机关的决定是取得永久（不定期）使用权的主要依据，而土地永久（不定期）使用权不能像土地可继承终身占有权一样通过继承的方式取得。（3）土地利用关系的相对不稳定性。永久（不定期）使用权既可因有权的国家权力执行机关和地方自治机关的决定而产生，也可因这些机关依法做出的决定而终止。在永久（不定期）使用权法律关系中，不存在像可继承终身占有权那样的通过继承转移权利而形成的权利恒久性与传承性。此外，土地永久（不定期）使用权可以是有期限的，例如，临时提供未使用的建设用地给公民种植马铃薯或作为菜园①。（4）权利的可转化性。这一点与可继承终身占有权类似，区别在于商业组织法人永久（不定期）使用权应当在规定期限内强制地转换为土地租赁权或有偿取得土地所有权。

总览土地永久（不定期）使用权的发展演变可以发现，俄罗斯立法没有像对待土地可继承终身占有权那样，直接取消其继续发展的可能，而是对其适用领域与应用价值进行了重新定位。这种调整的宏观背景是在向市场经济全面转向的过程中交易主体地位平等与公平竞争的要求，微观立法背景是土地有偿利用原则。在实行计划经济、国有土地垄断的苏联时期，包括公民和法人在内的所有主体无偿、无期限地使用国有土地被认为是合理和符合逻辑的。于是，在苏联土地立法中，公民和法人被赋予土地永久

---

① Ерофеев Б. В. Земельное право России: Учеб./Отв. ред. Н. И. Краснов. —9-е изд., перераб. М.: Юрайт-Издат, 2004: С. 248.

使用权，这也是那时公民和法人所拥有的唯一土地权利类型。但是在俄罗斯全面转向市场经济以后，这种无偿、永久利用土地的状况与运用市场手段配置资源、平等对待所有市场经营主体的要求愈来愈不契合。突出的问题就是，新进入市场的土地利用者——商业公司和商业合伙，主要通过支付租金以土地租赁方式有偿使用土地，而先前拥有土地永久（不定期）使用权的商业组织利用土地仅需缴纳数额较小的土地税。由于土地税与土地租金之间的数额差距很大，这样就在新旧土地使用者——商业组织之间形成了不平等的市场竞争地位。因此，就要求立法改变拥有永久（不定期）使用权商业组织的优势地位，强制其将永久（不定期）使用权转换为土地租赁权或者取得土地所有权，从而使所有作为市场竞争主体的商业组织在土地利用上处于平等地位。与此同时，土地是俄罗斯最重要和最大的资源，完全延续无偿、永久使用土地的方式显然不能够有效地激发社会经济潜能，无法将土地利用转化为国家和自治地方的真正财富。"土地改革十年来，事实上并没有影响这种权利类型的普及，尤其是，随着俄联邦民法典和一系列联邦法律的通过，对享有这种权利利用土地的人提供了将该土地租赁和无偿定期使用的可能性。"大量永久（不定期）使用土地的企业并不实际利用土地，而是将土地出租获取超额收益，而国家仅收取到少量的土地税。"总之，国家，作为土地所有人事实上缺少从自己所有的财产获取收入的可能，自愿地将这些权利转移给部分经济主体，有时候是整个经济领域。"① 基于此，取消商业组织今后获取永久（不定期）使用土地的机会，符合俄联邦土地法典确立的土地有偿利用原则的要求。

经过土地法典改造的土地永久（不定期）使用权，类似于我国的划拨土地使用权，成为行使国家行政职能、承担公共事业职能的法人和国家企业专有的土地利用方式。这种目标定位将永久（不定期）使用权的适用范围大大限缩，也预示着这类土地权利数量以及所涉土地规模的大大缩减。同时，作为非营利性法人专有的土地权利类型，其流转能力和处分能力也自然受到削弱，因此，它在俄罗斯土地物权体系中不应再是积极与活跃的制度设计。

---

① Г. А. Волков, А. К. Голиченков, О. М. Козырь. Комментарий к Земельному кодексу Российской Федерации. Хозяйство и право, 2002（1）：С. 51.

第四节　地役权

役权是最先出现的限制物权，"这种制度起源于古罗马私法之中"①。俄罗斯法学理论界对于古罗马法的研究是深入的，成果是丰富的。在十月革命前的俄罗斯法律学说中，被普遍认可的役权概念表述为："役权——不要求所有权人从事积极行为的利用他人财产的物权。"② 其法律特征体现为：役权是物权，而非债权；是对他人之物的权利，而非对自有之物的权利；权利人拥有相对于所有人而言非常狭窄的利用他人之物的权能范围；权利是为特定人的利益而设定的。十月革命前的俄罗斯民法中的地役权制度，在法律性质上是古罗马相应标准制度的近似体③。

一、历史渊源④

纵观十月革命前俄罗斯立法对于地役权的规定和学者对于地役权的学说认知，可以得知，源自古罗马私法的地役权在十月革命前的俄罗斯民法中已经是一个广为人知的概念。

近似于罗马法上的地役权，在古罗斯时期对于他人之物的权利最早设定于经营性土地上。缘由在于，在农庄中耕地是最具价值的。相对于耕地而言，以其他方式服务于土地占有人的土地（林地、牧场、狩猎场），被统称作经营性土地。起初，根据世袭领地法、封建领地法或丁役财产法，经营性土地归属于土地占有人。但有时按照古代俄罗斯法律，土地所有人对于经营性土地不拥有像对耕地那样的权能范围，土地使用权可以以受限制的方式归属于某人。例如，土地所有人不能阻止特定范围的人在他的土地上为建设和劈柴目的而砍伐树木，在他的牧场上打草，在他的森林从事养蜂、捕鱼、狩猎，等等。获得使用经营性农地权最常见的来源方式是各种形式的分封：例如，政府将土地分封给知名人士所有，但保留在该土地

---

① Копылов А. В. Вещные права на землю в римском, русском дореволюционном и современном российском гражданском праве. М.：Статут, 2000：С. 14.

② Вещные права на землю в римском, русском дореволюционном и современном российском гражданском праве. М.：Статут, 2000：С. 42.

③ 同①42–43.

④ 同①39–59.

上从事经营的权利，后来再将它们提供给其他人；或者某人取得在某国有土地上从事经营的权利，后续该土地分封给他人但保留了原占有使用人的权利。这种设计，相当于罗马法的积极地役权。类似的权利限制稍晚也出现在俄罗斯城市不动产占有者身上。按照1737年10月3日圣彼得堡建筑立法的规定，禁止房主建造屋顶斜坡侵入邻人院落空间。

　　十月革命前俄罗斯立法中的地役权制度表现出以下特征：一是地役权是物权，不是债权。地役权的客体是他人之物，而不是利用该物的行为。二是该物权的客体不是自己之物，而是他人之物。所有人对于自身之物不能设定地役权。如果地役权人成为他人财产（地役权客体）的所有者，则地役权终止。三是与地役权客体的所有人比较而言，地役权主体在任何情况下都只拥有使用他人财产的最小权能范围。例如，进入森林权意味着权利主体砍伐相邻土地的林木只能是为自己建设房子和劈柴，而不能出售林木给第三人。四是地役权不能要求义务人为权利人的利益从事一定的行为。供役地所有人只需忍受权利人对于自己的物实施某种行为或者克制自己对于自己的物不实施某种行为。五是地役权是为某特定人的利益设立的。俄罗斯立法者复制了罗马法经典地役权设计，地役权主体是明确的特定主体。总之，俄罗斯十月革命前民事立法中的地役权设计在法律属性上完全遵循了古罗马法中地役权制度的原则。

　　在俄罗斯这一历史阶段，还出现了另一类型的权利，它被称作私人参与权。这类权利主要是给予权利主体禁止邻居对自己的土地从事一定行为的权利。对此，俄罗斯1649年《法律大全》规定了以下限制：任何人不能在自己的和邻居的土地之间的地界上建设建筑物；任何人不应在紧临邻居墙壁的一侧搭建炉子与厨房；任何人无权从自己的高大房子上向任何低矮的房子排水、扔垃圾以及干任何其他坏事；禁止将河坝向对岸延伸，以及修建拦河坝或者水磨，如果实施这些行为将会导致淹没位于河上游的其他土地占有人的水磨、耕地、草场。私人参与权主体通过禁止邻居从事一定行为的方式来实现自己的权利，如禁止在地界建设房屋、在紧邻邻居墙壁的一侧搭建炉子和厨房、向邻地扔垃圾等等。总之，从私人参与权主体一方的角度看，这种权利可以被理解为罗马法中众所周知的消极地役权。需要指出的是，在上述《法律大全》列举的权利清单中，还包括沿着道路通过他人林地和耕地的权利，虽然按照法律属性该权能属于积极地役权。

　　私人参与权是俄罗斯民法的一项特别制度，《俄罗斯帝国民事法律汇编》第433条将其规定为一方从他人财产中获益的权利。对于该权利的性质在俄罗斯民法学界有着不同的理解：有人将其视作地役权；有人认为是为相邻人利益的所有权限制；有人将其视为强制性地役权，是约定地役权与所有权限制之间的一种制度设计。在俄罗斯学者看来，私人参与权的特点在于：它没有赋予相邻人对他人土地任何独立的权利，仅是对所有人在行使权利时加以一定的限制。这种私人参与权与消极地役权的核心区别在于：地役权赋予权利人使用他人财产的权利，属于该需役地所有人所有权边界之外的权利，私人参与权的实现或者通过直接作用于邻地的方式，或者通过禁止相邻人实施一定行为的方式。此外，私人参与权的设定并不像地役权那样，通常由相邻土地所有人双方签订协议的方式确定。按照《俄罗斯帝国民事法律汇编》第446条的规定，允许通过签订正式协议的方式替代私人参与权。在这种情况下，私人参与权实质上已经演变为积极地役权。

十月革命前俄罗斯在民事法律汇编中规定的地役权清单与罗马法中的地役权类型基本相近。前者规定的地役权类型主要包括：

（1）进入森林地役权。包括为获取建筑木材和柴火利用他人土地上林木的权利。权利人获取建筑木材和柴火仅限于满足家庭生活需要，他不能砍伐木材用于商业交易和生产。该类型地役权存续没有期限，但可以由供役地人单方终止，如果供役地所有人将一块森林划拨给该森林地役权人所有。

（2）养蜂地役权。权利人可以在他人森林里养殖野蜂，在树木窟窿里安置蜜蜂并获取蜂蜜。该地役权内容同时还包括为饲养蜜蜂和获取蜂蜜的林地通行权。权利人不仅能获取蜂蜜的所有权，还拥有一窝蜜蜂的所有权。

（3）捕捉海狸地役权。有权进入他人土地上的海狸栖息地从事海狸产业，但不可以使动物灭绝。

（4）在他人土地上狩猎、猎鸟和捕鱼的权利。该权利的特点在于，权利设定并不仅针对相邻村社某一人的利益，而是面向相邻土地上所有居民的利益。

（5）堤坝连接他人堤岸的权利。土地所有人使自己一方的堤岸向他人所有的对岸堤坝连接的权利。设定这种地役权的协议应是要式合同，否则河岸所有人有权终止该地役权。

（6）窗户地役权。在自有土地上建设住房的人可以将窗户面向邻居的院子。这类地役权基于当事人双方签订的要式合同产生，并以此替代类似权能内容的私人参与权。

（7）放牧地役权。俄罗斯西北地区、西南地区的农民有权在地主所有的休耕地上寻找草场、放牧牲畜，以及在地主的森林和草场里割草，在地主的水体中捕鱼和饮牲口。

十月革命前俄罗斯立法规定的地役权设定依据主要包括：

（1）基于需役地和供役地所有人之间的协议设定地役权。地役权协议应是要式（公证）合同，由资深公证员确认签订，并被记录在为一方利益而限制另一方所有权的村社事务登记簿之中。协议自资深公证员确认之日起生效，不遵守该程序将导致协议不发生效力，但也有学者认为，在这种情况下协议虽然不产生效力，但会产生基于协议一方对受益一方的义务，即产生债权法律关系，而不是物权法律关系。

（2）法定地役权。十月革命前俄罗斯民事立法中规定了两种法定地役权：一是四周被他人不动产环绕的土地的所有人有权通过四周地域进入自己的土地，即道路地役权。二是神职人员和教堂杂役有权进入该教区所在村镇所属森林，为满足自身需要利用森林，但不能用于出售。

（3）以遗嘱方式设定地役权。有别于《俄罗斯帝国民事法律汇编》，在部分地方立法文件中规定允许以遗嘱方式设定地役权。

（4）法院判决设定地役权。有别于《俄罗斯帝国民事法律汇编》，在部分地方立法文件中规定以法院判决方式设定地役权。例如，波罗的海沿岸省份法令规定，在分割遗产和共有财产的判决中，法院可以要求在争议一方的不动产上为另一方的利益设定地役权。在这种情况下，地役权于法院判决生效时产生。

地役权终止的一般性依据主要包括：地役权客体灭失；需役地和供役地归属于一人所有；地役权人单方放弃；权利人与义务人签订协议终止地役权。除却上述一般性终止依据外，立法还规定了若干特别终止依据：通过取得部分森林所有权的方式终止进入森林地役权；如果地役权由建筑权人设定，那么建筑权协议期限经过后，地役权终止；通过公开竞拍方式出售供役地，地役权人在竞拍终结前没有声明自己的权利，地役权终止；消灭时效经过，地役权终止。

总的来看，地役权在俄罗斯并没有像在罗马法中那样，获得良好的发展。在俄罗斯学者卡贝洛夫看来，没有获得良好发展的原因有二：一是俄罗斯长期缺乏有助于促进地役权产生的哪怕是任何有意义的微型土地所有权关系。二是缺少统一调整地役权的法律文件，个别法律中的地役权调整规范自身还存在许多矛盾，立法还有不少空白。需要指出的是，在俄罗斯帝国时代的西部地区，地役权发展的水平相对较高（首先是在波兰王国和波罗的海省），整体上地方民事立法并不存在《俄罗斯帝国民事法律汇编》中那些明显的不足①。

另外，俄罗斯国家历史发展的一些特点在很大程度上促进了限制地役权发展的立法趋势。18 世纪，俄罗斯帝国的土地政策致力于确定私有土地使用权的边界和废除对他人经营性土地财产的权利。按照 1766 年叶卡捷琳娜二世训令，禁止设定新的进入国有和私人森林的权利，已经存在的权利可以由负担土地的所有人单方通过将一定的森林土地转移给邻人的方式加以终止，其后进入剩余森林的权利自动终止。土地利用的村社垄断和缺少微型的土地所有权，在 19 世纪之前阻碍了地役权的广泛发展。

19 世纪 40 年代，俄罗斯政府为获取农民对反对波兰地主的支持，从法律上承认了波兰农民对于地主土地的地役权。20 世纪初的土地革命是促进俄罗斯地役权发展的主要动因，革命目标就是用私人的小的土地占有替代村社土地占有。但是第一次世界大战和俄罗斯后续的剧烈的革命打断了这一进程，导致地役权存续与发展丧失了可能。

十月革命后，在俄罗斯学术著作中没有发现对于苏联时期立法中地役权的描述。在土地所有权国家垄断的背景下，地役权的存续已无过多意义，有理由判定，这一时期不存在地役权制度。

二、现实构成

地役权（сервитут）在当代俄罗斯的重生始于 1994 年俄联邦民法典（第 274、275、276、277 条）。2001 年土地法典延续了地役权制度，并将地役权分为两种类型：受民事立法调整的私人地役权（частный сервитут）和由土地立法调整的公共地役权（публичный сервитут）。此外，在很多联邦法律和其他规范性法律文件中也出现了相关的役权概念，例如在森林法典和水法典中就规定了森林役权和水役权，这种役权又可分为私人森林役权、私人水役权和公共森林役权、公共水役权。

（一）私人地役权

地役权制度的复苏肇始于 1994 年通过的俄联邦民法典第一部分，该

---

① Копылов А. В. Вещные права на землю в римском, русском дореволюционном и современном российском гражданском праве. М.：Статут, 2000：C. 59.

部分第十七章的第 274～277 条集中规定了地役权制度。但按照《关于施行〈俄罗斯联邦民法典〉（第一部分）的联邦法律》的规定，第十七章直到 2001 年土地法典实施后才生效。此外，1995 年 11 月 16 日颁布实施的俄联邦水法典、1998 年 5 月 7 日颁布实施的俄联邦建筑法典、1996 年 6 月 15 日颁布实施的俄联邦住宅所有人合作社法、1997 年 6 月 24 日通过的俄联邦不动产抵押法也规定了地役权内容。

在俄罗斯立法中没有统一的地役权清单，不同权利类型分布在不同的法典和规范性法律文件中。例如俄联邦建筑法典规定，可以设定在他人土地上的通行权，经过他人土地铺设、改造电力线路、通信线路、管道的权利，为保障水力供应和改良土壤利用他人土地上水源的权利。

俄联邦水法典规定的地役权类型包括：不使用设施、技术工具和装备的汲水权；饮牲口和牲口通行权；渡轮、舢板以及其他小型水上工具，作为水道利用水体的权利。与俄联邦民法典不同的是，水法典规定的地役权清单只能由水立法来补充，而不能由当事人协议确定。

俄联邦建筑法典规定的地役权类型包括：为保障建设、改造、修理、维护建筑物、构筑物与其他设施以及工程和交通基础设施，受限地利用他人土地；为从事土地整理施工和防止土地被淹没和侵蚀修建挡墙，有限制地利用他人土地；通行他人土地的权利；为建设建筑物、构筑物与其他设施，使用架设在他人土地上一定高度的装备的权利；维护和修理封闭建筑物住房共有隔墙的权利。如同民法典中开放的地役权清单一样，建筑法典中规定的地役权也是开放式的，可以由不动产所有人协商设定。建筑法典中私人地役权的存续分为两种：一种是有时间限制的，这种地役权通常存在于建设期限内；一种是无期限存在的，权利人可以在任何时候行使权利，例如为维护建筑物、构筑物和其他设施，以及工程和交通基础设施而受限制地使用他人土地。

在俄联邦森林法典中只有统一的私人地役权概念，没有明确具体的地役权类型。具体的地役权形态与内容，由森林使用者与利害关系人通过协议方式确定。

俄联邦民法典所规定的地役权为私人地役权，其设计基本遵循了罗马法和大陆法地役权的传统原则，满足了相邻不动产所有人之间为实现自身不动产价值而利用他人土地的需要。

按照俄联邦民法典第 274 条第 1 款的规定，为了满足通过邻地，敷设和使用输电线路、通信线路和管道，保障给排水和改良土壤，以及不设定地役权就不能予以保障的不动产所有权人的其他需要，可以设定地役权。不动产（土地和其他不动产）所有权人有权要求相邻土地所有权人，在必要情况下提供有限制地使用相邻土地的权利。此外，不仅仅是相邻土地所有权人可以要求设定地役权，可继承终身占有权人和永久（不定期）使用权人为实现自身权益也可以要求相邻土地所有权人设定地役权。设定地役权的土地转让给他人时，地役权不变。设定地役权是为了保证对不动产的使用，地役权不能单独成为买卖、抵押的对象，不能以任何方式转移给土地所有人以外的人。地役权可以规定一定的存续期限，也可以不明确规定固定的期限，没有明确约定期限的，视为无固定期限。与可继承终身占有权和永久（不定期）使用权的客体不同，地役权的客体既可以是联邦所有、联邦各主体所有、自治地方所有的土地，也可以是公民、法人的私有土地。设定地役权的基本原则是尽可能减少用役地的负担。设定地役权通常发生在不设定地役权就不能保障不动产所有人对不动产有效利用的情况下，并且设定地役权负担并不剥夺供役地所有人对于土地的占有、使用和处分。俄联邦民法典只规定了积极地役权，没有规定消极地役权。

在俄联邦民法典中地役权的设定有三种方式：一是通过协商签订设定地役权的协议，这是地役权设定的主要方式。二是当设定地役权双方不能就地役权设定达成一致或者不能就设定条件达成一致时，要求设定地役权的人可以提起诉讼，由法院解决设定地役权的争议。这是对第一种设定方式的补充。三是在特定情形下法律直接规定地役权，这被称作法定地役权。例如，俄联邦民法典第 553 条规定：出售土地时，如果土地上的建筑物、构筑物或其他不动产属于出售人所有，而在出售土地时这些不动产所有权并不随之转移，则出售人对不动产所占据的或者使用所必需的土地，仍然保留按照出卖合同规定的条件使用的权利；如果土地出卖合同未规定相应土地的使用条件，则出售人对于不动产所占据的按其用途使用的土地仍然保留有限使用权（地役权）。这类地役权出现的缘由在于，在俄罗斯民法典中并未完全贯彻土地与其上建筑物命运一体化原则，土地和其上建筑物被分别视为独立的权利客体，可以分别属于不同的权利主体。因此，在上述出卖土地时，原土地所有权人对于土地所有权丧失，但是土地上建筑物所有权依然存在，此时，他们依法取得对于建筑物所在土地有限使用的权利。此外，在俄联邦森林法典第 21 条第 2 款中，还存在依据国家机关和地方自治机关文件产生森林役权的设定方式①。无论是上述哪种方式设定的地役权，均需进行国家登记，并自国家登记时产生。

虽然俄罗斯现行立法没有明确遗赠是否可以设定地役权，但是按照俄罗斯学者的理解，以遗赠方式设定地役权并不违反民事立法的基本原则与精神，即民事权利设定既可以依据双方行为，也可以基于单方行为。但在这种情况下，地役权并不自受遗赠人接受遗赠时开始，而是经国家不动产统一登记后生效②。

地役权可因协议、权利存续期限届满、权利人放弃、需役地与供役地所有权归于一人、土地灭失、供役地被国家征收等原因终止。除却这些一般性权利终止依据外，为均衡地役权双方的利益，保护供役地所有人的权利，俄罗斯立法中还有以下四种地役权终止情形：一是依据设定地役权负担的土地的所有人的要求，在设定地役权的缘由消失后终止地役权；二是公民或法人所有土地因设定地役权而不能按照指定用途利用时，土地所有权人有权提请法院终止地役权；三是如果地役权权利人不是需役地所有人，而是需役地他物权人（可继承终身占有权人、永久（不定期）使用权人或者经营权人、业务管理权人），则该他物权终止后，地役权自然终止；四是按照俄联邦民法典第 276 条第 2 款的规定，如果地役权的存续致使供役地所有人使用土地变得不可能，供役地所有权人可以申请法院终止地役权。

总的来看，俄罗斯民事立法中的地役权制度设计传承了罗马法和大陆法系的传统，将其定位为有限制地使用他人土地的权利。从区别的角度观察，俄联邦民法典中设计的地役权制度的特征主要有两点：一是地役权设定出现"僵局"时，即不能就地役权设定和设定条件达成一致，可以借助司法解决这一问题。此时，法院可以根据需要设定地役权人的起诉来解决争议，决定是否设定地役权以及设定地役权的条件。这是俄罗斯民事立法在设定地役权方式上的创新发展，这种设定方式无论是在罗马法中还是在十月革命前的俄罗斯立法中都不曾存在。二是设定地役权的有偿性。按照俄联邦民法典的规定，负担地役权的土地所有人有权要求因设定地役权而获得利益的人支付与土地使用相当的报酬。因此，有学者认为，约定设定

---

① Копылов А. В. Вещные права на землю в римском, русском дореволюционном и современном российском гражданском праве. М. : Статут, 2000: С. 71.

② 同①.

地役权的报酬是设定地役权协议不可或缺的条款，如果缺少这样的条款，设定地役权协议视为没有订立并且不能进行登记①。也有学者对此持不同的观点②。在笔者看来，地役权设定不一定都是有偿的，设定地役权的土地的所有人也可以不要求因设定地役权而获益的人支付费用。立法规定的设定地役权报酬，只是为双方提供了一种选择，设定地役权负担的一方可以主张该报酬，亦可放弃，这并非地役权合同的实质性条款。

私人地役权在俄罗斯并没有得到广泛的发展，因为支撑其发展的充分条件——大量紧密相连的私人小块土地——还没有完全具备。但在土地私有完全确立和逐步拓展的背景下，未来地役权将有广阔的发展空间。今后俄罗斯立法中地役权制度完善的方向应是：进一步扩充地役权类型，增加规定消极地役权。还可以考虑适当扩大签订设定地役权协议的主体范围，协议一方不应局限为供役地所有权人，在可继承终身占有权、永久（不定期）使用权存在的情况下，这些权利主体作为供役地人签订设定地役权的协议是可行的，而且是需要的。因为这样既可以解决需役地权利人的需求，实现土地利用价值的最大化，也可以为可继承终身占有权和永久（不定期）使用权人带来利益。

2006年1月1日正式生效的俄联邦经济特区法第7章专门规定了经济特区土地提供和土地利用规则。立法颁布之初，在该章中并没有关于地役权的规定，2011年11月30日对经济特区法进行修订，将有关地役权规范补充到了经济特区法之中，较为详尽地规定了在经济特区土地上设定地役权的内容，包括设定地役权的事由、设定地役权的当事人、设定地役权协议的内容、设定地役权的补偿计算原则以及地役权终止的事由等。比较而言，经济特区法中的地役权规范与上述俄联邦民法典中的私人地役权规范的区别在于：（1）地役权的有偿性。在经济特区土地上设定地役权，应当在设定协议中明确约定设定地役权的费用，而俄联邦民法典规定的地役权并不一定是有偿的。（2）明确了计算设定地役权费用的基本规则。按照经济特区法第32.1条第10款的规定，设定地役权的期限可以是永久的或定期的。设定永久地役权的，费用不超过因设定地役权而导致该土地市场价值减损的范围；设定定期地役权的，如果设定地役权的协议没有规定费用

---

① Копылов А. В. Вещные права на землю в римском, русском дореволюционном и современном российском гражданском праве. М. : Статут, 2000: С. 68.

② Анисимов А. П. , Рыженков А. Я. , Черноморец А. Е. Земельное право России: Курс лекций. Волгоград: Издательство «Альянс», 2006: С. 110.

最小规模，则年费用不高于设定地役权的土地面积乘以该土地每单位面积的地籍价值的1%。(3) 地役权主体的特殊性。经济特区土地上设定地役权的当事人，通常情况下，一方为从事铺设各类线路、从事基础设施建设以及为实现上述目标从事储存原料等工作需要利用土地的主体，另一方为经济特区管理机关或在经济特区拥有土地所有权的公民或法人。进入经济特区承租国有或自治地方所有土地从事经营的主体，也可以作为供役地一方签订地役权协议，但在这种情况下，地役权存续期限不能超过土地租赁期限。之所以存在上述与民法典规定的地役权的不同之处，是因为经济特区土地上设定地役权的受益者并不是土地所有者或者其他土地权利人（可继承终身占有权人、永久（不定期）使用权人），而仅是在该土地上从事建设活动或者利用、维护既有设施的民事主体。

经济特区土地的地役权设计，既不同于俄联邦民法典中的私人地役权，也不同于土地法典中的公共地役权。也有人认为，建立经济特区既为私人利益，也为公共利益，因此，经济特区土地上的地役权就既具有私人地役权的特征，也具有公共地役权的特征①。

(二) 公共地役权

俄联邦土地法典第23条规定了公共地役权。在为了保障国家、自治地方或地方居民利益又无须征收土地的情况下，由俄罗斯联邦法律或其他规范性法律文件、俄罗斯联邦各主体规范性法律文件、地方自治机关规范性法律文件设定公共地役权，有限地使用他人之土地。设定公共地役权应考虑公众听证会的结果。

土地法典规定了10类设定公共地役权的情形，其中部分公共地役权设定情形与民法典中私人地役权的设定情形重合。公共地役权设定情形为：通行土地；利用土地维修市政的、工程的、电力的及其他的线路和网络以及运输基础设施；在土地上设置界标和测量标志以及这些标志的通道；在土地上实施排水工程；取水和饮牲口；赶农畜通过土地；在适合当地条件和习俗的期间在土地上割草或放牧牲畜；利用土地狩猎，在这块土地内的水域捕鱼；临时利用地块进行勘查、研究及其他工作；自由出入沿岸地带。也有学者认为，综合考量土地法典第23条的整体表述，上述立法规定的10类设定公共地役权情形的列举清单是开放式

---

① Умеренко Ю. А. Правовое регулирование управления и распоряжения земельными участками в особых экономических зонах. Современное право, 2012 (6)：С. 64.

的，并不是封闭的①。在俄联邦水法典、森林法典和建筑法典中也均有关于公共地役权的描述。

在设定公共地役权致使土地无法利用的情况下，土地所有人、土地使用人、土地占有人有权要求设定公共地役权的国家权力机关或地方自治机关征收他的这一地块，包括通过征购，同时赔偿损失，或者提供同样价值的地块并赔偿损失。

在设定公共地役权致使土地的利用发生严重困难的情况下，土地所有人有权要求设定公共地役权的国家权力机关或地方自治机关支付适当的费用。权利和合法利益因设定公共地役权受到侵犯的人，可以通过司法程序维护自己的权利。

由上可见，公共地役权区别于私人地役权的特点在于：一是设定目的是保障国家、自治地方或地方居民的利益，而不是满足具体公民、法人的需要。二是设定依据是俄联邦法律或其他规范性法律文件、俄联邦各主体规范性法律文件、地方自治机关规范性法律文件，并不是通过平等主体协商达成一致。三是私人地役权设定标的物可以是土地，也可以是其他不动产，公共地役权标的物只能是土地。四是设定公共地役权原则上是无偿的，只有在设定公共地役权致使土地利用发生严重困难的情况下，土地所有人才有权要求设定公共地役权的国家权力机关或地方自治机关支付适当的费用。在私人地役权的通常情况下，由受益人给予设定私人地役权的土地所有者补偿。五是设定公共地役权应考虑公众听证会的结果。在设定公共地役权时应召开公众听证会，听证会结果作为是否设定公共地役权的参考依据。而设定私人地役权则完全是地役权受益者与土地负担者之间的事情，与他人无关。六是公共地役权不同于其他典型物权，没有明确的权利主体，是为了公共利益，这是公共地役权最明显的特征。七是在设定公共地役权致使土地无法利用的情况下，土地所有人、土地使用人、土地占有人有权要求设定公共地役权的国家权力机关或地方自治机关征收这一土地，包括征购同时赔偿损失，或者提供同样价值的地块并赔偿损失。总的来看，私人地役权与公共地役权的核心区别在于：设定地役权的方式与为谁的利益设定地役权。

公共地役权概念第一次出现在 1994 年 7 月 1 日《俄联邦国有和自治

---

① Умеренко Ю. А. Установление публичных сервитутов на земельные участки: проблемы правового регулирования. Современное право, 2012（9）: С. 70.

地方企业私有化国家规划基本纲要》之中，该纲要规定可以在出售的建设用地上设定以下公共地役权：无偿和不受阻碍地使用转移所有权时存在于土地上的公共设施；可以在土地上安置界标和测量标志以及通往它们的通道；可以为维修公共设施进入市政设施所在的土地①。随后，公共地役权又出现在俄联邦森林法典（第 21 条第 1 款）、俄联邦水法典（第 43、44条）、俄联邦城市规划法典（第 64 条）中，例如公民享有在林地中自由逗留的权利（公共森林役权），任何人都可以自由地使用公共水体（公共水役权）。最终，这一概念被引入俄联邦土地法典之中。设立公共地役权的理由大概可以这样理解：“例如，基于前往水岸而通行土地为居民设定（公共地役权）。众所周知，虽禁止沿岸地带土地私有化，但最近这些年大量河岸、湖岸土地归属于私人所有，用于建设别墅、木屋、疗养站。规定公共地役权有助于解决这一问题。”② 从对法律条文的解读和学者对土地法典的注释中可以看到，公共地役权出现于俄罗斯全面私有化以后的立法之中，初衷在于解决土地、森林、水体私有化以后，公众对于上述原属公共资源的土地、森林、水体的合理利用问题。从另外一个角度讲，公共地役权意在限制上述原属公共资源的新所有人的权利。

应当说，公共地役权是俄罗斯土地立法、自然资源立法以及私有化立法的“原创”制度，其合理性从它出现那天起就备受质疑。公共地役权没有明确的权利主体，受益者为不确定的任何人。这种制度设计同传统地役权不同，亦与物权确定性特征不合。所以说，其虽然借用地役权之名，但并无地役权之实。

根据 1997 年 7 月 21 日的《俄罗斯联邦关于不动产权利和不动产协议国家登记的联邦法律》第 27 条第 1 款的规定，地役权国家登记由设定地役权的不动产的所有人申请，或者在存在地役权协议的情况下，由设定地役权的受益人申请。地役权经过国家统一权利登记后生效。如上所述，公共地役权设定依据联邦法律和国家权力机关、地方自治机关的决定进行，并不要求签订设定公共地役权协议，因此，公共地役权实际上不能进行权利国家登记。另外，由于没有明确的权利主体，已经设定的和未来产生的公共地役权实际上也不可能进行国家登记，不可能生效。为解决这一问

---

① Г. А. Волков, А. К. Голиченков, О. М. Козырь. Комментарий к Земельному кодексу Российской Федерации. Хозяйство и право, 2002（1）：С. 56.

② 同①.

题，2004 年 7 月 26 日的俄联邦司法部《关于土地地役权国家登记程序的技术方案指令》第 12 条专门规定了公共地役权国家登记的流程与要求，该指令建议在公共地役权国家登记时提交以下材料：（1）设定公共地役权的国家权力机关或地方自治机关关于地役权国家登记的申请；（2）证明支付依法应缴纳国家税费的文件；（3）证明已设定地役权的国家权力机关或地方自治机关名义的代表人权限的文件；（4）做出设定公共地役权的依据，即联邦法律或其他规范性法律文件、俄联邦各主体规范性法律文件、地方自治机关规范性法律文件；（5）标记地役权效力范围的地籍图，如果地役权仅及于该地块的某一部分。总之，按照这一指令的要求，申请公共地役权登记的主体为做出设定地役权决定的国家权力机关和地方自治机关。

目前，在俄罗斯学术文献中对于公共地役权性质的理解大致存在三种观点：第一种观点认为，公共地役权并不是真正意义上的地役权，其实质是所有权限制。"公共地役权的法律构造究其实质更符合所有权限制。"[1]在俄联邦森林法典第 21 条第 2 款、俄联邦水法典第 43 条第 3 款、关于不动产权利和不动产协议国家登记的联邦法律第 4 条第 1 款、关于发展抵押贷款补充办法总统令第 14 段第 3 点和关于国有和自治地方所有企业私有化国家计划的基本纲要第 4.10.10 点中，地役权不再被认为是一种独立的限制物权，而只是对不动产物权（所有权、可继承终身占有权、永久（不定期）使用权）的限制。为在立法中命名这种限制（负担），使用了"公共地役权"的概念[2]。"显而易见，这种新法律只能产生在过去时代的已经习惯于基本上闭关自守的国内土地立法学说的土壤中。实际上只要回顾早就熟悉的、在发达法制中有效运行的、分为积极（允许实施某种行为）和消极（禁止从事某种行为）的经典地役权，就能够取代'发明''公共地役权'。"[3]"在罗马私法中就已经熟悉的这类规则，民法理论将其视作对所有权的限制，而不是设定为谁的权利（并且也不知道权利主体是谁!）。"[4]"这种限制完全不属于他物权范畴，而只是规定了所有权实现的

① Умеренко Ю. А. Установление публичных сервитутов на земельные участки: проблемы правового регулирования. Современное право, 2012（9）：С. 68.

② Вещные права на землю в римском, русском дореволюционном и современном российском гражданском праве. М.：Статут, 2000；С. 61.

③ Суханов Е. А. Вещные права в новом Земельном кодексе РФ. Экологическое право, Юрист, 2003（1）：С. 55.

④ 同③54.

边界。"① "苏联时期地役权制度消失了 80 余年，导致在俄罗斯国内在地役权理论研究领域产生了严重的问题，出现了对该制度部分规范的错误理解，其中就包括对于所有权限制和地役权制度法律属性的不可接受的混淆。"② 上述这种对于公共地役权法律性质的认知，大多集中于俄罗斯民法学界。当然，也有个别研究地役权的民法学者认同立法者关于公共地役权的设计。第二种观点，以 Т. В. 捷柳吉娜为代表，认为公共地役权在设定目的、主体构成、客体、内容和有偿性方面有别于所有权限制，所以，公共地役权不属于任何受限的使用他人之物的权利范畴，也不属于所有权限制范畴，而是在物权体系中具有独立地位的法律制度。第三种观点，就如同 А. А. 索科洛娃认识的那样，把公共地役权视为市政土地的负担③。还有学者认为，"公共地役权不应当被归为对土地不动产所有权的限制，而应被看作居住在该地域的人们对土地和其他自然资源权利的扩张"④。

在笔者看来，上述第一种观点最为合理，公共地役权实质上是所有权限制，而不应属于独立的限制物权。为达到对土地所有权人权利限制的目的，俄罗斯自然资源立法与私有化立法的起草人借用了私法既有制度资源的"酒瓶"，装入了并不符合该制度本质的"新酒"。"事实上，土地法典调整这些'新的'物权非常不顺利，通常只是命名它们，但不能揭示它们的内容（留下的印象是，它们'跳出'自我，背离了立法者的意志，目的在于使它们专属于这部法律和标示出法律上的草率）。"⑤ "根据土地法典第 23 条第 2 款的规则还'考虑了社会听证结果'，这对于私法制度是不可想象的。"⑥ 这进一步明确了公共地役权不是私法限制物权的判断，因为听证会前置程序并不是私法中的制度设计，往往存在于公法之中，是国家权力机关在做出涉及有关不特定主体权利义务的决定前征求公众意见的基本方式。

———————

　① Шершеневич. Г. ф. Учебник русского гражданского права Издательство. М. ：Статут. 1，2005：С. 292.

　② И. А. Емелькина. Система ограниченных вещных прав на земельный участок：монография. М. ：Инфотропик Медиа，2013：С. 131.

　③ Анисимов А. П.，Рыженков А. Я.，Черноморец А. Е. Земельное право России：Курс лекций. Волгоград：Издательство «Альянс»，2006：С. 108，109.

　④ Чубуков Г. В. Земельное право России. М. ：Изд. "Тихомиров М. Ю."，2002：С. 71.

　⑤ Суханов Е. А. Вещные права в новом Земельном кодексе РФ. Экологическое право，Юрист，2003（1）：С. 54.

　⑥ Е. А. 苏哈诺夫. 俄罗斯民法：第 2 册. 王志华，李国强，译. 北京：中国政法大学出版社，2011：543.

　　土地法典虽然规定了设置公共地役权的公众听证会环节，但没有明确举行公众听证会的要求是建议性法律规范还是强制性法律规范，即公众听证会是否影响设定公共地役权的法律效力。对此，俄罗斯司法实践并没有形成统一的意见，存在彼此矛盾的判决。例如，2003 年 4 月 10 日伏尔加地区联邦仲裁法院判决（№A12-17236/02-C43）指出，缺乏举行这种听证会的程序并不能免除设定公共地役权的机关以其他方式获得对于这个问题的公众看法的义务。在案件材料中没有文件证明被告主张其设定公共地役权是为了当地居民（消费者），以及在原告所在地从事贸易的企业家利益。因此，法院认定，在该案中设立公共地役权是非法的。而 2003 年 6 月 3 日伏尔加地区联邦仲裁法院判决（№A12-10887/02-C6）认为，在提起诉讼和审理案件时，举行公众听证会的规则还没有规定。为解决冲突，为了作为其他园艺公司成员的公民的利益，应设立公共地役权。这种权利被赋予了地方自治机关。总之，设立公共地役权没有侵犯果园非营利性合作社"Гозовик"的权利和合法利益，不违反法律[①]。司法实践对认定公众听证会对于设定公共地役权的法律意义，采取了不同的态度。这从另一个角度表明，公共地役权制度设计的不成熟性与不规范性。

　　立法没有规定举行公众听证会的程序与规则，更重要的是，没有明确公众听证会的结果——正向评价或消极评价——对于设定公共地役权的影响，这可能会导致国家权力机关、地方自治机关主观判定设定公共地役权的必要性，存在滥用公权力的风险。此外，按照俄联邦民法典的规定，负担地役权的土地的所有人有权要求因设定地役权而获得利益的人支付与土地使用相当的报酬。但土地法典中的相应规范，并没有赋予设定公共地役权的土地的所有人要求获取相应费用的权利。有理由认为，从防止国家权力机关或地方自治机关滥用权力和防止侵害公民合法权益的角度出发，在需要支付该费用的情况下，设定公共地役权的国家权力机关或地方自治机关应是支付主体，这样会促使这些机关谨慎决定是否设定公共地役权[②]。

　　通常一项新制度出现的必要性在于，目前所有的其他制度供给都不能实现或者不能有效实现该新制度所具有的功能与效果，且新制度的创设以

---

　　①　Анисимов А. П.，Рыженков А. Я.，Черноморец А. Е. Земельное право России：Курс лекций. Волгоград：Издательство «Альянс»，2006：С. 113，114.

　　②　Умеренко Ю. А. Установление публичных сервитутов на земельные участки：проблемы правового регулирования. Современное право，2012（9）：С. 71-73.

最小化地减少对于既有制度体系自洽性冲击为间接目的，法律制度创新更是如此。在大陆法系所形成的严谨、缜密的法律结构框架内，既有制度改良与新生制度产生的必要性、可行性，以及新生制度与既有制度的衔接性尤为重要。否则，可能会造成对既有理论体系的非合理冲击，导致实践的混乱与迷茫。因此，哪怕只是将相关的名词用于另一立法领域，都要谨慎行之。将私法内具有明确含义与价值的地役权概念加以适当"改造"引入土地法典，用以解决与地役权价值功能形式相近但存在实质差别的、满足不特定居民对于自然资源利用的问题，就形成了这样一种境况。作为弱实用性和低有效性的制度设计，公共地役权的未来命运在俄罗斯立法中是一个需要认真讨论的问题。

　　总的来看，相对于发达法治体系而言，现行俄罗斯立法中的地役权规范是不能满足经济社会发展需要的。因为，作为地役权存续与应用的物质基础——小型的私人土地在俄罗斯已经得到迅猛发展，客观上对于如何利用他人土地实现自己不动产价值的需求前所未有地增加了。在制度供给层面，无论是在民法典中，还是在土地法典中，对于地役权类型、地役权设定、地役权关系主体之间的权利义务匹配、地役权终止等内容的规范性调整，距离体系化、科学化调整的要求，还存在很大的发展空间。

第五节　土地租赁

　　所有权和限制物权是土地权利的基本类型，但不是利用土地的全部权利类型。在俄罗斯民事立法和土地立法中，除了基于所有权和限制物权占有、使用、处分土地以外，还存在基于合同关系利用他人土地的情形，其中最为主要的法律表现方式就是土地租赁。

　　在十月革命前的俄罗斯，土地租赁是源自罗马法的传统土地利用制度，被认为是普通性质的债权法律关系（有期限、有偿、对象非消耗性）。在苏联时期土地租赁受到限制，直至 1937 年被完全禁止[①]。

　　土地租赁在 20 世纪 90 年代土地改革中重生。1989 年 11 月 23 日通过

---

　　① Жевлакович. Мария. Сергеевна. Институт аренды земельных участков в российском законодательстве и законодательстве государств-членов Европейского Союза. автореферат диссертации на соискание ученой степени кандидата юридических наук. С. 15.

的《苏联和各加盟共和国租赁立法纲要》规定，可以将土地和其他自然资源租赁给苏联公民。在该规范性文件中，土地租赁关系有别于传统债法制度意义上的租赁①。第一，依据租赁立法纲要第 4 条的规定，租赁土地出租人是有关人民代表苏维埃，由此，土地租赁就具有公法性质。第二，租赁立法纲要第 12 条规定，土地和其他自然资源租赁应当具有长期性——5 年以上和更长的期限。第三，承租人被赋予与保护所有权同等的保护承租权的权利，包括提起返还之诉的权利（租赁立法纲要第 15 条第 1 款）。第四，租赁财产不对出租人债务负责（租赁立法纲要第 15 条第 1 款）②。随着 1990 年 2 月 28 日《苏联和各加盟共和国土地立法纲要》的通过，以租赁方式利用土地开始在俄罗斯出现③。

从俄罗斯土地交易市场的统计分析结果来看，土地租赁已经成为土地交易的主要方式，无论是在国有和自治地方所有土地交易市场，还是在私有土地交易市场，以土地租赁方式获得对土地的利用在交易结构中都占据绝对的优势④。

土地租赁主要由俄罗斯民事立法和土地立法共同调整。俄联邦民法典中关于租赁的一般规定（第 606～625 条）适用于土地租赁，同时，俄联邦土地法典规定了有别于俄联邦民法典租赁一般规定的土地租赁特别规则。

一、一般规定与特别规则

（一）土地租赁的一般规定

1. 土地租赁主体

土地出租人范围广泛，作为土地所有权人的公民、法人、俄联邦、俄联邦各主体、自治地方市政组织均可成为土地出租人。被授权的国家权力

---

① Копылов А. В. Вещные права на землю в римском, русском дореволюционном и современном российском гражданском праве. М.: Статут, 2000: С. 114.

② 同①115.

③ Г. А. Волков, А. К. Голиченков, О. М. Козырь. Комментарий к Земельному кодексу Российской Федерации. Хозяйство и право, 2002 (1): С. 53.

④ 截至 2010 年 1 月 1 日，根据对生效的土地租赁合同统计的结果，俄罗斯全境总计 4 884 153 宗、面积为 13 278.047 万公顷的国有或自治地方所有土地以租赁的方式使用。从有关国有和自治地方所有土地合同的数量来看，土地租赁合同所占比例为 52%，土地出售合同所占比例为 45%，转让土地租赁权合同所占比例为 3%。从有关国有和自治地方所有土地合同所涉及的土地面积来看，土地租赁合同所涉及的土地面积高达 97%，土地出售合同所涉面积为 2%，转让土地租赁权合同所涉面积为 1%。从上述数据中我们可以清晰地看到，土地租赁成为俄罗斯土地利用、交换、流转的主要方式，是最为活跃的土地交易方式。

执行机关和地方自治机关代表俄联邦、俄联邦各主体、自治地方市政组织行使出租人权利。

在 2001 年土地法典生效以前，土地可继承终身占有权人以及经相应国家权力机关和地方自治机关批准的土地永久（不定期）使用权人，可以将土地出租，但土地法典生效以后，这种处分权能被取消了。按照法不溯及既往的原则，在土地法典生效以前设立的这类土地租赁合同仍然有效。此外，在未成年人继承土地的情况下，其法定代理人可以将该土地出租，但租赁期限不能超过该未成年人的成年界限。对于 20 世纪 90 年代国营农场、集体农庄改组形成的按份共有农用土地的租赁，立法则充分考虑到了可操作性和促进土地高效利用。如土地租赁条件符合土地份额所有权人全体会议决议所规定的条件，则租赁合同可由根据土地份额所有权人全体会议决定授权的无须委托书即可签订土地合同的人签订。

任何公民和法人都可以成为土地承租人，包括外国法人、外国公民、无国籍人。

2. 土地租赁的客体

国家地籍登记的土地是土地租赁对象。土地之一部分也可以成为租赁客体，只是应在地籍图中标明租赁的部分。按照俄联邦民法典第 607 条第 3 款的规定，租赁合同应当载明能够作为租赁客体交付给承租人的财产的内容。如果租赁合同中没有这些内容，则视为双方未就租赁客体的条款达成协议，而相应合同视为没有签订。经地籍登记的特定土地是土地租赁合同的实质性条款。因此，在土地租赁合同中应当明确土地位置、用途、地籍编号以及其他土地特征，确保该土地为经过国家地籍登记可以特定化的地块。在土地租赁合同中，如果缺少上述实质性条款，合同会被认定为无效。

无论是公民和法人所有的土地，还是国有和自治地方所有的土地，抑或是农用地、居民点土地、林地等类型的土地，都可以成为租赁的客体。立法对单一承租人承租农用土地没有规定最大面积限额。限制流转土地可以出租，但禁止流转土地①是否可以出租，在俄罗斯现行立法中存在互相

---

① 俄联邦土地法典第 27 条第 4 款规定的禁止流转土地清单为：（1）国家自然保护区和国家公园（该法典第 95 条规定的情况除外）；（2）俄罗斯联邦武装力量，俄罗斯联邦边防部队，其他军队、部队和机关驻扎进行长期活动的建筑物、构筑物和工程；（3）军事法院占用的建筑物、构筑物和工程；（4）联邦安全局组织的客体；（5）联邦国家警卫机关组织的客体；（6）原子能利用项目、核材料和放射性物质储存站；（7）根据其活动性质设立的封闭性行政区域机构的客体；（8）附属于俄罗斯联邦司法部和俄罗斯联邦内务部的劳动改造机关和劳动治疗所；（9）军队的和民用的墓地；（10）为了防护和保卫俄罗斯联邦国界而构筑的工程技术设施、通信线路和管道。

矛盾的规定。按照俄联邦土地法典第 27 条第 2 款的规定，列为禁止流转的土地不能提供给私人所有，也不能成为民事立法规定的契约标的物。但第 22 条第 11 款规定，除联邦法律另有规定外，禁止流转的土地不能出租。从逻辑关系上理解，在联邦法律另有规定的情况下，禁止流转土地存在租赁的可能。例如，关于特别保护自然地区的联邦法律第 16 条第 2 款就属于这种例外，它允许将禁止流转的国家公园土地出租。在这种立法冲突的情况下，禁止流转土地是否能够出租就成为有争议的问题。"在这种情况下通过解释规范来确定立法者真正的'含义'大概不可能。看来，只能是立法者通过修改土地法典相关条款来解决上述规范的冲突。"①

3. 土地租赁合同的订立

土地租赁合同应当以书面形式签订。租赁期限长于 1 年的土地租赁合同应当进行国家登记，租赁期限短于 1 年或者不定期土地租赁合同无须登记。土地租赁合同自登记后生效，没有进行国家登记的土地租赁合同视为没有签订。土地租赁合同国家登记应当自提交申请之日起 1 个月内完成，登记费用法人为 15 000 卢布，公民为 1 000 卢布。

私有土地租赁合同由双方协商签订，自由约定租期、租金、用途等相关内容。20 世纪 90 年代土地改革中改造国营农场、集体农庄形成的按份共有农用土地的租赁合同内容则依据土地份额所有权人全体会议的决定做出。

国有或自治地方所有土地租赁通常要通过竞拍（投标、拍卖）确定承租人，只有在法律特别规定的情况下，才可以无须通过竞拍程序确定承租人。需要注意的是，按照俄联邦土地法典的规定，在土地租赁拍卖的情况下，所拍卖的标的物是签订土地租赁合同的权利，而并非土地租赁权。该立法规定与关于拍卖对象的一般规则不一致，因为通常情况下拍卖对象为物的所有权或者使用权等具有价值的实体性权利，而在俄联邦土地法典中规定的土地租赁拍卖对象为签订土地租赁合同的权利。

在俄罗斯立法中，规定了一系列无须经过竞拍（投标、拍卖）程序确定土地承租人，直接签订国有、自治地方所有土地租赁合同的情况。这些情况或是基于土地上已经存在建筑物、构筑物、设施的既有事实，或是需要将土地上原存在的某种权利转换为租赁权，或是基于立法规定的其他特

---

① Тихомиров М. Ю., Тихомирова Л. В. Земельные права в Российской Федерации: практическое пособие. М.: Тихомиров, 2010: С. 67.

别目的。例如，俄联邦土地法典第 36 条第 1 款规定，建筑物、构筑物、设施所有人对于建筑物、构筑物、设施所占据的国有、自治地方所有土地拥有排他的私有化权和土地租赁权。又如，拥有土地永久（不定期）使用权的商业组织法人，应在 2012 年 1 月 1 日前将该限制物权转换为土地租赁权或取得该土地所有权。再如，《莫斯科市土地利用法》第 8 条第 3 款规定，可以不经拍卖而确定土地承租人的情况限于以下情形：基本建设客体所有人对于基本建设客体所占据土地的承租，其面积和边界由有权的莫斯科市权力执行机关确定；归属莫斯科市所有的基本建设客体的承租人对于该基本建设客体所占土地的承租，其面积和边界由有权的莫斯科市权力执行机关确定；土地租赁与保障俄联邦、莫斯科市、莫斯科地区国家权力执行机关活动有关，以及为了莫斯科市完成作为俄联邦首都功能的有关目的；等等。此外，以租赁方式提供土地用于公益建设和基础设施建设亦不用通过竞拍方式，例如建设医院、幼儿园，修建道路和基础设施等①。

为了改变过度依赖能源及原材料的产业形态，2005 年 7 月俄罗斯通过了《俄罗斯联邦经济特区法》，可以设置特别经济区。截至目前，俄罗斯经济特区共有 28 个，分为四大类：第一类是工业生产型特区，以吸引制造业为主。第二类为技术创新型特区，类似中国台湾的新竹科学园区。目前已核准的有圣彼得堡市、莫斯科市的 Zegenograd、莫斯科州的 Dubna，以及托木斯克州。第三类为观光休闲型特区，主打旅游产业。第四类是港口型经济特区。经济特区法对于土地利用做了专门调整：经济特区应建立在国有或自治地方所有土地之上；向进入经济特区的经营主体仅提供土地租赁权，不提供可继承终身占有权和永久（不定期）使用权，经营主体可以取得在租赁土地上建设建筑物的所有权，并且享有对该土地排他的私有化权利。虽然该立法没有规定提供土地租赁的方式是协议还是竞拍，因为按照土地法典确定的土地租赁基本原则，土地租赁应当通过竞拍的方式取得，但通过对经济特区法条文的体系解释可以认为，经济特区内土地租赁系通过经济特区管理机关与经营主体协商确定，允许不经竞拍取得土

---

① 为进一步简化提供国有、自治地方所有土地的程序，2014 年 2 月 5 日，俄联邦政府向国家杜马提交了改变提供国有和自治地方所有土地规则的法律草案。草案旨在简化取得公共土地的程序，确保未经拍卖程序取得的国有市政土地用于社会和基础设施建设，并允许签订任意类型的土地综合开发协议。未经拍卖划拨土地用于建设的客体条件由联邦政府和联邦各主体法律规定，俄联邦政府和联邦各主体首脑可以做出提供土地的决定。整个草案规定了 30 种无须经过拍卖程序提供土地的情形。（[2014-02-12]. http://zakon.ru/Discussions/zemlyu_dadut_ponovomu_pravitelstvo_vneslo_v_gosdumu_zakonoproekt_o_reformirovanii_oborota_publichny/10245.）

地租赁权①。根据经济特区法第 33 条的规定，经济特区土地租赁合同的格式文本和计算土地租金的方法由俄联邦经济发展部统一规定。

国有、自治地方所有农用土地租赁原则上应当通过竞拍的方式进行。国有、自治地方所有农用土地出租，应在俄联邦各主体规定的公众信息平台上预先发布租赁土地信息，在公布信息之日起 1 个月内如果申请人为两个以上，则应当通过拍卖方式确定土地承租人；如只有一人申请租赁土地，则适用俄联邦土地法典第 34 条关于提供国有或自治地方所有土地给公民用于非建设目的的程序，无须经竞拍程序即可做出提供该土地给该申请人租赁的决定。

俄联邦农用土地流转法规定了两种不经拍卖程序租赁国有、自治地方所有农用土地的情况：一是将国有或自治地方所有农用土地租赁给宗教组织（联合体），哥萨克村社，科学研究组织，农业领域教育机构，俄联邦北方、远东、西伯利亚土著少数民族社区从事农业生产，保护和发展北方土著少数民族的传统生活、经济和工业方式；租赁给公民用于打草和饲养牲畜。在这种情况下，土地承租人无权购买取得该土地所有权。二是基于自治地方所有农用土地份额划分出来的自治地方所有实物土地的租赁，从该土地所有权国家登记之日起 3 个月内，如果正在使用该土地的农业经济组织和农场向地方自治机关提出签订该地块租赁合同申请，则无须经过竞拍程序。在这种情况下，土地年租金较为优惠，为地籍价值的 0.3%。

不可分割的土地租赁主要针对公寓所有人或承租人以租赁方式利用土地的情况。例如，《莫斯科市土地利用法》第 10 条规定，对于坐落在不可分割土地上的莫斯科市国有公寓的承租人，公寓租赁合同向其提供相应的土地租赁权；在不可分割土地上的公寓的所有人不能共同参与申请取得土地租赁权的情况下，为使该公寓所有人取得对该不可分割土地的权利，莫斯科市有权的国家权力执行机关可在授权范围内，依据上述公寓所有人中第一位申请人的请求，在允许其他公寓所有人适用同一租赁合同的条件下，做出提供给众多公寓所有人土地租赁权的决定。

4. 土地租赁的期限

土地法典没有规定对土地租赁期限的限制，但个别联邦立法对特定用途的土地规定了最短和最长租赁期限，例如林地租赁期限为 1 年以上 99

---

① Умеренко Ю. А. Правовое регулирование управления и распоряжения земельными участками в особых экономических зонах. Современное право, 2012 (6)：С. 61.

年以下。俄联邦农用土地流转法第9条第3款规定，农用土地租赁最长租期不能超过49年。联邦各主体法律可以规定农用土地最短租赁期限。例如，沃罗涅日地区按照农业土地用途规定租赁最短期限为：打草、放牧1年，从事其他农业生产5年。目前，在联邦各主体立法中农用土地租赁的最短期限为5年，大多数俄联邦主体基于减少税务负担和补充预算的目的倾向于缩减农用土地最短租赁期限，最短的仅11个月①。

立法中也有关于土地租赁期限的特别规定。例如，俄联邦土地法典第22条第7款规定，土地出租供国家和自治地方需要或进行勘查工作，期限不超过1年。"法律当中规定的这一条件，在于防止对土地所有权人经营活动的长期干涉和确保在满足国家或自治地方需要任务时计划的高效率。"② 北极地区鹿场和夏季牧场所占据的国有、自治地方所有农用土地，只能租赁给公民、法人使用，且租赁期限不能超过5年。

虽然土地法典没有严格限定基于建设目的的国有、自治地方所有土地租赁期限，但在联邦各主体立法和土地利用实践中，建设用地租赁都被限定在一定期限之内。例如，《莫斯科市土地利用法》第9条第1款规定，土地租赁期限在考虑到土地使用实际、负担、限制和莫斯科城市总体规划的基础上由协议双方确定。提供土地用于安置基本建设客体以外的构筑物、设施的，租赁期限不超过5年（《莫斯科市土地利用法》第9条第2款）；租赁公共利用土地的，期限不能超过1年；基本建设客体所占土地租赁期限为25年至49年（《莫斯科市土地利用法》第9条第6款）。

出租国有、自治地方所有的储备土地，租赁期限不能超过土地储备期。为国家和自治地方需要土地储备期不超过7年，为建设公路、铁路或其他线路而不提供给公民、法人的国有、自治地方所有土地储备期限最多不超过20年。如果储备土地为私有土地，原则上租期可以自由约定，但是承租人应当预知，随着储备期结束该土地可能基于国家、自治地方需要被征收，此时土地租赁权将终止。

5. 土地租金

租金是土地租赁合同的重要条款。有学者认为，租金与租赁客体一样

---

① Жевлакович. Мария. Сергеевна. Институт аренды земельных участков в российском законодательстве и законодательстве государств-членов Европейского Союза. автореферат диссертации на соискание ученой степени кандидата юридических наук. С. 11.

② Г. А. Волков, А. К. Голиченков, О. М. Козырь. Комментарий к Земельному кодексу Российской Федерации. Хозяйство и право, 2002 (1): С. 55.

是租赁的实质性条件，如果土地租赁合同中缺少租金信息，则租赁合同被认为没有签订①。持相反意见的学者认为，"法律规定的租赁合同的唯一实质性条款是关于租赁标的的条款"②。租金可以根据法律规定确定或者由双方协商确定。基于稳定土地租赁关系的考虑，土地租金数额可以由双方协商变更，但一年最多变更一次。

关于私人土地租金，租赁合同当事人可以自由确定其金额、缴纳条件、缴纳程序，并可以调整其相关内容。

国有或自治地方所有土地租金数额通常以土地税为计量标准，并充分考虑所许可的土地利用方式、在土地上所从事活动的类型，以及为社会、城市发展需要所附加的相关条件。土地租金在租赁合同期限内并非一成不变，可因土地上不动产用途、功能等因素的改变而进行调整。例如，《莫斯科市土地利用法》第 20 条第 2 款第 1 项规定，在所有人改变不动产用途和房间功能时，在告知的前提下出租人应单方面调整土地租金。确定国有、自治地方所有土地租金分两种情况：一是土地租赁拍卖以土地租金多少为确定胜出者（承租人）标准的，土地租金规模、缴纳条件和程序根据拍卖结果和相关拍卖文件内容确定；二是在法律规定不通过拍卖方式确定土地承租人的情况下，土地租金由国家权力执行机关和地方自治机关根据联邦立法所规定的确定土地租金的基本原则来确定。以第二种方式确定的土地租金数额通常低于拍卖形成的租金数额，具有一定的优惠性质。

土地法典第 22 条第 4 款改变了以往联邦所有、联邦各主体所有、自治地方所有土地的租金标准分别由俄联邦政府、俄联邦各主体国家权力机关、地方自治机关规定的做法，改由俄联邦政府规定确定租赁国有或自治地方所有土地租金的一般原则。俄罗斯财政部根据俄联邦政府 2001 年关于批准评估标准的决定，于 2003 年 4 月 10 日制定并批准了《关于批准确定土地租赁权市场价值方法的意见》③。这样调整的目的在于：通过俄联邦政府规定确定土地租金范围的一般原则，将土地租金维持在相对较低的水平上，减轻土地承租人的租金负担，同时也激励公民和法人将既有可继

---

① Жевлакович. Мария. Сергеевна. Институт аренды земельных участков в российском законодательстве и законодательстве государств-членов Европейского Союза. автореферат диссертации на соискание ученой степени кандидата юридических наук. C. 17.

② Е. А. 苏哈诺夫. 俄罗斯民法：第 3 册. 丛凤玲，译. 北京：中国政法大学出版社，2011：1032.

③ Тихомиров М. Ю. , Тихомирова Л. В. Земельные права в Российской Федерации：практическое пособие. М. : Тихомиров, 2010：C. 61.

承终身占有权、永久（不定期）使用权转换为土地租赁权。例如，按照
2001 年 10 月 25 日《关于俄联邦土地法典生效的联邦法律》第 3 条第 2 款
第 2 项的规定，原拥有土地永久（不定期）使用权的法人在将其土地使用
权转为土地租赁的情况下，应在该土地地籍价值 2％以内确定其所支付的
土地年租金；承租农用土地的，年租金为土地地籍价值 0.3％以内；承租
禁止流转或限制流转土地的，年租金为土地地籍价值 0.5％以内，依据上
述规定确定的土地租金只有在土地地籍价值发生变化时才能调整。联邦各
主体和自治地方只能在上述范围内规定具体的土地租金金额。这种优惠性
土地租金，使得法人被强制将永久（不定期）使用权转换为土地租赁权
时，不过重地增加商业组织因将原来支付土地税转为支付土地租金导致费
用大幅增加而产生的经营负担，有助于推进土地权利的顺引转换。

　　经济特区土地租赁价格以土地税为计量标准，旨在吸引更多的投资者
进入经济特区，实现区域经济发展目的。例如，俄联邦政府关于设立伊尔
库茨克观光休闲经济特区的决定规定，土地租赁年租金最高标准为土地地
籍价值的 2％。类似例子在经济特区中比较普遍[①]。

　　6. 土地租赁主体的权利与义务

　　土地承租人与出租人的权利义务通过租赁合同约定。在通常情况下，
承租人拥有以下权利：（1）依照俄联邦法律，按照规定程序为自身需要使
用土地上的普通矿产资源、地下淡水以及封闭水域。（2）依照土地用途和
许可的利用方式，遵守市政建设规定及建筑、生态、卫生、消防和其他规
则的要求，建设住宅、生产、文化生活和其他建筑物、构筑物、工程。
（3）依照法律规定的生态、建设、卫生和其他专门要求，以及许可的利用
方式，实施灌溉、排泄、作物技术和土壤改良工程，构筑池塘和其他封闭
水域。（4）拥有农作物种子、秧苗、收获农产品和销售所得的所有权。
（5）可以行使法律规定的使用土地的其他权利。

　　按照俄联邦民法典关于租赁的一般规定，土地承租人义务主要包括：
支付土地租金，按照土地用途使用土地，维持土地良好状态，等等。俄联
邦土地法典第 42 条使承租人后两项义务具体化。其中，土地承租人消极
义务包括：按照土地专门用途和所属土地类别及许可的、不损害环境（其
中包括作为自然客体的土地）的利用方式利用土地；保留根据立法在地块

　　① Умеренко Ю. А. Правовое регулирование управления и распоряжения земельными участками в особых экономических зонах. Современное право，2012（6）：С. 62.

上设立的地界、测量标志和其他专用标志；实施土地保护措施，遵守森林、水和其他自然客体的利用制度；在利用土地时遵守城市建设规程的要求和建筑、生态、卫生、消防及其他规则、标准；不使有关类别土地的肥沃土壤层受到污染、乱堆乱放、退化和恶化。土地承租人的积极义务包括：按照合同约定的开发期限积极利用土地，按照俄联邦土地法典规定采取措施保护土地，等等。也有学者认为，上述土地法典规定的土地保护义务，既是土地所有人的义务，也是土地承租人的义务，因此在租赁合同中可以将上述保护义务在所有人和承租人之间进行分配①。

　　土地承租人享有优先权。土地承租人优先权分为两类：一是在土地租赁合同期限届满后优先签订新的土地租赁合同的权利。按照俄联邦民法典第 621 条和土地法典第 22 条第 3 款的规定，承租人在履行自己义务的情况下，在租赁合同期届满时，享有在相同条件下优先于其他人续签租赁合同的权利，法律另有规定除外。农用土地流转法第 9 条第 5 款也规定了类似优先签约权。二是国有或自治地方所有土地承租人的优先购买权。土地法典第 22 条第 8 款规定，在出售属于国家所有或自治地方所有土地时，该土地承租人依照民事立法规定的向他人出售共有财产权利份额的程序，享有优先购买权，但是土地公开拍卖的情况除外。土地所有人应将出卖土地义务以书面形式通知承租人，自通知之日起 1 个月内，如果承租人放弃优先购买权或者没有购买该土地，则土地所有人有权出售该土地给任何人。目前，俄罗斯大部分土地还属于国有和自治地方所有，土地租赁市场的主要标的物还是国有或自治地方所有土地。土地法典赋予了承租人与按份共有人同样强大的优先购买权，“这一规范旨在给予潜在的长期投资者建立土地租赁关系一定程度的稳定性”②。需要注意的是，该优先购买权仅属于国有或自治地方所有土地的承租人，私人土地承租人并不享有该优先权。

　　上述两种优先权均受俄联邦土地法典所规定的其他特别规则限制。例如土地法典第 35 条第 3 款规定，位于他人土地上的建筑物、构筑物、设施的所有权人享有购买与租赁土地优先权；第 36 条第 1 款规定，作为国有或自治地方所有土地上建筑物、构筑物、设施所有人的公民和法人，依

　　① Е. А. 苏哈诺夫. 俄罗斯民法：第 3 册. 丛凤玲，译. 北京：中国政法大学出版社，2011：1076-1077.

　　② Г. А. Волков, А. К. Голиченков, О. М. Козырь. Комментарий к Земельному кодексу Российской Федерации. Хозяйство и право, 2002 (1)：С. 55.

照该法典、联邦法律规定的程序和条件，享有排他的土地私有化权或土地租赁权。上述两种优先权与土地承租人所拥有的优先权冲突时，土地承租人优先权应当让位，因为这是专门性规范优先于一般性规范适用的原则，同时这也是保证土地与地上建筑物法律命运一体化的需要。此外，在土地租赁合同履行期间，如果土地承租人实施了土地法典第 46 条规定的土地违法行为，在出租人提前终止租赁合同的情况下，承租人购买优先权与续约优先权当无行使可能。

此外，土地租赁合同可以约定，在土地租赁期限届满时或者土地租赁期限届满前，承租人支付租赁合同约定的购买价金，可以取得土地所有权。

对于国有、自治地方所有农用土地承租人取得所承租土地所有权，立法有特别规定。俄联邦农用土地流转法第 10 条第 4 款规定，自国有、自治地方所有农用土地租赁合同签订之日起经过 3 年，在合理地使用该租赁土地的条件下，承租人可以按照所在地区的土地市场价值或者按照俄联邦各主体法律规定的价格，取得所承租的国有或者自治地方所有农用土地所有权。在这种情况下，被授权的俄联邦各主体国家权力执行机关或地方自治机关应当在收到承租人书面申请 30 天内做出同意或者拒绝承租人取得国有、自治地方所有土地所有权的决定。这里，农用土地承租人购买所承租农用土地的权利不是优先权，而是一种现实的实体性权利，实质上是土地私有化的一种途径。

7. 土地租赁合同的终止

土地租赁合同可以因租赁期限届满、双方协商一致而终止。土地所有权人变更并不导致土地租赁合同变更或解除。俄联邦民法典第 617 条规定，土地所有权转移给他人并不构成变更或解除土地承租合同的依据。租赁权附随于或者说追及于租赁财产，在我国民法学理论中称作"买卖不破租赁"，在俄罗斯民法文献中称作"追续权"，这种追续权在十月革命前的司法实践中就得到确认，并在 1922 年苏俄民法典第 169 条中首次得到立法承认①。

俄联邦民法典关于租赁的一般规定中的解除合同条款适用于土地租赁合同，例如：承租人实质性地违反合同规定的条款或者财产的用途使用财

---

① E. A. 苏哈诺夫. 俄罗斯民法：第 3 册. 丛凤玲，译. 北京：中国政法大学出版社，2011：1041.

产或者多次违反合同条款；承租人使财产状态发生实质性恶化；在合同规定的期限届满时承租人连续两次以上不缴纳租金；等等。在这些情况下，法院可以根据出租人的要求提前解除租赁合同。

俄联邦土地法典第 46 条亦对土地租赁合同终止依据进行了具体化，该条规定：（1）土地租赁，依照民事立法规定的根据和程序终止。（2）除了该条第 1 款规定的情况外，可以根据出租人的提议终止土地租赁：1）不按照土地专门用途和土地法典第 8 条规定的土地分类的所属类别利用土地；2）土地的利用导致了农业用地肥力的严重减退或生态状况的明显恶化；3）不纠正故意实施的土地违法行为，其表现是，由于在贮存、使用和运输中违反化肥、植物生长激素、有毒化学品和其他危险的化学或生物制品的管理规则使肥沃的土壤层流失、污染、损坏或毁灭，从而对人体健康或环境造成损害；4）没有在 3 年内将用于农业生产或住宅及其他建设的土地按指定目的利用，如果联邦法律或土地租赁合同没有规定更长的期限，但必要的土地开发时间和由于自然灾害或其他排除利用的情况使土地不能按用途利用的期间除外；5）根据土地法典第 55 条规定的规则，为国家或自治地方需要将土地征收；6）根据土地法典第 51 条规定的规则将土地征用。在上述情形中，除了基于国家和自治地方需要征收或征用土地而提前终止土地租赁合同外，其他法定情形都是承租人违反土地保护与积极、合理使用土地的公法义务之行为。需要注意的是，基于农业生产的持续性和时限性特点，立法禁止在农业耕种期间终止农用土地租赁合同。

综上可见，在俄联邦民法典关于租赁合同提前终止的规范中，基于国家和自治地方需要征收土地并不是土地租赁合同提前终止的事由，而在俄联邦土地法典对土地租赁合同提前终止的专门调整中，基于国家和自治地方需要征收土地可以成为土地租赁合同提前终止的依据。这种不同立法领域对同一问题调整的冲突，如同土地立法和民事立法之间的其他立法冲突一样，明显而客观地存在，除却给学术理论界提供研究话题外，也成为司法实践中解决纠纷时"摇摆不定"状态的助推力。针对这一问题，在司法实践中，形成了两种完全相反的立场：有的法官认为，基于国有或自治地方需要，不仅可以从土地所有者处征收土地，还可以在租赁期限并未终止前从土地承租者处征收土地；相反的认识是，土地征收程序仅能适用于土地所有者。就此问题，在俄联邦最高仲裁法院内部形成了截然不同的立场。在莫斯科土地资源局与土地承租人"Валентина1"有限责任公司的基于国家需要土地征收纠纷中，一审法院、复审法院和上诉法院均满足了土地征收机关基于国家需要征收土地的请求。但是最高仲裁法院审判委员会在 2011 年 4 月 26 日的判决中指出，基于国家或自治地方需要征收购买土地适用于土地所有者，因此，这些规范不能适用于本案，因为，"终止土地租赁合同应当根据现行立法规定的其他机制进行"。"下级法院适用现行法律不适当，导致破坏了仲裁法院解释和适用法律的一致性。"随后不久，最高仲裁法院主席团在 2011 年 7 月 26 日的决定中，否定了审判委员会的立场，决定撤销下级法院判决，要求对该案件进行重新审理。就此问题，最高仲裁法院主席团的基本立场是：尽管征收土地规范直接调整从土地所有者或者土地他物权人（可继承终身占有权人、永久（不定期）使用权人）处购买土地，但上述规范可以类推适用于能满足国家和自治地方需要的租赁土地，如果该租赁土地上的属于承租人所有的建筑物一同被征收。在这种情况下，有权的国家权力机关既应当做出征收租赁土地的决定，还应当做出征收土地上属于土地承租人所有的建筑物的决定。根据上述征收决定，购买承租土地和其上建筑物，并依据俄联邦土地法典第 46 条第 2 款第 5 项的规定终止土地租赁合同①。

　　基于国家和自治地方需要土地租赁权被强制提前终止时，如何补偿土地承租人因土地租赁权丧失的损失，在俄罗斯现行民事立法和土地立法中没有明确的规定。有学者建议，在立法中应当增加按照土地租赁权的市场价值予以补偿的规定，并且该市场价值应依据 2003 年 4 月 10 日俄联邦财政部《关于批准确定土地租赁权市场价值方法的意见》来确定。如果承租土地为国有或自治地方所有土地，还可以考虑给土地承租人提供相同品质的土地作为替换，即土地承租人有权放弃征收补偿，要求国家权力执行机关或地方自治机关提供一块相同品质的土地，并且这种提供土地承租无须通过拍卖的方式进行②。

（二）土地租赁的特别规则

　　按照俄联邦民法典第 607 条第 2 款的规定，其他法律可以对土地租赁的特别规则做出规定。这为土地立法规定与民事立法不同的租赁规则敞开了大门。所谓土地租赁的特别规则是指，土地法典中不同于俄联邦民法典中租赁的一般规定的土地租赁规范，这些特别规则集中于土地法典第 22

---

① Анисимов А.，Устюкова В. Изъятие земельных участков для государственных нужд у арендатора：Проблемы теории и практики. Право и экономика，2012（3）：С. 56.

② 同①58.

条之中。

1. 土地租赁权利义务的转让与转租

俄联邦土地法典第22条第5款规定,在土地租赁合同期限内承租人有权将自己的土地租赁合同权利和义务转让给第三人,其中包括将土地租赁权进行抵押、作为经济合伙组织或公司的法定资本进行投资,或者作为生产合作社的股金,在通知土地所有人的前提下,无须征得他的同意,土地租赁合同另行规定的除外。在上述情况下,除了将租赁权进行抵押外,按土地租赁合同对出租人承担义务的是土地的新承租人,而在这种情况下无须签订新的土地租赁合同。

同时,土地法典第22条第6款规定,如果土地租赁合同没有相反的规定,土地承租人有权在土地租赁合同期限内将承租土地进行转租,在通知土地所有人的前提下,无须征得他的同意。土地法典规定的土地承租人的所有权利,均适用于次承租人。相应地,俄联邦农用土地流转法第9条第8款规定,在租赁合同期限内承租人将农用土地租赁权抵押不要求土地份额共有人同意,租赁合同另有规定的除外。

分析上述土地法典的租赁规则,"可以看出,规定出租人必须同意上述行为的《民法典》第615条第2款的一般规定被相反的规则代替"①。因为,按照俄联邦民法典第615条第2款的规定,承租人转租或将权利义务转移给第三人,包括将土地租赁权利进行抵押、作为经济合伙组织或公司的法定资本进行投资,或者作为生产合作社的股金,必须经出租人同意。但是,民法典与土地法典关于土地租赁的上述不同规则,从另外的角度讲,不被认为是立法冲突,因为民法典第615条第2款附有"保留"条款,即其他法律和法律文件另有规定除外。土地法典颁布实施于民法典之后,而且是专门调整土地关系的联邦法律,因此,土地法典关于土地租赁的规定即属于"另有规定"。在此种情况下,应当优先适用土地法典中关于土地租赁的规范。

这里需要注意的是,土地法典中上述土地租赁权抵押规范与俄联邦担保(不动产抵押)法相抵触。按照俄联邦不动产抵押法第62条第1.1项的规定,在租赁合同期限内土地承租人抵押土地租赁权应当经土地所有人允许。针对该立法冲突,俄联邦最高仲裁法院在2005年3月24日《关于

---

① E.A.苏哈诺夫.俄罗斯民法:第3册.丛凤玲,译.北京:中国政法大学出版社,2011:1077.

土地立法适用中若干问题的决定》中做出解释：关于土地租赁权抵押的规定，应当适用专门法律的规范。即土地承租人抵押土地租赁权时，应当经土地所有权人同意。

综上，在俄联邦土地法典中，土地承租人与出租人的法律地位已经不再处于传统大陆法所设定的两者利益关系的平衡点之上，这里，土地所有人（出租人）权利保护需要主动维持，即土地出租人为规避风险、维护自身利益可以在土地租赁合同中做出相反的禁止性约定。按照土地法典中的土地租赁规则，承租人转移租赁权和转租无须出租人许可，只需履行告知程序。承租人即使违反告知义务也并不会产生转租或转让权利义务无效的法律后果，仅是需要承担因此而造成的损失赔偿义务。根据 2005 年 3 月 24 日俄联邦最高仲裁法院《关于土地立法适用中若干问题的决定》第 15、16 项的规定，承租人应当在与第三人签订合同后的合理期限内以书面或者其他形式告知土地所有权人（出租人）关于转租和权利义务转移的信息，如告知未在合理期限内送达出租人，则出租人有权要求承租人赔偿因此而造成的损失①。

2. 国有或自治地方所有土地的长期租赁②

土地法典第 22 条第 9 款规定，在租赁国有或自治地方所有土地的期限超过 5 年的情况下，土地承租人有权在土地租赁合同期限内将自己按该合同享有的权利和义务转让给第三人（包括将土地租赁权利进行抵押③、作为经济合伙组织或公司的法定资本进行投资，或者在土地租赁合同期限内作为生产合作社的股金）或将土地转租，在告知土地所有人的前提下，无须征得他的同意，联邦法律另有规定除外。该条款还特意强调，不允许未经承租人同意变更土地租赁合同条件和限制土地租赁合同规定的承租人权利。

国有或自治地方所有土地长期租赁规范区别于土地法典第 22 条第 5、6 款关于土地承租人转让权利义务和转租规则的核心点是，国有或自治地

---

① Тихомиров М. Ю. , Тихомирова Л. В. Земельные права в Российской Федерации: практическое пособие. М. : Тихомиров, 2010: C. 63.

② 俄联邦土地法典第 22 条第 9 款专为租赁标的为国有或自治地方所有、租赁期限 5 年以上的土地租赁规定了特殊的规则，为行文表述简练，本书将此种土地租赁合同的承租人称为国有或自治地方所有土地长期承租人。

③ 俄联邦不动产抵押法第 62 条第 1.1 项规定，土地承租人承租土地为国有或自治地方所有土地，且租赁期限超过 5 年时，租赁权抵押无须经土地所有人同意，仅履行告知程序即可。在长期租赁国有、自治地方所有土地情形下，土地法典与不动产抵押法关于土地租赁权抵押的规定保持一致。

方所有土地长期租赁权的独立性更趋强化。按照 2005 年 3 月 24 日俄联邦
最高仲裁法院《关于土地立法适用中若干问题的决定》第 18 项的解释，
土地出租人与承租人无权在国有或自治地方所有土地长期租赁合同中约
定，土地承租人转让权利义务和转租需经土地出租人同意，即使存在这样
的约定，亦为无效。同时，为保障土地租赁关系稳定，防止国家权力机关
和地方自治机关随意提前终止合同而侵害土地承租人利益，立法不允许未
经承租人同意变更土地租赁合同条件和限制土地租赁合同规定的承租人权
利，而且只有在承租人"实质性违反"土地租赁合同的情况下，根据法院
判决方才可以提前解除土地长期租赁合同①。

国有或自治地方所有土地长期承租人权利义务转移与转租规则没有溯
及既往的效力。根据 2005 年 3 月 24 日俄联邦最高仲裁法院《关于土地立
法适用中若干问题的决定》的规定，在土地法典第 22 条第 9 款所规定的
条件下，在俄联邦土地法典颁布实施以前签订的国有或自治地方所有土地
租赁合同中，如果约定土地转租或者以其他方式处分租赁权利需要经土

---

① 上述规定未就何为"实质性违反"做出进一步说明。在这种情况下，长期土地租赁合同
提前解除由俄联邦民法典租赁合同解除一般规则和俄联邦土地法典调整土地租赁提前终止的专门
规则（第 46 条、第 22 条第 9 款）共同调整。在实践中如何选择适用法律，既包括选择适用哪一
法典，也包括选择适用同一法典内部哪种规范，就成为有争议的问题。用一案例说明，萨拉托夫
政府（土地出租人）起诉股份有限公司"ГиМ"（承租人），因该公司未按照租赁合同约定的用途
使用土地，未在 3 年内建设固定加油站，诉请解除该租赁合同。一审法院认定，该股份公司没有
使用土地在 3 年内建设固定加油站，依据俄联邦土地法典第 46 条第 2 款第 4 项的规定，应该判决
解除土地租赁合同。二审法院没有同意一审法院的判决依据，而是认为，依据俄联邦土地法典第
22 条第 9 款的规定，上述被告的违约行为并不是实质性的，因此驳回原告的诉讼请求。2004 年 2
月 17 日伏尔加地区联邦仲裁法院判决（№А57-676/03-30）撤销了二审法院的判决，认可一审法
院的判决。在这一事实清楚的简单案例中，争议焦点就在于如何理解和选择适用法律规范。二审
法院判决的法律适用内在逻辑是，该土地租赁合同为租期为 5 年以上的国有市政土地租赁合同，
合同的解除应当适用土地法典第 22 条第 9 款，而俄联邦土地法典第 46 条第 2 款中所列明的土地
租赁合同终止依据并不能作为判断第 22 条第 9 款中"实质性"违约的标准，所以否决了一审法院
的判决。而一审和终审法院则恰好做出相反的判断，在它们看来，俄联邦土地法典第 46 条第 2 款
中土地租赁合同解除依据适用于所有的土地租赁合同，无论是私人土地租赁，抑或是国有或自治
地方所有土地长期或短期租赁，而且该条中所列租赁合同提前终止情形即为实质性违约行为。笔
者认同一审和终审法院判决理由和结果。该案例表明，调整土地租赁合同提前终止多重法律规范
的存在以及彼此之间的不契合是造成不同法院做出截然相反的判决的重要原因。就如同有学者认
识的那样，俄联邦土地法典第 22 条第 9 款排除了适用土地租赁合同终止专门依据的可能，建议要
么取消该规则，要么补充说明土地立法和民事立法中的关于提前解除租赁合同的一般规则适用于
国有或自治地方所有土地长期租赁合同。（Жевлакович. Мария. Сергеевна. Институт аренды
земельных участков в российском законодательстве и законодательстве государств-членов
Европейского Союза. автореферат диссертации на соискание ученой степени кандидата юридических
наук. С. 20. ）

所有权人同意，则双方还应遵守合同的约定①。同理，《莫斯科市土地利用法》第 8 条第 6 款也规定，依据土地法典颁布实施以前签订的土地租赁合同，承租人将自己的权利义务转让给他人以及实施其他处分行为的，只有在出租人同意的情况下才被允许。

对国有或自治地方所有土地承租人租赁权处分的限制主要有两种情形：一是国家和市政机构、国家科学院所设立的机构和隶属机构承租国有或自治地方所有土地时，无权将承租土地转租或者将权利义务转让给第三人，包括将土地租赁权抵押、作为经济合伙组织或公司的法定资本进行投资，或者在土地租赁合同期限内作为生产合作社的股金。上述限定缘由在于，它们均为非营利性的法人，承租国有或自治地方所有土地仅能用于实现自身设定目的，不允许其通过转移土地租赁权或转租使土地流转，并因此而获取利益。二是根据 2005 年 7 月 22 日经济特区法第 35 条的规定，经济特区内的商业组织在承租国有或自治地方所有土地时，无权将土地转租或者将租赁权利义务转让。禁止的理由在于，只有符合该法律要求的主体才有权使用该土地从事相应的活动②。这一限制的基本考量是，要求入驻经济特区的商业组织直接占有、利用土地并进行投资、兴建实业，实现经济特区产业发展的功能，而不是通过获取并转让土地租赁权获益③。前一种情形是基于土地承租人的特定类型与身份而做出的限制，后一种则是从经济特区地域的角度对土地承租人权利的限制。

概言之，上述土地法典中土地租赁权利义务转让与转租的特别立法设计的目的在于，希望土地租赁权人能够获得最大限度的独立地位，促进土地租赁权流转。相对于短期租赁国有或自治地方所有土地和租赁私有土地而言，立法者给予长期承租国有或自治地方所有土地更为宽松的空间，旨在通过进一步扩充与强化长期承租者的权利，使国有或自治地方所有土地能更有效率地进入市场流转，获得高效利用，并促进土地市场的形成。与此同时，约束作为土地所有人代表的国家机关和地方自治机关的权力，尽最大可能防止它们对长期土地租赁的干涉，以期达到激励公民和商业组织承租国有或自治地方所有土地并长期稳定经营的目的。

---

① Тихомиров М. Ю., Тихомирова Л. В. Земельные права в Российской Федерации: практическое пособие Тихомиров М. Ю., 2010：С. 65.

② 同①62.

③ Умеренко Ю. А. Правовое регулирование управления и распоряжения земельными участками в особых экономических зонах. Современное право, 2012（6）：С. 62.

二、土地租赁权的法律性质与制度价值

毫无疑问，土地可继承终身占有权、土地永久（不定期）使用权、地役权，无论是在俄罗斯立法之中，还是在理论文献之中，都已经被无异议地确认为物权。土地租赁权同上述土地限制物权比较而言，在权利内容等方面具有很大的相似性，都可以占有、使用土地，建设房屋，从事工农业生产。在形式上，土地租赁亦应进行国家登记。在权利内容配置上，土地承租人的优先续约权、优先购买权、追续权（买卖不破租赁），尤其是国有或自治地方所有土地长期承租人的处分权，使土地租赁权表现出很多物权所独具的法律特征。"总之，俄联邦土地法典第 22 条直接将土地租赁权作为独立的民事权利客体加入到流转之中。"① 但与此同时，土地租赁权又有别于上述土地限制物权，表现为具有租期有限性和权利内容约定性等债权属性。

在俄罗斯理论界，对于土地租赁权的法律性质存在多样性理解，并且这种多样性理解不是始于今天，而是从十月革命前一直延续到现在。在十月革命前，在法律文献中的大多数情况下，租赁财产使用权被认定为债权，但有时也被称为物权，因为"在租赁时，与在出卖中一样，承租人可以以租赁财产的利益从出租人处购买所有权"。在某些情形下，租赁财产使用权被认定为混合权利、双重权利——物权与债权。在现代文献中相对经常地租赁权被划归为物权②。如前文所述，1989 年 11 月 23 日通过的《苏联和各加盟共和国租赁立法纲要》规定，可以将土地和其他自然资源租赁给苏联公民，规定租赁期限不能少于 5 年、出租财产不对出租人债务负责等内容。"总之，可以讲，租赁立法纲要中规定的公民长期租赁土地所具有的这些特征，已经不能将其纯粹地视作债权，有理由认为它是介于独特的他物权与普通租赁之间。"③ "土地租赁合同为混合的物—债关系范畴，因为它一方面具有债权的关系特征，一方面还具有物权的关系特征。"④

---

① Кошелев, Я., Ромадин, М. О. некоторых вопросах, связанных с переходом права аренды на земельный участок, Хозяйство и право, 2004 (11)：С. 83.

② Е. А. 苏哈诺夫. 俄罗斯民法：第 3 册. 丛凤玲，译. 北京：中国政法大学出版社，2011：1043.

③ Копылов А. В. Вещные права на землю в римском, русском дореволюционном и современном российском гражданском праве, М.：Статут, 2000：С. 115.

④ Жевлакович. Мария. Сергеевна. Институт аренды земельных участков в российском законодательстве и законодательстве государств-членов Европейского Союза. автореферат диссертации на соискание ученой степени кандидата юридических наук. С. 10.

有现代文献指出，应当将土地租赁合同和基于该合同产生的土地租赁权分开，建议将土地租赁权视作物权变种①。但持这种观点的学者同时也指出，解决这一问题则需要修订规定物权类型清单的俄联邦民法典第 216条，因为在该条所规定的物权类型清单中并没有土地租赁权。不过，当代俄罗斯权威民法学者和教科书还是坚持传统大陆法对于租赁性质的认识②。他们已经注意到，虽然承租人对租赁财产的使用权（租赁权）具有某些绝对性特点，但是承租人对租赁财产的权利仍具有债的属性。因为，其一，这种权利总是特定时间的权利；其二，权利内容由双方协议确定和变更。他们认为，现在，鉴于物权的某些确定性特征，这一问题应当按照第一种立场（即租赁权为债权）来解决③。出现租赁权为债权抑或物权争论的背景原因在于："物权法曾经几乎完全归入财产法，结果，对于任何一个欧洲大陆法系国家民事法律制度中物权与债权的原则性区别，在我们这里被遗忘或实际上变得含混不清，从而导致一系列重要关系的错误界定，其中就包括抵押关系和若干土地关系，以及其他不良的理论与实践后果。"④ 权利划分为物权和债权是民事权利的重要分类之一。尽管几乎所有国外立法都将物权划为独立的一组，但是几十年来，俄罗斯民法学还在对债权、物权原则性区分的必要性以及区分的标准进行着讨论⑤。

不经土地所有人——出租人同意，就可以将土地转租或者将租赁合同权利义务全部转让，在俄罗斯土地租赁制度设计中成为"标准配置"。"这种转让主体土地权利的方式对于俄罗斯立法而言是新事物。"⑥ 从俄罗斯民法传统来看，承租人将租赁物转租或将租赁合同权利义务转移给第三人，包括将租赁权抵押、投资入股等处分行为均需经出租人同意。"在这

---

① Ерофеев Б. В. Земельное право России: Учеб. /Отв. ред. Н. И. Краснов. —9-е изд., перераб. М.: Юрайт-Издат, 2004: С. 254.

② Е. А. Суханов. отв. ред. Гражданское право. В 4 х томах Том II. Вещное право Наследственное право Исключительные права Личные неимущественные права 83—3е изд., перераб. и доп. М.: Волтерс Клувер, 2008: С. 83.

③ Е. А. 苏哈诺夫. 俄罗斯民法：第 3 册. 丛凤玲，译. 北京：中国政法大学出版社，2011：1043.

④ 同③序言 3.

⑤ Подробнее см. Круглова Ольга Александровна. Право застройки чужого земельного участка: гражданско-правовые проблемы. Диссертация на соискание ученой степени кандидата юридических наук. Москва, 2014: С. 75.

⑥ Кошелев, Я., Ромадин, М. О. некоторых вопросах, связанных с переходом права аренды на земельный участок. Хозяйство и право, 2004 (11): С. 81.

种情况下需要出租人同意的原因在于，承租人权利的行使可能会损害出租人对于租赁财产的所有权。"①"所有这些行为只有经出租人同意才能被允许，因为会损害他的利益。"② 虽然通过租赁合同出租人将自己的权能让渡给了承租人，但是并不能够认同承租人对于租赁财产的"随意而为"，更不能理解为出租人对于租赁财产权利的丧失。"所有权人将自己的部分甚至全部权能转移给他人，实质上是实现所有权人权能的方式，而不是转让归属于他的财产或者权利的方法。"③ 俄联邦民法典主要起草人之一、民法学者苏哈诺夫教授在批评土地法典中的土地租赁规则时指出："显然，在这种情况下在立法者面前立着一个非常恶毒的公共所有权人的形象，能够而且应当怎么对承租人有利，就可以不经公共所有权人允许处置其财产。但是这种对民法基本原理的直接歪曲，似乎没有办法将其归为土地立法的特殊性。"④

目前，关于土地租赁权法律性质和制度设计合理性的讨论仍在继续。在俄罗斯，土地租赁成为当下市场经济条件下公民与商业组织利用土地的主要方式，甚至是唯一选择，这已经成为不争的事实。一方面，2001 年土地法典颁布实施以后，排除了公民新取得土地可继承终身占有权的可能，排除了公民和普通法人（国家机关、国家企业等特定范畴法人以外的法人）新取得土地永久（不定期）使用权的可能，并强制要求普通法人在规定期限内将既有的土地永久（不定期）使用权转换为土地租赁权或取得土地所有权，这一系列立法调整，在弱化土地限制物权功能与应用价值的同时，使租赁成为公民与普通法人（商业组织）利用国有或自治地方所有土地最主要的方式；另一方面，土地租赁权制度设计给予土地承租人前所未有的、非常广泛的自决空间。立法赋予土地租赁权一定程度的独立性、绝对性，"这一强制性规范极大地提高了属于公法机构土地租赁权的流转能力"⑤。这种权利制度设计服从于立法者将土地租赁作为公民、普通法

---

① Витрянский В. В. Договор аренды и его виды: прокат, фрахтование на время, аренда зданий, сооружений и предприятий, лизинг. М.: Статут, 1999: С. 115.

② Комментарий к Гражданскому кодексу, части второй (постатейный) /Отв. ред. д. ю. н., проф. О. Н. Садиков. М.: Юр. фирма КОНТРАКТ, ИНФРА-М, 1998: С. 196.

③ Маттеи Уго, Суханов Е. А. Основные положения права собственности. М.: Юристъ, 1999: С. 316.

④ Суханов Е. А. Вещные права в новом Земельном кодексе РФ. Экологическое право, Юрист, 2003 (1): С. 55.

⑤ Е. А. 苏哈诺夫. 俄罗斯民法: 第 3 册. 丛凤玲, 译. 北京: 中国政法大学出版社, 2011: 1077.

人利用国有或自治地方所有土地的主要方式的目标定位。同时，"以官僚主义和繁文缛节为表征的国家，显然不希望放弃土地，而是把它视为很好的进钱器，仅希望将土地租赁而临时利用土地。例如，莫斯科市法律《莫斯科市土地利用法》第 4 条直接规定，如联邦法律没有规定必须将城市所有土地转为私有、提供土地永久（不定期）使用、无偿定期使用，则土地只能以租赁方式提供给公民和法人"①。国家和自治地方在不丧失土地所有权的情况下，能够从公民、商业组织租赁国有或自治地方所有土地中获得相对较多的、持续性的回报，所以，租赁成为国家和自治地方提供土地给公民、商业组织使用的首选形式。但是土地租赁权的存续期限性、权利内容约定性的制度弱势，在实践中暴露出很多问题，特别是在租赁土地用于建设时。主要表现在：

一是承租人权利义务的不确定性与不稳定性。虽然土地法典赋予了土地租赁"物权化"特质，但现行立法同样为土地租赁权的不稳定性、不确定性提供了"借口"。按照俄联邦民法典第 619 条和第 450 条的规定，租赁合同当事人可以自行约定租赁合同提前解除的条件，并可依据该约定提请法院提前解除合同。由于在签订土地租赁合同时，作为国有或自治地方所有土地出租人的国家机关和地方自治机关常常处于强势地位，因此，规定额外的条件对其加以限制往往成为土地租赁合同的必备条款。另外，租赁土地用于建设建筑物并非单一的土地租赁即可实现目的，往往还需要其他附属设施，例如水、电、暖、煤气、通信等市政配套接入等等。这些原因导致土地租赁合同的内容不是经真正平等协商而达成的，双方权利义务并不完全对等，作为国有或自治地方所有土地代表人的国家权力机关和地方自治机关往往附加很多限制性条件，其中对承租人权利限制最为严重的就是土地租赁权提前终止的条件。在这种情况下，出租人可以选择性地依据法定解除理由或约定解除事由而启动提前解除合同的程序，终止承租人对于土地的占有与使用。因此，这种土地租赁合同的约定性特征，不利于实现保护投资者长期稳定利用土地的目的。

二是土地租赁权设计与传统租赁法律制度模型迥异，法律效果备受质疑。按照通常的理论认识，租赁制度的本质是承租人支付代价，按照租赁物属性利用租赁物，并于租赁期届满后将租赁物归还给出租人。租赁结束

---

① Поправки в Гражданский кодекс: вся соль земли. [2012－10－18]. http://rapsinews. ru/leg-islation_publication/20120418/262854547. html.

后的法律效果是，除因按照租赁物性质正常使用而产生的损耗外，租赁物应当无负担地返还给出租人。在俄罗斯土地租赁权制度设计中，最长的建设土地租赁期限为 49 年。而在现代建筑技术日益提高的情况下，土地租赁期限届满，地上建筑物仍然具备使用价值。这样在租赁期限届满时，土地上还存在属于承租人的建筑物，此时如何处理地上建筑物呢？要么承租人去除地上建筑物，将土地恢复到土地租赁前的状态，但这会损害社会财富，于各方均无有利之处；要么土地所有人取得建筑物所有权，但是否补偿承租人费用、如何补偿，现行立法并未确定补偿机制，而且这需要建立在土地所有人有取得地上建筑物意愿的基础上；要么承租人保留对建筑物的所有权，继续延长土地租赁期限，但这种结果完全违背了租赁制度的本质，形成了对于土地所有人的永久负担，出现了作为债权的租赁效力远超限制物权效力的奇怪效果。在这种情况下，还会造成土地与建筑物归属始终处于割裂状态，难以实现"土地与其上建筑物法律命运一体化"的应然状态。

总之，在俄联邦土地法典中出现的土地租赁制度设计，在便利土地流转和强化承租人权利的同时，存在与传统法制框架不合的缺陷基因。

三是承租人可以自由转让土地租赁权，诱使承租人并不致力于实际利用土地，而是通过倒卖租赁权牟利。"显然，在立法者这种态度下，土地成为有偿经营合同的标的物，依据这些合同改变土地承租义务主体，损害了投入金钱用于集资建设的人的利益。在市场上出现了很多中间人，他们对于建设没有真正的兴趣，仅是通过转让使用租赁土地的财产权获取利润。这不可避免地导致集资建设客体的价格无理由地增加。"[1] 而作为土地出租人的地方政府并不阻止土地租赁权转移行为，因为它们最为关心的是能否获取土地租金，至于谁承租土地以及利用土地并不重要。

四是这种土地租赁期限性和不稳定性导致土地租赁权人频繁地变动，使得权利取得与丧失变得具有很强的"任意性"。在土地租赁权取得和终止的过程中，各级与土地资源有关的权力执行机关的态度成为土地租赁权得失的关键因素。这自然地滋生了腐败机会，为有影响力的决定土地租赁的官员寻租提供了空间。土地管理机关与护法机关并列成为俄罗斯最腐败

---

① А. П. Анисимов, С. В. Дзагоев, Л. Т. Кокоева. Приобретение прав на земельные участки, находящиеся в публичной собственности: вопросы теории и практики. М.: Издательство «Новый индекс», 2009: С. 140.

的公共管理机关，国有或自治地方所有土地租赁市场的腐败现象已经成为俄罗斯社会公认的和很难根治的顽疾。

五是俄罗斯建设用地租赁市场运行的复杂性导致承租人很难按期履行建设用地租赁合同在租赁期限内建成标的物，这往往使土地承租人陷入丧失土地使用权利的尴尬境地。在俄罗斯土地租赁实践中，基于建设目的提供国有或自治地方所有土地租赁的期限总体上为 3～5 年，甚至更短，因为地方政府并不愿意长期租赁土地，这在莫斯科、圣彼得堡等大城市尤甚。规定较短建设期限的一个正向理由在于，督促建设用地承租人尽快完成基本建设，防止在城市中出现长时间建设，甚至拖延建设的不利状况。但是，这通常没有考虑到取得建设开发的前期手续和各类许可证件，在俄罗斯并不是一件容易的事，可能开发人还没有进入场地施工，土地租赁合同中约定的建设期限就已经届满。如果在土地租赁期限内开发人没有顺利完成建设，其中还包括各种行政壁垒原因导致的时间延误，那么土地租赁期结束后开发人就失去了利用土地的权利，其所建设的建筑物即使已经建成也不能依法进行所有权登记。

按照俄联邦土地法典第 36 条的规定，作为建筑物、构筑物、工程所有人的公民和法人，依照该法典、联邦法律规定的程序和条件，对于建筑物、构筑物、工程占用的土地享有排他的土地私有化权或土地租赁权。但在建设用地租赁期限结束而尚未完成建设的情况下，未完工建筑的权利人是否可以申请取得所承租土地的所有权，理论与司法实践对此一直存在不同的认识。俄联邦最高仲裁法院在 2009 年 4 月 27 日的判决（№ BAC-4803/09）中的立场是，对于土地法典第 36 条应采取限缩性解释，即未完工建筑并不属于建筑物、构筑物、工程的范畴，其权利人不能依据第 36 条要求取得该土地的所有权。伏尔加地区联邦仲裁法院 2009 年 2 月 12 日的判决（№ А06-4284/2008）亦持同样的立场，其基本理由在于：土地租赁合同目的并未完全实现，即土地承租人并未完全履行积极使用土地并在规定期限内建设完成建筑物、构筑物的义务，尚未建设完成的建筑物、构筑物并不具备使用条件，在这种情况下提供给未完成建筑物权利人土地所有权是不合法的①。

同时，在这种情况下，虽然法律规定了土地承租人拥有签订新的租赁

---

① Е. Ю. Чмыхало. Коллизии норм земельного права и проблемы совершенствования земельного законодательства. Право и экономика, 2010（3）：С. 223.

合同的优先权，但是优先权行使受到限制。因为，俄联邦土地法典规定提供国有或自治地方所有土地租赁的基本原则是公开竞拍，而且按照法律规定享有优先续约权的应当是全面履行土地租赁合同、按照确定的用途积极使用土地的土地承租人。所以，在租赁期限内未完成建设的开发人（原土地承租人）续签土地租赁合同通常是不可能的。结果就会出现这样一种状况：当这块土地作为空地以竞拍的方式再次出让时，事实上，其上还坐落着没有登记但实际存在的建筑物。在这种情况下，土地新承租人需要考虑，要么为自身需求利用这一"遗产"并向建筑物原开发人支付价金，要么花钱把它拆除①。但现行立法尚未规定对未完工建筑的补偿机制。

与此同时，2011 年 12 月 12 日，俄罗斯通过了修订后的《关于俄联邦土地法典生效的联邦法律》，修订后的第 3 条第 22 款规定，在承租人实质性违反土地租赁合同的情况下，莫斯科和圣彼得堡市政机关可以单方终止土地租赁合同。实质性违反土地租赁合同的行为包括：在租赁合同规定的期限内，或在租赁合同中没有约定该期限时在建设、改建不动产许可规定的期限内，没有履行不动产建设、改建义务的；在上述期限终止时，已经完成的不动产建设、改建工作量低于按照俄联邦立法所规定程序批准的设计文件体量的 40% 的；在租赁合同没有规定建设期限的情况下，自租赁合同签订之日起 5 年内没有取得建设、改建不动产许可的。

这些最新的立法规定，目的在于约束和督促莫斯科、圣彼得堡地域内的建设人积极履行投资义务和建设义务，但是并没有考虑到俄罗斯建设市场的复杂实际，给城市建设领域的相关公司带来了极其不利的影响。根据非官方信息，截至 2013 年 11 月，莫斯科市政财产局已对超过 100 件的土地租赁合同行使了单方否决权。莫斯科仲裁法院已经审理了超过 40 件有关单方终止租赁合同的上诉。已有的解决这种争议的司法实践表明，法院认为《关于俄联邦土地法典生效的联邦法律》第 2 条第 22 款是强制性规范，它赋予权力机关强制终止租赁合同的权利。而且，俄联邦最高仲裁法院三名法官在审理监督上诉案件 №A40-108226/12 时支持了这种立场，其观点是："理由在于，公司实施履行租赁合同的债务行为，由于违反合同规定的建设期限不被认为是违反土地租赁合同导致合同终止的实质性条件，是不能被认同的，因为，这是申请人对于《关于俄联邦土地法典生效

---

① Поправки в Гражданский кодекс: вся соль земли. [2012-10-18]. http://www. arbitr. ru/arxiv/press-centr/smi/50452. html.

的联邦法律》第 3 条第 22 款的不正确解读。"有研究者认为，莫斯科市政财产局滥用权利之处和法院对于审理诉讼的形式主义立场打击了莫斯科大部分建设综合体。受到影响的多年来投资土地、城市建设的整理土地的公司和多年来等待机会进入工地的公司，遭受了现实的无可弥补的损失，这些损失在某些情况下可能会导致实体经济参与者破产①。

综上所述，在土地租赁已成为俄罗斯公民、法人最为主要的土地利用方式的情况下，立法设计本身和运行实际已经暴露出很多问题，尤其表现在建设用地租赁领域。如何协调土地立法与民事立法在调整土地租赁关系方面的关系，怎样优化土地租赁立法设计，如何为公民、法人提供其他更为稳定、有力的土地利用方式，已经成为俄罗斯立法急需解决的重要问题之一。

第六节　土地无偿定期使用

土地无偿定期使用（безвозмездное срочное пользование земельными участками），是基于合同利用他人土地的一种表现形式，是民事立法中无偿借用合同规范在土地利用领域的应用形式。在十月革命以前的俄罗斯立法中，借用合同的标的只能是动产。1922 年苏俄民法典没有规定借用合同规范，但是提供财产无偿使用的合同在生活中被广泛采用。1964 年苏俄民法典第 342～349 条规定了无偿借用合同②。现行俄联邦民法典第三十六章（第 689～701 条）规定了无偿使用，根据无偿使用合同出借人将物交付给另一方无偿使用，而后者有义务将该物以交付时的状态并考虑到合理损耗，或者以合同约定的状态返还给出借人。土地可以成为无偿使用合同的标的物。

---

① 为了讨论新的规则对于莫斯科投资环境的影响和适用该新规则的法律观点，俄罗斯经理人协会于 2013 年 12 月 13 日在莫斯科国际商务中心"莫斯科城"组织了"莫斯科市权力机关单方终止土地租赁合同：政府、商人、律师的观点"圆桌会议。会议邀请国家杜马、莫斯科市保障建设领域投资计划实现和期房建设监督委员会、仲裁法院、俄联邦总统保护企业家、投资人—开发人委员会的代表参加，就上述争议问题进行集中讨论。（莫斯科当局有权单方面终止土地租赁协议，诚信的承租人可以指望司法保护吗?. [2014 - 02 - 12]. http://zakon. ru/Blogs/pravo_organov_vlasti_goroda_moskvy_na_odnostoronnee_rastorzhenie_dogovorov_arendy_zemelnyx_uchastkov/9096.)

② E. A. 苏哈诺夫. 俄罗斯民法：第 3 册. 丛凤玲，译. 北京：中国政法大学出版社，2011：1082.

土地无偿定期使用，以前被称作土地临时使用权，在苏联时期就广泛存在。现行俄联邦土地法典对土地无偿定期使用进行了细化和扩充，总计规定了六种无偿定期使用情形。

一、一般性规定

按照俄联邦土地法典第 24 条的规定，土地无偿定期使用主要设定于以下情形：一是国家权力机关和地方自治机关将国有或自治地方所有土地提供给国家或市政机构、国家企业以及国家权力机关、地方自治机关使用，期限不超过 1 年。权利取得依据为被授权的各级国家机关和地方自治机关的决定，例如联邦所有土地、联邦各主体所有土地、自治地方所有土地分别由俄联邦国家权力执行机关、俄联邦各主体权力执行机关和地方自治机关做出提供土地供无偿定期使用的决定。二是依据合同将公民、法人所有土地提供给其他公民或法人使用。这种设定土地无偿定期使用权的方式最为灵活，法律对于权利主体、权利存续期限等内容均无强制性规定，当事人可以自由约定。三是运输业、林业、森林工业、狩猎业、国家自然保护区和国家公园将自有土地提供给本部门职工使用。职工的这种土地权利以前被称作公务份地权。四是国家权力机关和地方自治机关将国有或自治地方所有土地提供给宗教组织使用。五是国家权力机关和地方自治机关将国有或自治地方所有土地提供给为国家和自治地方需要完成有关定购任务全部使用联邦预算资金、联邦各主体预算资金或者地方预算资金建设不动产而与国家和自治地方签订合同的人。六是根据俄联邦森林法典的规定无偿定期使用土地。

以上是俄罗斯现行土地立法中设立的无偿定期使用土地的六种情形，其中前三种为 2001 年俄联邦土地法典颁布之初就存在的情形，后三种为后来相关联邦法律修改土地法典时增加的情形。此外，根据 2001 年《关于俄联邦土地法典生效的联邦法律》第 3 条第 9 款第 2 项的规定，国有或自治地方所有土地可以提供给住宅建设合作社无偿定期使用用于建设公寓，住宅建设合作社设立的目的在于保障国家和自治地方普通教育机构、国家和自治地方高级职业教育机构、国家和自治地方医疗保健机构、国家和自治地方文化机构工作人员的住宅需求。如同所有的土地协议一样，土地无偿定期使用合同应当进行国家登记。

在国有或自治地方所有土地上设定无偿定期使用权，权利主体仅限于国家和市政机构、国家企业，以及国家权力机关和地方自治机关，还有宗教组织。公务份地权主体应当是特定行业、特定岗位的工作人员。无偿定期使用私有土地并没有特别的主体资格限制。

无偿定期使用权的期限有如下几种情形：基于提供公务份地而设定的无偿定期使用权期限为劳动关系存续期间。提供国有或自治地方所有土地用于无偿定期使用的期限，由法律直接规定，例如提供国有或自治地方所有土地给国家和市政机构、国家企业、国家权力机关和地方自治机关无偿使用，期限不能超过1年。宗教组织对于土地无偿定期使用的期限由法律规定。在公民、法人私有土地上设定无偿定期使用权，权利存续期限不受限制，取决于合同的约定。土地无偿使用合同没有约定使用期限的，则视为无定期合同，在这种情况下，任何一方均有权在提前1个月告知另一方的前提下提出终止合同。即使在合同约定期限内，土地使用者也可以放弃权利，提前1个月告知土地所有权人并终止合同。设定无偿定期使用权土地的所有人——公民或法人，在死亡或改组时，其继承人或承受权利义务的法人同样受设定无偿定期使用权合同的约束。设定无偿定期使用权的土地所有权转移时，新的土地所有人亦应受无偿定期使用权约束。与一般财产性权利不同，无偿定期使用权基于无偿性而具有不可继受的特点，权利在公民死亡或法人注销时终止。

职工无偿使用公务份地是无偿定期使用权最为常见的表现形式。提供土地给职工作为公务份地无偿定期使用在苏联时期就已经存在了很多年，并在后续俄联邦立法和土地法典中再现①。经运输业、林业、森林工业、狩猎业、国家自然保护区和国家公园相关工作人员申请，由这些组织决定，可以将其占有、使用的土地交由申请人无偿定期使用。公务份地存在的基本目的，就是通过给予从事特定行业、特定工种的职工无偿利用土地的利益，稳定这些工作人员和激励他人从事这些艰苦工作，例如从事铁路、远程变电站、森林保护区、无人区内渔业资源保护站等工作。公务份地基本用途是从事农业生产。原则上，公务份地权亦会因职工身份的丧失而终止，但立法规定了职工公务份地权在劳动关系终止后仍然保留的特殊情况。例如，在职工转为领取养老金或残疾退休金时，对终止劳动关系的职工保留公务份地权。在下列情况下，为家庭成员中的一人保留公务份地

① Боголюбов С. А. Отв. ред. Научно-практический комментарий к Земельному кодексу Российской Федерации с постатейными материалами и судебной практикой. 5-е изд. М. : Издательство Юрайт, 2011: С. 159.

权：（1）对应征参加定期现役军役或军民两用服务的职工，在整个服役期间保留；（2）对参加学习的职工，在教育机构中学习的整个期间保留；（3）对因执行公务牺牲的职工，公务份地权为职工的无劳动能力的配偶和年老的父母保留终身，为职工的未成年子女保留至他们达到成年。与提供份地使用的组织终止劳动关系的职工，有权在终止劳动关系后至结束农活所必需的期限内继续利用该份地。

公务份地权主体除受限于上述特定行业外，还受限于这些行业内部工作岗位。有权获得公务份地的经济组织工作人员类型与条件，由俄联邦立法与俄联邦各主体立法规定。目前，1965年3月20日俄罗斯苏维埃联邦社会主义共和国部长会议通过的《关于林业、森林工业、自然保护区、禁猎区工作人员，铁路、公路、水路、通信和干线管道沿线工作人员公务份地的决定》依然生效。在该决定中，明确了有权取得公务份地的工作人员类别与取得公务份地的面积规模。例如：林业、森林工业、自然保护区、禁猎区工作人员有权取得不多于0.3公顷的耕地，在林区则不多于0.5公顷，以及1公顷到2公顷刈草场的无偿定期使用权；铁路、公路沿线职工则可以取得不多于0.25公顷的耕地、不多于1公顷的刈草场的无偿定期使用权，而在人口密度小的地区以上无偿定期使用权的面积规模可以提高到不多于0.5公顷和1~2公顷土地①。目前，提供公务份地的面积标准仍以该决定为依据。

需要注意的是，在提供公务份地方面的现行立法规范之间存在矛盾与不周延之处。一是上述行业部门提供给职工无偿使用的土地多为其拥有永久（不定期）使用权的国有或自治地方所有土地，并不是自身所有土地。按照俄联邦土地法典第20条第4款的规定，拥有永久（不定期）使用权的公民与法人无权处分该土地，这里所指的"处分"应当包括将土地提供给本行业部门工作人员无偿定期使用。二是如前所述，拥有土地永久（不定期）使用权的法人应当在2012年7月1日前将土地永久（不定期）使用权转换为土地租赁权或取得土地所有权，这里就出现了一个问题：取得土地所有权的上述法人组织当然可以将土地提供给工作人员作为公务份地，但如果转为土地租赁，这些土地是否还可以提供给职工无偿定期使用，

---

① Боголюбов С. А. -Отв. ред. Научно-практический комментарий к Земельному кодексу Российской Федерации с постатейными материалами и судебной практикой. 5-е изд. М. ：Издательство Юрайт，2011：С. 160-161.

法律没有明确规定。有学者认为，法律目前并不禁止将有关组织租赁的国有或自治地方所有土地提供给工作人员无偿定期使用①。笔者同意这一见解，道理在于"举重以明轻"，既然提供给上述法人组织永久（不定期）使用的国有或自治地方所有土地可以提供给职工无偿定期使用，那么上述组织将所租赁的国有或自治地方所有土地提供给职工无偿定期使用自应没有不可的理由，因为在这种情况下，对土地所有人、承租人及职工权利均无侵害之忧。

宗教组织无偿定期使用土地分为两种形式：一是宗教组织对于新建宗教、慈善设施所坐落的国有或自治地方所有土地的无偿定期使用。按照俄联邦土地法典第 30 条规定的程序，以事先协商方式确定宗教、慈善设施坐落位置而提供建设用地的，宗教组织在上述宗教、慈善设施建设期限内无偿使用该土地。在这一期限内，宗教组织免费使用该土地，且无须缴纳土地税。此外，在俄联邦土地法典生效前，拥有土地永久（不定期）使用权的宗教组织可以根据自己的意愿，在 2012 年 7 月 1 日前将其转换为无偿定期使用权。二是按照俄联邦土地法典第 36 条第 1 款的规定，拥有国有或自治地方所有土地上建筑物、构筑物、设施所有权的宗教组织有权无偿取得该土地所有权。同时，无偿使用国有或自治地方所有土地上建筑物、构筑物、设施的宗教组织，可以取得对于该土地的无偿定期使用权，其期限取决于对于上述建筑物、构筑物、设施的无偿使用期限。从上述立法规定来看，俄罗斯给予宗教组织更为优惠的土地利用条件。这使得宗教组织在土地使用方面较之永久（不定期）使用权主体（国家和市政机构、国家企业、终止履行职能的俄罗斯联邦总统历史遗产中心，以及国家权力机关和地方自治机关等）更为有利，因为以永久（不定期）使用权方式利用土地仍需缴纳土地税，而宗教组织无偿定期使用土地则免除了缴纳土地税的义务。也有学者对此质疑，认为赋予宗教组织无偿定期使用土地的权利，没有足够理由并违背了俄联邦民法典民事关系参与人平等原则，因为履行类似社会职能的社会团体（例如社会生态联合体）、消费合作社或者慈善基金会都没有如此优惠的土地利用制度②。

按照俄联邦森林法典第 36 条、121 条、130 条的规定，根据林业经营

---

① Боголюбов С. А. Отв. ред. Научно-практический комментарий к Земельному кодексу Российской Федерации с постатейными материалами и судебной практикой. 5-е изд. М.：Издательство Юрайт，2011：С. 161.

② Анисимов А. П.，Рыженков А. Я.，Черноморец А. Е. Земельное право России：Курс лекций. Волгоград：Издательство «Альянс»，2006：С. 124.

领域的联邦权力执行机关或联邦各主体权力执行机关的决定，可以将林地交付给狩猎者社会团体，用来组织爱好者狩猎和竞技狩猎，或者将其交付给以前占有它们的农业组织无偿使用。林地无偿使用的最高年限为99年①。

二、制度特征与功能定位

在俄罗斯立法中，土地无偿定期使用并没有被冠以物权的称呼，因为它不属于俄联邦民法典第216条所规定的物权，甚至土地无偿定期使用权的表述都不经常使用。在土地法文献中，它同土地租赁一样被归为与土地物权并列的其他土地权利范畴，均为依据合同设定的利用他人土地的权利。土地租赁与土地无偿定期使用的相同点在于：合同一方当事人均负有将土地交付给合同另一方使用的义务，而后者则负有在合同期限届满后将土地保持原有的状态并交还给对方的义务。两者的相似性，决定了在调整土地无偿定期使用时，在很多情况下可以适用有关土地租赁的法律规范。两者区别有三：一是无偿定期使用土地无须支付对价，而土地租赁权人则要支付土地租金。二是权能范围不同，这是两者的原则性区别。土地租赁权人在支付租金的条件下，拥有占有、使用甚至处分等一系列权能，还拥有占有、保护等一系列权利保护措施，而无偿定期使用权人则没有如此广泛的权能，仅可以临时性占有与使用土地。三是功能定位不同。目前，在俄罗斯，租赁是公民与法人利用他人土地最为主要的方式，而无偿定期使用则被严格限定了适用范围，仅是一种补充或辅助性土地利用方式。

土地无偿定期使用权与土地永久（不定期）使用权的共同点在于利用土地的无偿性和为特定权利主体提供无偿利用土地的可能。两者区别在于：一是土地永久（不定期）使用权为俄联邦民法典明定的物权，而土地无偿定期使用权系基于合同设定的债权；二是土地永久（不定期）使用权存续无固定期限，或者权利存续期限较长，而土地无偿定期使用权则有固定期限，相对而言权利存续期较短；三是土地永久（不定期）使用权的客体为国有或自治地方所有土地，而土地无偿定期使用权客体既可以是国有或自治地方所有土地，也可以是公民和法人的私有土地；四是权利主体范围不同，土地永久（不定期）使用权主体仅为国家和市政机构、国家企

---

① Е.А. 苏哈诺夫. 俄罗斯民法：第3册. 丛凤玲，译. 北京：中国政法大学出版社，2011：1084.

业、终止履行职能的俄罗斯联邦总统历史遗产中心，以及国家权力机关和地方自治机关，而土地无偿定期使用权主体相对比较宽泛，除了上述主体以外，还包括公民与商业组织法人。

总之，土地无偿定期使用突破了俄联邦土地法典确立的土地有偿利用原则，系基于满足特定主体特定需求的优惠制度设计。因此，土地无偿定期使用的设定情形不能扩张适用，只能限定在法定范围之内。正是由于特定目的与功能，土地无偿定期使用在俄罗斯土地权利构成体系中，发挥着较为特殊的辅助性作用，是非主流的土地利用方式。

本章小结

本章集中讨论的土地可继承终身占有权、土地永久（不定期）使用权、地役权与土地租赁、土地无偿定期使用共同构筑了公民、法人利用他人土地的权利体系。在俄罗斯，从土地面积上看，私人所有土地尚处弱势，国有或自治地方所有土地仍处强势，上述权利类型实际上成为当下俄罗斯公民、法人占有、使用土地的基本方式。在这样一种现实情境下，与多样化土地所有权体系重构相比，虽然两者总体上均为"从无到有"或者说"从旧到新"，但公民、法人利用国有或自治地方所有土地权利体系的建立与完善往往比确定土地归属的所有权立法设计更为复杂，同时也更加富有应用价值。

整体来看，俄罗斯现行的公民、法人利用国有或自治地方所有土地权利体系，形成于由计划经济时期的土地国有垄断向市场经济主导下的土地所有权多样化演进的过程之中，呈现出非体系化发展和过渡性的构成特征，并在不同历史发展阶段表现出迥异的建构与发展逻辑。

俄罗斯法律秩序属于大陆法系，确切地说，属于大陆法系德国分支[①]。但总的来看，转型以后的俄罗斯当代限制物权立法，没有遵循罗马法和十月革命前俄罗斯立法的传统——将以建设目的利用他人土地的权利与以耕种目的利用他人土地的权利加以区别并确立为不同的限制物权类型，而是将利用他人土地的建设权能与耕种权能混杂分散在土地可继承终

---

① E.A. 苏哈诺夫. 俄罗斯民法：第 1 册. 黄道秀，译. 北京：中国政法大学出版社，2011：11.

身占有权和土地永久（不定期）使用权的制度设计之中。

转型初期的俄罗斯确立了以物权模式构建利用国有或自治地方所有土地权利制度的立法思路，集中表现为 1994 年俄联邦民法典第十七章中所设计的土地限制物权体系。但由于转型时期土地利用状况的复杂现实和长期以来物权理论研究的缺乏，土地权利制度并未沿着体系化发展路径演进。大陆法传统用益物权中的地上权、用益权等概念没有在立法中出现。实际上，现行民法典中的土地限制物权是苏联时期立法遗留的土地永久（不定期）使用权、转型时期土地改革立法"原创"的土地可继承终身占有权和传统地役权的杂交组合。其中，永久（不定期）使用权作为苏联公民、法人利用国有土地方式在俄联邦当代立法中的惯性延续，其无偿性和限制流转特性与市场经济所要求的土地有偿使用和市场化配置要求不相契合；可继承终身占有权诞生于对是否确立私人土地所有权存在争议的年代，这决定了其临时性替代价值和在私人土地所有权确立之后必将终结的命运。应当说，现行立法中的土地物权组合，是一种过渡性制度安排，是俄罗斯社会、经济整体过渡特征在土地权利立法领域的体现。

步入转型后期的 21 世纪的俄罗斯土地权利立法思路发生了根本性改变，不再延续既往的以传统物权模式构建土地权利体系的立法逻辑。2001年土地法典确立了以土地租赁为主要土地利用方式的立法思路。"可以讲，土地法典甚至没有考虑到物权范畴，尽管在所有无一例外使用这种法律构造的法律体系当中物权范畴恰恰是在土地关系基础上产生和发展起来的。"[①] 在取消可继承终身占有权、限缩永久（不定期）使用权适用范围、剥夺既有的可继承终身占有权和永久（不定期）使用权处分权能并促其转为土地所有权或土地租赁权的同时，立法没有提供新的土地物权类型。立法重新设计的直接后果就是，土地限制物权种类由原本的较少变为稀缺。实际上，现行俄罗斯立法只能提供两种土地限制物权，一是地役权，二是专门提供给国家机关、地方自治机关、国家企业等特定法人的永久（不定期）使用权。与此同时，土地法典立法者改造债权性土地租赁制度，通过强化土地租赁权的绝对性、独立性，意图使其成为公民、法人利用国有或自治地方所有土地的唯一主渠道。

土地法典采取的与通常的土地立法相异的逻辑对土地权利进行再设

---

① Суханов Е. А. Вещные права в новом Земельном кодексе РФ. Экологическое право，Юрист，2003（1）：С. 53.

计，结果是，不仅在土地法典与民法典规范之间产生了明显的矛盾，而且减少了公民、商业组织长期稳定利用国有或自治地方所有土地的机会与可能。应当讲，这种使土地利用法律关系简单化的做法，不仅没有满足公民、法人获得多样的、长期的、绝对的土地权利的需要，而且背离了俄罗斯立法传统，也不符合土地利用立法发展的时代潮流。正如有学者批评道："确定的将对土地权只归结为所有权和租赁权的尝试与土地发展和流转的复杂化要求而非压缩物权范围的客观趋势相矛盾，土地法典本身也不能避免事实上设定新的限制物权（例如根据土地法典第 24 条规定的无偿定期使用权），而且通常其表述和形式都非常笨拙。"[①]

总的看，2001 年土地法典施行以后，土地限制物权在公民、商业组织利用国有或自治地方所有土地实践中不再扮演活跃角色和发挥主导性作用，基本上只作为一种"存量"方式而不是"增量"方式存在与发展，其作用愈加弱化，其地位愈加边缘化。土地租赁也因其制度弱势，难以独自担当起公民、法人利用土地，尤其是利用国有或自治地方所有土地的重任。俄罗斯立法没能给予公民和法人更多的土地权利制度选择，不能有效满足日益增长的土地利用需求，未来还有很大的调整和优化空间。

---

① E. A. 苏哈诺夫. 俄罗斯民法：第 2 册. 王志华，李国强，译. 北京：中国政法大学出版社，2011：543.

第六章　土地权利未来发展图景

第一节　土地权利体系重构的基本尺度

一、土地权利体系重构的现时立法背景——俄联邦民法典现代化①

现行俄联邦民法典编制工作肇始于 20 世纪 90 年代初期，该法典包括 1995 年 1 月 1 日生效的涵盖总则、所有权与其他物权、债法总则内容的第一部分，1996 年 3 月 1 日生效的专门规定债法分则的第二部分，2002 年 3 月 1 日生效的包括继承法、国际私法的第三部分，2008 年 1 月 1 日生效的调整知识产权的第四部分。时至今日，民法典第一部分已经运行 20 余年，其完善与发展在俄罗斯全面现代化背景下已经成为一种自然和必然的选择，这一选择主要基于以下理由：

一是俄联邦民法典同经济社会发展现实境况"脱节"。历经 10 余年的社会转型与经济转轨，正是俄罗斯发生巨大社会变革的历史阶段，现今的社会经济关系、阶层分化、权利结构、法文化水平同转型之初的俄罗斯相比已大不相同。显然，现行民法典在对无论是静态的民事基础关系，还是动态的民事财产流转关系调整上都表现出明显的不完善和滞后性。2009 年 10 月，俄罗斯总统梅德韦杰夫在主持召开俄联邦总统民事立法编纂与完善委员会会议时指出，"生活没有停滞不前。俄罗斯已经改变，民法典调整的经济关系发生了变化，这一切要求必须对立法进行透彻的分析"②。虽然，在现行俄联邦民法典实施过程中，通过联邦法律和法律实践机关的

---

① 龚兵．俄联邦民法典现代化之路．俄罗斯东欧中亚研究，2013（2）：19-25.
② 在民事立法编纂与完善委员会会议上的开幕词．[2012-04-28]．http://news. kremlin. ru/transcripts/5693.

司法解释对民法典的修订和完善工作一直没有中断，这对于缓解立法与现实之间的矛盾起到了一定作用。但是，就像俄联邦国际商事仲裁法院院长阿列克谢·科斯京所言："俄联邦民法典现代化是一个自然的过程，现在的市场经济与因鲜活的实践而变得'杂草丛生'的民法典现行部分，表现出一定的差距。有时在实践中必须通过最高仲裁法院和高级法院全体会议来解决这些问题，但这只是临时性措施。俄联邦民法典基础部分没有改变，但是随着民事立法的发展，民法典需要现代化，涵盖现在新的法律现象。"①"俄联邦民法典的运行实践，使非常专业的和政治上具有很大影响力的法律人产生了非常不满意的感觉，这成为启动大规模修订民法典的理由。""几乎是自从民法典颁布实施起就连续不断地进行'美容修补'，现行民法典的不足突然变得不可以接受和不可克服。"②

二是俄罗斯全面现代化需要民法典的积极回应与有效支撑。2011 年 9 月 26 日，《俄罗斯报》刊登了时任总理普京题为《只能前进》的主旨演讲。他指出，摆在我们面前的是一个庞大的任务——建立创新型经济和巩固民主制度。我们要继续改善贸易环境，保证公平的交易规则，保持经济政策的稳定与可预见性③。当前俄罗斯现代化是全面现代化，是以创新经济、民主政治、民本社会为目标的全面发展，核心是发展创新型经济，民主政治和民本社会是其保障条件。民法典作为调整公民社会平等主体之间财产与人身关系的基本法，不仅要在确认与保护民事流转参与人权利、维护稳定经济流转秩序中发挥基础作用，同时还要尽最大可能减少公民、企业参与经济活动的不合理限制与障碍，引导与激励民事主体参与经济事务，并强化对主体合法权利的保护力度，创造更为宽松的交易环境。

三是俄罗斯加速融入世界经济一体化进程要求民事立法与之紧密对接。2011 年末，世界贸易组织（WTO）第八次部长级会议批准俄罗斯加入 WTO，按照规定从 2012 年 8 月 22 日起俄罗斯正式成为 WTO 成员。对俄罗斯而言，加入 WTO 方面最重要的工作之一是使国内法律、

① Гражданский кодекс вновь в центре дискуссий. ［2012 - 01 - 16］. http://osspb. ru/os-news/8456.

② Коршунов Н. М. , Андреев Ю. Н. , Эриашвили Н. Д. Актуальные проблемы гражданского права. М. : Юнити-Дана, 2012: 3 - 4.

③ Модернизация экономики России: приоритеты развития (обзор средств массовой информации). Торгово-промышленная Палата РФ. М. : ООО «ТПП _ Информ», 2011: С. 6 - 7.

执法实践与 WTO 规则相符合。根据俄经济发展和贸易部分析，大约 100 项立法文件与 1 000 条行政规定需要修改①。

2008 年 7 月 18 日，梅德韦杰夫签发了关于完善俄联邦民法典的总统令（1108 号），标志着俄联邦民法典现代化工作正式启动。该命令要求俄联邦总统民事立法编纂与完善委员会和俄联邦总统私法研究中心于 2009 年 6 月 1 日前，制定俄联邦民事立法发展构想和实施意见措施的建议②。2009 年 10 月 7 日，梅德韦杰夫主持召开俄联邦总统民事立法编纂与完善委员会会议。在该次会议上，通过了《俄联邦民事立法发展构想》（以下简称"构想"）③，同时要求依据该构想制定关于修订俄联邦民法典的立法草案。

根据该构想的设计，俄联邦民事立法的修订目标是：进一步发展民事立法基本原则，使之符合市场关系发展的新阶段；在俄联邦民法典中反映其应用和司法解释的经验；使俄联邦民法典的规定同欧盟法律中相关规定相接近；在俄联邦民事立法中运用有关欧盟国家民法典完善过程中最新的成功经验；维护独联体国家成员国民事法律关系调整的整齐划一；保证俄联邦民事立法的稳定性。俄罗斯民事立法完善的核心就是修订俄联邦民法典，因此，上述构想中所规定的目标，就是俄联邦民法典自身现代化的基本目标。

俄联邦民法典现代化是在现有框架下的大规模"自我扬弃"。正如构想的序言指出的那样，"俄联邦民法典通过了时间的检验，整体上经受住了实践考验和理论验证。民事法律调整稳定及国内经济流转和经济关系平稳的好处，要求我们支持民法典在民事立法中的基础性地位并在未来珍视地保留它的大部分规则"。质言之，俄罗斯民法典现代化不是再造新的民法典，亦不是重新编纂民法典，而是民法典的自我校正与"纳新吐故"。但同时我们要注意到，虽然民法典现代化没有触及根本，但是其面貌已发生重大变化。据统计，按计划修订后的俄联邦民法典第一部分将包含 629 条，变化条文的比例达到 77.9%。第二部分将包含 705 个条文，变化比例

---

① 罗·安德烈. WTO 与俄罗斯法律改革. 俄罗斯中亚东欧市场，2006（12）：14.

② Указ Президента Российской Федерации от 18 июля 2008 года N 1108 г. Москва О совершенствовании Гражданского кодекса Российской Федерации.

③ Концепция развития гражданского законодательства Российской Федерации (одобрена решением Совета при Президенте РФ по кодификации и совершенствованию гражданского законодательства от 07.10.2009).

为 15%。第三部分变化比例达到 23%。第四部分条文为 321 条，变化比例为 47.7%。这样，整体上修订后的俄联邦民法典条文数量将达到 1 778 条（增加了 14.7%），而修订变化比例为 45.3%①。

在上述俄联邦民法典完善设计中，两个极具原则性和系统性改变的领域就是法人制度和物权制度。其中，物权制度重构就如同构想序言所指出的那样，"尽管在一个民主社会、发达市场和法治国家，完整的物权制度体系是必需的，但是在俄罗斯现行立法中很多物权制度都缺失，而现有的一些物权制度仅仅是被严重歪曲的'点缀'。与大部分西方的发达法制不同，俄罗斯现行立法中没有建立起规范的土地和其他自然资源物权体系"。现行土地权利体系是由 1994 年俄联邦民法典和 2001 年俄联邦土地法典共同搭建的，其既存的弊端已经日益暴露，且仅靠"零敲碎打"方式弥补不足已经远不能满足实现全面体系化建设目标的要求，由此，俄联邦民法典现代化成为完善土地权利体系的重要契机。同样，作为物权制度重要组成部分的土地权利制度的重构成为民法典编纂与完善的重头戏之一。

最开始按照不同立法领域总计形成了七个民事立法完善构想，包括总则完善构想、法人立法完善构想、物权完善构想、债法总则完善构想、民法典中国际私法部分完善构想、智力活动成果和专有技术权完善构想、证券和金融市场立法完善构想。2010 年底，公布了全面修订俄联邦民法典的草案。根据 2010 年 11 月 8 日俄联邦总统民事立法编纂与完善委员会的决定，关于修订俄联邦民法典的联邦法律草案第一稿在俄联邦最高仲裁法院网站上公布。2011 年 3 月，根据反馈的意见和建议重新调整后的上述联邦法律草案提交俄联邦总统审查。最初的联邦法律草案同提交总统的草案之间的主要区别在于，后者考虑了俄联邦政府各部委的建议，尤其是俄联邦经济发展部的意见②。

2012 年 4 月 2 日，梅德韦杰夫将关于修订俄联邦民法典第一部分、第

---

① П. В. Кириллов: Модернизация Гражданского кодекса. [2012-04-14]. http://www.ivcons.ru/index.php? p=articles&categ=16&type=special&area=1&id=1138.

② Информационное сообщение о международной научно-практической конференции «Проблемы модернизации Гражданского кодекса Российской Федерации». [2012-06-16]. http://www.privlaw.ru/files/20let.doc.2011 年 12 月 19 日，由俄联邦经济发展部主办，在俄联邦商会举行了关于俄联邦民法典现代化的科学应用大会。此次会议是为纪念俄联邦总统私法研究中心成立 20 周年，同时就俄联邦民法典现代化有关问题进行了广泛而深入的讨论。上述俄文资料即为本次会议的信息汇总。

二部分、第三部分、第四部分以及部分俄联邦立法文件的联邦法律草案①（以下简称"修订俄联邦民法典的联邦法律草案"）正式提交国家杜马审议。2012 年 4 月 27 日，该联邦法律草案在国家杜马一读审议通过。原计划在 2012 年 9 月 1 日前，修订俄联邦民法典的联邦法律草案正式生效，但实际的立法进程是，国家杜马二读审议通过时，已经是 2012 年 11 月。由此，为减少立法通过阻力，加快审议进程，立法者决定将整个修订俄联邦民法典的联邦法律草案拆分为 11 个部分，逐一审议通过。于是，2012 年 12 月 30 日，总统普京签署了关于修订俄联邦民法典第一部分第一、二、三章的联邦法律。随后，2013 年 2 月 11 日，普京签署了关于修订俄联邦民法典第一部分和非营利组织法的联邦法律。2013 年 5 月 7 日，又通过了关于修订俄联邦民法典第一部分第四、五分编和第 1 153 条的联邦法律。2013 年 7 月 2 日，关于修订俄联邦民法典第一部分第一编第三分编的联邦法律颁布实施。2013 年 12 月 21 日关于修订俄联邦民法典第一部分和俄联邦若干立法文件失效的联邦法律颁布实施。此后，截至 2019 年 2 月 11 个修订民法典草案已经审议通过 9 个，但是截至目前民法典修订草案中涉及土地权利的部分，即第一部分第二编"物权"，尚未通过。

二、土地权利立法调整模式的再定位——在民事立法与土地立法之间

土地关系历来是公权与私权最为关注、各种冲突纠结的复杂领域，亦是公法与私法双重调整的交叉地带，在理论与立法中如何厘清二者界限是一个极其重要而又难以轻易明晰的问题。这一点，在俄罗斯土地关系法律调整中体现得尤为明显。典型的例证就是，关于作为公法的俄联邦土地法典与作为私法的俄联邦民法典在调整土地关系上的关系问题的讨论，从 1994 年民法典制定以来就争议不断、悬而未决，其后并没有因 2001 年土地法典颁布实施而达成共识、停止争论，反而随着近年来俄罗斯民法典现代化工作启动而愈加活跃与尖锐。这一问题确定性解决的意义，不仅直接决定当下民法典的完善质量，也关系到土地法典的未来命运，更为重要的是，将影响到今后俄罗斯整个立法体系内公法与私法之间关系协调与优化的取向。

（一）关于民事立法与土地立法在调整土地关系中主导地位的论辩

自从尼古拉·阿列克谢维奇·塞罗多耶夫（В. А. Дозорцев）发表文

---

① Проект Федерального закона N 47538-6 "О внесении изменений в части первую, вторую, третью и четвертую Гражданского кодекса РФ, а также в отдельные законодательные акты РФ".

章以来的 10 年间，民事立法与土地立法关系问题不止一次出现在法学文献中，无论是在土地法典颁布之前，还是在土地法典颁布之后①。其核心争议焦点就是在对土地关系进行调整时，土地立法和民事立法，谁应居于主导地位的问题。

　　在俄罗斯土地法学界，相当一部分土地法学者认为土地立法是调整土地关系的基本法律文件，土地关系都应当由土地立法排他性地调整或者以土地立法调整为主。例如，Н. А. 塞拉达耶夫确信地认为，"作为不动产的土地根本不能被民事立法所调整，它始终保持着特殊性"②。在谈到两者关系问题时他也毫不掩饰地讲，"正是由于作者们（指相关理论文章的作者。——引者）属于土地法理论的代表，在有关土地关系的不同定义中，常常出现一个共同的瞬间判断：它们都应排他地归属于土地立法调整"③。极端的土地法学者还强调，应当将俄联邦民法典第十七章剔除，因为土地关系无论如何也不能成为民法的对象，民法与土地法冲突时，土地法规范具有独一无二的优先权④。

　　从这样的表述中可以看出，在俄罗斯土地法学者心目中，土地立法对于土地关系调整是"天经地义"的，甚至无须其他法律领域的参与。这种认识的基点是：土地立法对于土地关系进行全面排他调整的理由就在于，土地有别于民事立法调整的其他财产对象的特殊性。土地作为不动产，不仅是民事权利客体，更重要的是，它是人类生存和活动的基础。调整土地利用和保护关系的出发点是：土地是受保护的极重要自然组成部分的自然客体，是作为农业和林业生产资料及在俄罗斯联邦境内进行经济活动和其他活动之基础的自然资源，自然，它理应成为公法关注的对象。土地的多功能属性决定土地的物权法属性仅是土地众多法律属性之一，并不是第一位和最本质的属性。土地作为自然环境客体和自然资源，其不可或缺性和作为生命维持基础的特性，决定其有别于其他物权客体⑤。

---

　　① Устюкова. В. В. Еще раз о соотношении земельного и гражданского права（по материалам судебной практики）. Государство и право, 2006（3）: С. 29.

　　② Сыродоев Н. А. О соотношении земельного и гражданского законодательства. Государство и право, 2001（4）: С. 35.

　　③ Мисник Н. Н. Еще раз о соотношении гражданского и земельного законодательства при регулировании земельных отношений. Государство и право, 2006（9）: С. 19.

　　④ Краснов Н. И. О соотношении земельного и гражданского законодательства. Государство и право, 1994（7）: С. 58.

　　⑤ Васильева М. И. Отраслевая дифференциация правового регулирования земельных отношенийвконтекстеразвитиягражданскогозаконодательства. Хозяйствоиправо, 2010（4）: С. 34.

上述认识有着深厚的立法传统做支撑。苏联时期土地立法就是专属性地调整土地关系，因为那时土地还不是民事权利客体。在那一时期，苏联学者的一致立场是："我们在划分民法和土地法（最近一个时期从土地法中划出了水法、森林法和矿产法等）时，必须考虑到，土地、矿藏、森林、水流在我们社会中并不是商品。土地等绝对不属于商品流通范围，对它们绝对不允许任何民事法律交易。在土地使用和土地设施方面，采用行政法所固有的权力和服从的方法同适用民事法律调整方法的一系列特征结合在一起。上述这种情况，是由于经济上对自然资源的估价和为了保证自然资源的正常再生产与受到保护而对价值杠杆的使用而决定的。"①

与此相反，在当代民法学者看来，凡是建立在主体平等、意思自治、财产独立基础上的土地利用关系都应是民事立法调整对象。现行土地法典中夹杂着大量民事立法规范或者包含了应由民事立法调整的内容，是"侵夺"了民法调整领地。莫斯科大学民法教研室主任苏哈诺夫教授的观点具有代表性，"土地法典的任务——规定必要的公法性质的限制、禁止和实现土地目的的程序，基于土地作为被土地法典第 1 条第 1 款第 1 项所正确指出的'人生存与活动的基础''受到保护的环境重要组成部分的自然客体'。作为不动产和物权客体的土地（地块）概念，则应当交由民法调整，如同把土地看作税收对象时交由财政法，把土地看作犯罪侵害的对象时交由刑法等等"②。土地所有权和其他土地物权、土地协议和继承属于民法，而限制土地规模、保障土地用途和合理使用、确定土地类别等等归属于土地法③。"我们应该认识到，土地法'以自己的方式'尝试解决有关土地利用的民事法律关系，如预期的一样，遭受了挫折。看来，它的制定者最终将被迫认同这样的想法，那就是土地法和土地法律调整的特点就是它们的公法性质，而不是相关部分民事法律关系规则的特殊性。"④

有学者在立法史中追根溯源，认为在 1990 年 12 月 24 日颁布的《俄罗斯苏维埃联邦社会主义共和国财产所有权法》中，已经准确地使用"地块"概念并将其作为独立、确定的民事权利客体看待，而将作为自然资源

---

① B. T. 斯米尔诺夫，等. 苏联民法：上卷. 黄良平，丁文琪，译. 北京：中国人民大学出版社，1987：19-20.

② Суханов Е. А. Вещные права в новом Земельном кодексе РФ. Экологическое право，Юрист，2003 (1)：С. 54.

③ Суханов Е. А. Земля как объект гражданского права. Вестник Моск. ун-та. Сер. Право，1992 (5)：С. 49-50.

④ 同②55.

的"土地"视作"居住在该地域人民的财富"。这实际上已经确立了民事立法与土地立法在调整土地利用关系领域的原则性区别,即土地作为独立、确定的物是第一位的,而第二位的才是抽象的自然资源①。还有民法学者较为激进地认为,随着土地成为经济流转对象,其已经进入民法效力范围,土地立法作为独立的法律部门已经失去单独存在的意义。"现代经济和法律发展的各种趋势表明一种倾向,土地法与民法将合并联合组成统一的私的民法。"②

纵观一直以来的各种争论,更多人赞同的、更为慎重的折中立场是,应当在土地立法与民事立法之间划分出一条调整土地关系的界限,在这个领域中寻求一种部门法之间的平衡。有学者认为,土地关系从根本上可以分为三类:第一类是基于国家机关行政法律文件而产生的土地关系(土地登记、土地监测、土地规划),在这一关系领域民事立法不发生作用;第二类是由民事立法调整,但也要考虑到土地法的土地关系,例如土地流转、土地协议;第三类是由民法直接调整的土地关系,例如,补偿土地利用者损失的规则③。这是一条可行的中间路线,但是如何具体划定民事立法与土地立法在调整土地关系上的"势力范围",却很难形成一致的认识。

在俄罗斯土地法学者看来,"土地法典由于民法典调整以土地为客体的财产关系的扩张而'遭受'变革"④。而在民法学者看来,民法典第十七章的暂缓生效"是国内立法者完全没有远见的举措。这里的问题是,不仅出现了得到一方支持的法律调整空白(因为通过新的土地法典遭遇了私人土地所有权支持者和反对者之间尖锐的和尚未解决的矛盾,通过新的土地法典在当时的政治力量对比情况下没有现实前景,自然就拖延了,有时总体上被质疑),问题还在于,第十七章的暂缓生效为其他有约束力的法律规范创造提供了大量机会,而根据我们的传统和现实,这些法律规范创

---

① Суханов Е. А. Проблемы реформирования Гражданского кодекса России: Избранные труды 2008—2012 гг.. М.: Статут, 2013: С. 274. Кодификация законодательства о вещном праве.

② Брагинский М. И. О месте гражданского права в системе«право публичное-право частное». Проблемы современного гражданского права: сб. статей. М., 2000: С. 75.

③ Жариков Ю. Г. Земельные отношения-имущественные отношения. ВестникМоск. ун-та. Сер. 11. Право, 1995 (6): С. 24.

④ Иконицкая, И. А. К вопросу о содержании Земельного кодекса Российской Федерации в контексте Концепции развития гражданского законодательства РФ. Государство и право, 2010 (8): С. 32.

造在法律技术和内容上很少有高超的水平"①。"这里不得不提到对民法学家'扩张主义'的指责,尤其是在俄联邦民法典第一部分生效以后这些指责广泛地来自企业法（经济法）的学者代表,但也并非与土地法学者毫不相关。正如所料,其实一切都'适得其反'。他们实质上是以相关法律领域的特殊性为借口,尽可能地试图从早已得到公认的民法调整对象中划出某些部分。"②

客观地讲,在土地关系调整界限的问题上,无论在理论上如何清晰界定,亦做不到"泾渭分明",民事立法同土地立法在调整土地利用关系上始终存在交集,特别是在"公""私"交汇的规范部分。同样还要看到,在俄罗斯现实政治环境中,"土地关系调整问题,无论它的研究者多么想把它纯粹地留在法律视野中,总是一个政治问题"③。确立一条俄罗斯土地立法与民事立法在调整土地关系中能够得到理论界共识的界线很难,何况影响这条界线确立的因素往往并不仅是纯粹理论上的考量。"问题在于,法律调整的客体和方法作为客观标准不是唯一的划分土地立法与民事立法的依据。立法部门结构,特别是综合性立法部门结构,同法律部门结构的区别在于,在自身形成过程中,遭受着巨大的主观因素压力。民事立法与土地立法在这个意义上也不例外。促使立法者违背上述客观标准的主观因素,其分量可能比客观标准还要重。"④ 可见,确定土地立法与民事立法在调整土地关系中的关系问题,在俄罗斯更具深层次的复杂性。

俄罗斯理论界对于土地立法与民事立法在调整土地关系中的关系问题的讨论仍在继续,其结论已日渐明朗化,对未来发展基本方向的认知也逐渐趋同,尤其是在土地权利制度方面。相当一部分学者认为,现在包含在土地法典中的民事法律规范应当回归到民法典当中,特别是关于土地物权以及其他土地权利的规定。"土地立法在俄联邦土地法典第三至九章中对有关土地所有权、其他物权以及一些债权的设定、内容、行使依据的广泛规定,甚至有关对它们保护的规定,都是没有充分理由和不符合土地权利

---

① Копылов А. В. Вещные права на землю в римском, русском дореволюционном и современном российском гражданском праве. М. : Статут, 2000：С. 4.

② Суханов Е. А. Вещные права в новом Земельном кодексе РФ. Экологическое право, Юрист, 2003（1）：С. 52.

③ Мисник Н. Н. . Еще раз о соотношении гражданского и земельного законодательства при регулировании земельных отношений. Государство и право, 2006（9）：С. 22.

④ 同③21.

法律本质的。苏哈诺夫认同在改进调整土地法律关系的条件下修改俄联邦民法典规则的必要性，建议彻底地从土地法典中取消第三至九章的绝大多数规则，把它们移挪到俄联邦民法典相应的章节中。"① 学者 B. B. 秋巴罗夫支持类似的立场，建议将包含在俄联邦土地法典中的民事规则（带有时效性的土地私有化规则除外），按照立法程序从土地法典中取消并且移挪到民法典中。在这种情况下移植土地法典第三章、第四章、第七至九章中有关规则的标准就是参照俄联邦民法典第十七章"土地所有权和其他物权"。这时也不排除个别规则分布在民法典的其他部分（例如第十五章"所有权终止"）②。学者 H. H. 米斯尼克认为："正是民事立法需要规定并列举土地物权和它们的主要内容。这里没有土地立法的空间，不存在可能的对其有利的例外情况，作为自然客体或资源的土地的特殊性在土地关系调整的这个阶段最弱化和不需要在土地立法中有任何一个细节的规定。"③

也有学者从土地法典命运的方面考量，持折中的立场。俄联邦科学院国家与法研究所所长助理、功勋科学家伊科尼茨卡娅认为："我们同意在2002 年土地法典生效实施一年以后，一些重要文献中有关对土地法典中涉及民事法律领域规范的严厉批评。"④ "看来，对以地块为客体的财产关系的调整，在考虑到公法性质需求的条件下，在民法典中是符合逻辑的，尤其是俄联邦土地法典规定的土地买卖的特殊规定在一定程度上讲是虚构的，完全可以将其归属到其他不动产客体中。"⑤ 但她同时又担心"在实施以上建议后将会从土地法典中取消几乎一半的法条。结果，在这种立法事实下，作为法典，只剩下 51 个条文"⑥。因此她又强调，在实施以上建议时，要充分考虑到后果，因为它关系到土地法典的命运问题。在她看来，这样调整后的土地法典，就不能称作法典了。

观察俄罗斯土地法学者和民法学者之间的关于土地法典与民法典在调整土地关系领域的范围与界限之争，很容易让笔者回想起我国法学界在

---

① Иконицкая, И. А. Современные тенденции развития законодательства о земле в Российской Федерации. Государство и право, 2010 (1)：С. 71.

② 同①.

③ Мисник Н. Н . Еще раз о соотношении гражданского и земельного законодательства при регулировании земельных отношений. Государство и право, 2006 (9)：С. 23.

④ Иконицкая, И. А. К вопросу о содержании Земельного кодекса Российской Федерации в контексте Концепции развития гражданского законодательства РФ. Государство и право, 2010 (8)：С. 24.

⑤ 同①.

⑥ 同①.

20 世纪 80 年代关于民法与经济法调整对象的论战。这也让我们感同身受地体会到，转型国家在发展进程中，曾经和正在，甚至未来都将共同面临类似的选择困境，这是一个不可逾越的必经过程。如何界定俄联邦土地立法与民事立法在调整土地关系中的界限是解决俄联邦土地法律调整问题的关键，也是化解土地立法与民事立法在法律适用中的冲突的应然选择。这既是俄联邦土地立法与民事立法自身科学化与现代化的必然要求，也是俄罗斯土地权利体系现代化重构的前提。

（二）俄联邦民法典现代化背景下对土地权利立法调整模式的确然选择

当下俄罗斯形成了土地法典、民法典共同调整土地关系的立法格局。就土地权利而言，土地法典中的土地权利规范不仅在数量上多于民法典，而且在很大程度上与民法典的规定不同，加之 1994 年俄联邦民法典第十七章"土地所有权和其他物权"的生效取决于 2001 年俄联邦土地法典的颁布实施，所以在俄罗斯现行立法对土地权利调整的实然关系上，形成了以土地法典调整为主、民法典调整为辅的立法模式。这种立法模式实际上是苏联土地关系法律调整方式在新市场经济环境下的变形与延续。在这种交叉调整模式下，很多土地权利规范互相重复、彼此矛盾、相互掣肘，不但没有形成合力，反而事倍功半，给土地利用实践和法律适用带来很多困惑。

在现行共同调整的立法模式下，为厘清民法典与土地法典规范在调整土地关系时的适用关系，立法者已在立法中规定了旨在明确界限与协调适用的原则性规范。例如，俄联邦土地法典第 3 条第 3 款规定："关于土地占有、使用和处分的财产关系及订立土地契约的关系，如果土地立法、森林立法、水立法、地下资源立法、环境保护立法、专门联邦法律没有另外规定，则由民事立法调整。"民法典中也有类似的规范。上述规范的适用效果是，这样的原则性规定远远没有达到厘清两个法典之间在调整土地关系特别是土地利用关系中的界限的目的。"很遗憾，上述所说的两个法典中的那些旨在使这种划分标准更加明确的规范，相互矛盾，因而不能胜任既定的任务，反而给理解调整土地关系的每个法律领域的意义和作用带来混乱，最终，还尖锐地提出了一个自身必须划清的问题。"[①] A.K. 格里切思科夫等学者在阐述划清土地立法规范和民事立法规范在调整土地利用关

---

① Мисник Н. Н.. Еще раз о соотношении гражданского и земельного законодательства при регулировании земельных отношений. Государство и право，2006（9）：С. 18.

系中的作用的原则内容时讲道，"设立这个原则用来解决的这个问题，是目前对土地关系进行法律调整的最突出的问题。在一定程度上讲，不仅土地立法的清晰，而且其自身实施的可能性都取决于这个问题的解决"①。在一个纷繁复杂、界限不清，对土地关系交叉调整，又充满矛盾与冲突的土地立法和民事立法法律体系中，仅靠几条旨在明确土地立法与民事立法分工与定位的规则显然是不够的，何况如何正确解读这些划分规则所隐含的真实含义，本身就是一个有争议的问题。

从苏联时期土地立法对于土地关系的排他性调整，演变为当代土地立法与民事立法对于土地关系的共同调整，与其说是由于土地由国家垄断发展到成为私人权利客体，不如说是民事立法对于俄罗斯法律生活介入力度与深度的加大和自身在立法体系中作用的巩固与拓展。如果说在20世纪90年代初启动编制的现行民法典中，人们发现了私法理念在俄罗斯的回归与复兴，那么当代俄联邦民法典现代化就标志着私法理念在俄罗斯新历史阶段的深度内化。当下，俄罗斯民法典现代化的优先目标是进一步强化其作为"经济宪法"的基础性法律地位。那么，一个重要任务就是，尽可能地将现在由公法调整的所有属于私的范畴全部归入民法典的调整框架之内。

构想在论述修订民法典的必要性时指出："事实上按照从前'苏联的传统'，关于对民事流转基础性财产——土地和其他自然对象的法律调整一直游离于民法典之外。况且俄联邦土地法典对于土地的调整完全是迟来的和不完善的：2001年通过的俄联邦土地法典在7年内实质性修订近40次。""应明确，所有物权种类、内容只能由民法典排他性地规定，且应适当地取消土地法典中的民事法律规范并将其加以必要的改造安置在民法典中。同理，其他自然对象（地下空间、水体）物权原则上应当同土地物权一致，即相关的自然对象（地下空间、水体）权利类型、权利主体、权利客体、权利内容等都应在民法典中规定。专门调整有关这些自然对象的法典或者联邦法律只是规定对这些自然对象公法性质的保护与监管。"当然，对于这些土地、水体等自然客体的公法限制，亦应当由调整这些自然客体的专门法律来规定。

简言之，就土地立法与民事立法在调整土地关系上的关系问题，特别

---

① Мисник Н. Н . Еще раз о соотношении гражданского и земельного законодательства при регулировании земельных отношений. Государство и право, 2006（9）：С. 18.

是对于土地权利的调整问题，构想已经做出了明确的方向性安排。在民法典与土地法典以及其他自然资源法典之间就调整土地关系划分出了明确的界限，排除了在土地法典或者调整其他自然对象法典、联邦法律中存留有关土地权利规范的可能性。这也预示着，随着民法典修订完毕并颁布实施，现有土地法典中的土地权利规范将不再发挥效用，并且将会随着民法典的完善和土地法典的修订而消失。

三、土地权利体系重构的目标、路径——建立有机联系的土地物权体系

"民法学中的物权问题几个世纪以来一直是民法学中的'时尚'问题。当下对物权问题的关注具有现实性。这主要是因为，国内的立法者重新恢复了物权范畴，遗憾的是，并没有给出物权概念，甚至没有确定地标示出物权的任何自有特征（属性）。与此同时，弄清物权本质与法律性质，明确物权基本属性，就具有非常重要的理论与现实意义。"[①] 俄罗斯物权体系的重建开始于 20 世纪 90 年代，在过渡经济、不动产市场欠发达、缺少对于国外物权法律调整研究的背景下，俄罗斯现行立法中的物权类型是非常散乱和相互矛盾的[②]。

正如构想所指出的那样："在民法典内非常有必要建立以所有权为基础并包括扩充的物权一般性规则的物权制度体系。"2011 年 12 月 19 日，俄联邦最高仲裁法院主席、俄联邦总统民事立法编纂与完善委员会物权立法工作组组长安东·伊万诺夫，在出席纪念俄联邦总统私法研究中心成立 20 周年大会时表示："我们的民事流转，对于能够满足民事权利主体任何要求的发达物权体系的需求，是显而易见的。"物权制度的修订目标就是物权的体系化发展，使之能够满足民事流转参加者依据物权（最大限度稳定与安全）利用财产的需求。根据构想起草了修订俄联邦民法典的联邦法律草案，该草案第 223 条第 2 款规定了 9 种限制物权：永久占有土地权、建筑权、地役权、个人使用权、房产抵押（不动产抵押）、取得他人不动产权、物的给付权、业务管理权、有限制地占有土地权。在安东·伊万诺夫看来，"这些变化的目的在于，建立逻辑上自圆其说并且严谨的物权规范体系，涵盖从基础概念到旨在调整最细微生活领域的

---

① К. П. Победоносцев. предисловие. Ахметьянова З. А. Вещное право: Учебник. М.: Статут, 2011: С. 6.

② И. А. Емелькина. Система ограниченных вещных прав на земельный участок: монография. М.: Инфотропик Медиа, 2013: С. 123.

特别细微设计"①。

土地权利的核心构成为土地物权，物权制度的重要成分是土地物权。由此，土地权利体系构建成为物权制度修订与调整的基本内容。如上所述，现行俄罗斯立法中土地权利体系是过渡性的、陈旧的、不完整和不丰富的，它不能有效满足公民、法人日益增长的对于土地长期、稳定利用的基本需求。当下，在俄联邦民法典现代化进程中，土地权利体系重构目标就是建立有机联系的土地权利体系，尽可能增加公民、法人利用土地的机会和可能。

根据现行土地权利立法实际，遵循俄联邦民法典修订理念与思路，为实现构建有机联系的土地权利体系、尽可能增加民事主体利用土地的机会和可能的目标，其基本操作路径表现为：一是回归大陆法传统，在物权框架内重构土地权利体系，把物权作为土地权利的基本存在样态。如同学者 И. А. 叶梅利基娜指出的那样，"针对土地，在立法草案中规定了与发达市场关系相匹配的经典限制物权体系"②。二是将土地权利规范全面吸纳到民法典之中，摆脱长期以来土地立法、其他自然资源立法与民事立法在调整土地和其他自然资源客体关系中各自为政、彼此冲突的立法窘境。如同俄联邦总统民事立法编纂与完善委员会委员、莫斯科大学民法教研室主任苏哈诺夫的判断，物权只能由民事立法来规定。修订俄联邦民法典的联邦法律草案第 223 条规定了封闭的物权清单，该草案第 221 条第 2 款明确规定，物权只能由民法典来规定。三是提炼、完善物权一般性规定，为土地权利规范构建与有效运行提供顶层设计保障。四是整合、改良、创设土地权利类型，实现土地权利类型多样化，丰富土地利用法律关系，尽可能增加利用土地的机会和可能。五是细化、优化、扩充土地权利规范，注重规范之间的协调性，消除彼此重复与矛盾之处。

第二节　土地权利体系重构的立法实践指向

俄联邦民法典现代化已经不再停留于论证与设计阶段。修订俄联邦民

---

① Иванов А. А. Основные тенденции развития законодательства о вещных правах. Вестник ВАС РФ, 2010 (12)：С. 7.

② Емелькина И. А. Система вещных прав на землю в российском праве и некоторых зарубежных правопорядках. Законодательство, 2010 (12)：С. 46.

法典的联邦法律草案已经被时任俄联邦总统梅德韦杰夫提交国家杜马审议。2012 年 4 月 27 日，草案在国家杜马一读中通过。在该联邦法律草案中，物权制度获得系统化与强化，所有权和限制物权制度得到丰富与完善，整个土地权利制度面貌焕然一新。

一、物权制度的体系化改造

物权制度是俄联邦民法典修订的两个重点领域之一，"这部分是现代生活的基石，因为它涉及和调整像所有权这样的基础概念"①。构想指出："现行民法典第二编名称为'所有权和其他物权'，该名称反映了该编内容，所有权规范占据主要位置，其他物权规范在该编中属于第二位置，这不正确。"显然，现有名称与立法者致力于创建多样、完整的限制物权体系的完善思路不合。因此，修订俄联邦民法典的联邦法律草案将该编名称变更为"物权"。新的物权编在结构上分为四章：第一章，占有；第二章，物权一般规定；第三章，所有权；第四章，限制物权。这种结构布局使得物权体系逻辑关系更为清晰、合理，也更接近于传统大陆法系国家，尤其是德国民法典物权制度的立法体例。

占有对于俄罗斯现行立法而言是新鲜事物。占有及占有保护制度虽然在十月革命前的立法中已经存在，但在现行立法中没有规定。修订俄联邦民法典的联邦法律草案将占有作为一种事实（对物的实际控制）而非一种权利来调整。草案中占有分为合法占有、非法占有、善意占有和恶意占有。任何占有人均有权保护自己的占有，无论是合法占有还是非法占有，并且无须证明占有权源。

同样，在俄罗斯很多学者看来，现行民法典中物权一般规定的缺失，是现行物权法律制度的主要不足之一。因此，修订俄联邦民法典的联邦法律草案在第二章"物权一般规定"中提炼出适用于各类物权的共同规则，包括物权概念、物权特征、物权客体、物权类型、物权行使、物权保护等内容。例如，确立物权法定原则，规定物权设立、变更与终止应依据俄联邦民法典和其他法律，物权及其内容由俄联邦民法典规定，物权行使规则由俄联邦民法典和依据其制定的其他法律规定。不动产物权应当进行国家登记并自登记时起生效，法律另有规定的除外。简化物权登记程序，仅需

---

① Вещные права в свете изменений ГК РФ. [2013–01–01]. http://www.gazeta-yurist.ru/article.php? i=1918.

登记物权，不再要求同时登记设定不动产物权的协议。"现行的登记程序已经过时，在任何一个法制中都不再实行。"① 为更全面地保护不动产权利人利益，确立不动产登记公信原则，任何善意的人相信登记信息并受此保护。

第三章"所有权"分为所有权一般性规定、所有权取得、所有权终止、共有、土地和其他自然资源客体所有权、建筑物构筑物所有权、公寓所有权。在所有权一般性规定中，规定了善意取得、时效取得等；在不动产所有权取得部分，规定了违法建筑物所有权的取得、无主不动产所有权的取得、财产综合体所有权的取得等；在所有权终止部分，规定了对管理不善的文化遗产的购买、对不被善待的家养宠物的购买以及国有化制度等；在专门的土地和其他自然资源客体所有权章节中，规定了土地的公共利用、土地相邻权、基于公共利益的土地所有权限制等。

第四章"限制物权"则是逐一对 9 种限制物权进行详细调整。在该章所罗列的限制物权清单中，大部分是现行立法中没有的限制物权类型。

总体来看，修订俄联邦民法典的联邦法律草案不仅改变了俄联邦民法典第二编的名称与结构，而且在具体内容上也做了很多实质性改变，表现为对既存规范的细化和新规范的增补，使得条文数量大幅度增加，立法质量有了很大提升。

二、土地所有权规范的优化与扩充

在修订俄联邦民法典的联邦法律草案中，土地所有权规范最重要的变化是确立了土地与其上建筑物、构筑物法律命运一体化原则。"新修订的俄联邦民法典第二编建议以概念性方式解决俄罗斯土地永恒的问题。在俄联邦民法典新方案第 19.2 章'土地和其他自然资源客体所有权'中规定确立了'不动产一体化'基本原则，在此原则下理解土地和其上的建筑物、构筑物。"② 例如，规定土地所有权人为其上建筑物、构筑物所有权人，法律另有规定除外。禁止同属一人所有的土地或其上建筑物、构筑物分别转让，违反该规定所签订的合同无效（第 287 条第 4 款）。土地和其

---

① Сергей Тимофеев. Обзор проекта изменений в Гражданский кодекс РФ: куда «движется» недвижимое имущество? . [2013-01-07]. http://www. basalt. ru/materials/you_need_to_know/833/.

② Поправки в Гражданский кодекс: вся соль земли. [2012-10-18]. http://rapsinews. ru/legislation_publication/20120418/262854547. html.

上建筑物归属于不同所有人时，土地所有人有权优先取得其上建筑物所有权，反之亦然（第292条）。这是世界各国普遍通行的原则，但在俄罗斯还是一个新的立法事物。原因在于，苏联时期土地归属国家所有，任何人都不可能取得土地所有权，因此土地并不具有实质价值，反而是土地上的建筑物在民事流转和土地法律关系中扮演重要角色。虽然2001年俄联邦土地法典第1条第1款已经规定了该原则，但是在提供国有或自治地方所有土地给公民和法人使用的复杂现实中这一原则并没有得到完全贯彻与执行。"我们中很多人多少还习惯于，在出售住宅、房屋或者办公用房时不应关注土地。好像不动产挂在云端。"① 因此，在此次修订俄联邦民法典中再一次明确该原则，并将之贯彻于相关规范之中。

另一个重要的变化是，规范与强化了对土地所有权的限制。例如，规定了相邻权制度，土地所有权人今后在行使土地权利时应当考虑到相邻土地占有人的利益。修订俄联邦民法典的联邦法律草案第293、294条规定了10项对土地所有权人权利行使的限制和4项所有权扩张情形。土地所有权应当受到其用途以及环境保护立法和生态立法的限制；完善土地对公共利用容忍制度（第288条）；规定在不征收土地所有权情况下基于公共利益的土地所有权限制（第295条第2款），这一规范实质上代替了土地法典中备受诟病的公共地役权制度；新增因违反用途利用土地导致土地所有权终止（第295条第5款）、因违法利用土地而导致土地所有权终止（第295条第6款）的规定，而此前这两种调整土地权利终止的规范都存在于土地法典中。

在土地征收制度的完善方面，最为显著的进步，就是尝试在立法中明确"国家和自治地方需要"的含义。俄罗斯现行立法中土地征收（征购）的前提为"国家和自治地方需要"，这等同于我国立法中"公共利益的需要"。此前，俄联邦民法典、土地法典都没有对"国家和自治地方需要"做出明确界定，这也是俄罗斯学者们所讨论的土地征收（征购）制度中存在的明显不足之一。修订俄联邦民法典的联邦法律草案第296条规定，在特殊情况下为国家和自治地方需要可以通过购买的方式征收所有权人的土地，包括以下情形：（1）为履行俄联邦国际义务。（2）为保障公民和组织行使诉讼权利，安置普通法院和仲裁法院设施。（3）在没有其他安置可能

---

① "Право знать": новый Гражданский кодекс РФ и право на землю. ［2012-10-16］. http://rapsinews.ru/legislation_mm/20120411/262772196.html.

的情况下，安置以下客体：联邦能源系统设施和区域能源系统设施；利用核能设施；国防和安全设施；联邦交通设施，信息、电信、电报线路，以及区域交通设施和信息、电信、电报线路；航天活动保障设施；保障俄罗斯国家边界现状和保卫边界的设施；保障天然垄断行业活动的联邦和区域线路；市政供电、供气、供暖、供水设施；联邦、区域或市际、地方公路。（4）法律规定的其他情况。从上可见，立法者意图很明显，征用（征购）土地的情形被限定在非常狭窄的范围内，立法尽最大可能保护公民、法人的土地所有权。

修订俄联邦民法典的联邦法律草案还设有很多新规范，对土地所有权做出了更为精细化的调整。这些新规范，要么是在借鉴法制发达国家土地所有权立法经验以及总结国内司法实践和理论研究成果的基础上首次形成的，要么是已经存在于土地法典之中，这次在改造的基础上被移植到民法典中来的。例如，第一次明确了地块概念，即土地表面部分，可以成为所有权客体，其边界按规定程序确定和证明并需进行国家地籍登记，土地所有权及于该边界范围内的土地表层（土壤）和其上植物。明确了土地分割、划分、合并时土地所有权产生与终止的法律规范。例如，在将一人所有土地划分为多块土地时，原土地所有权在新形成各地块所有权国家登记时终止；属于不同所有人的地块合并时，原土地所有权自新合并后的土地所有权国家登记时终止；依据共有土地份额划分土地时，划分出的地块所有人对于原土地的权利自该人的划分出地块所有权国家登记时终止；自建筑物、构筑物损毁（灭失）之日起 5 年内其所有人没有重建的，则损毁（灭失）建筑物、构筑物所有人的土地权利终止。在一定程度上释放了违法建筑获得法律认可的空间，如果建设人对于土地拥有在其上进行建设的民事权利，并且在不实质性违反城市规划和建设规范的前提下，即使没有取得建设许可，国有或自治地方所有土地上违章建筑的所有权也将被立法承认。

三、两个基础的土地用益物权立法模型

形成土地限制物权体系是 300 年来俄罗斯民法学理论的重要任务之一①。

---

① И. А. Емелькина. Система ограниченных вещных прав на земельный участок: монография. М.: Инфотропик Медиа, 2013: С. 2.

土地限制物权是民法典修订中最受关注，也是变化最大的制度之一。在修订俄联邦民法典的联邦法律草案规定的 9 种限制物权中，两个与土地占有、使用最为紧密、最为重要的土地限制物权模型是新设的，即永久占有土地权和建筑权。立法者希望利用这两个基础的立法模型，替代现行立法中的土地可继承终身占有权、土地永久（不定期）使用权和基于建设目的的土地租赁权，并以其为骨架搭建起新的土地和其他自然资源客体用益物权体系。

（一）永久占有土地权

永久占有土地权，相当于大陆法用益物权体系中的永佃权。其构成特征是：功能定位是占有、使用他人土地，从事农业生产、林业、组织捕鱼、养鱼、狩猎、建立特别保护区和地质遗迹，以及法律规定的其他活动；权利人有权取得基于利用土地而获得的果实、产品、收入的所有权；权利存续期为无限期或一定的期限，如果规定期限，则期限应当在 50 年以上；权利人有偿使用土地，费用由双方合同约定，如果合同与法律没有特别规定，约定的费用可调整，但 10 年内至多调整一次，如协商未果由法院裁决，如果土地为国家所有或自治地方所有，则法律可以规定以土地税定额的方式来限制土地有偿使用费用；权利可以转让、抵押或以其他方式处分，可继承或基于法人改组转移；在权利存续期限内权利人可以出租土地，但是租赁期限不能超过 5 年，为防止永久占有土地权终止时土地上还存在租赁权，修订俄联邦民法典的联邦法律草案专门规定，永久占有土地权终止时，土地租赁合同亦终止；权利人应当按照土地自然性质利用土地，并负有改善土壤的义务，原则上不能在土地上建设建筑物和构筑物，除非权利人获得在该土地上的建筑权。

永久占有土地权根据土地所有人的意愿设立，在法律规定的情况下可按照其他依据设立。在国有或自治地方所有土地上设立永久占有土地权的内容与程序由法律规定。土地利用目的和土地利用费用是设定永久占有土地权合同的实质性条件，这些实质性条件应当登记在国家不动产统一登记簿中。

因土地的自然属性和品质改变，致使不能按照土地用途使用土地的，永久占有土地权终止。因相当一部分土地的自然属性和品质发生改变，致使不能按照土地用途使用土地的，可以根据永久占有土地权人的申请提前终止永久占有土地权。规定一定权利存续期限的永久占有土地权，自该期限届满时终止。永久占有土地权人和土地所有人可以协商终止永久占有土地权，但该权利已经抵押的除外。拥有永久占有土地权的公民，可以根据民法典第 451 条情势变更条款中规定的程序与条件要求终止该权利。永久占有土地权人不履行改善土地义务或者放任土地恶化或连续 2 年不缴纳规定的费用的，永久占有土地权可以因土地所有人的要求而终止。土地所有人应当告知永久占有土地权人，要求其消除相应破坏后果以及规定不少于6 个月的消除破坏后果期限，在土地所有人规定的消除破坏后果期限内，永久占有土地权人不消除破坏后果的，土地所有人有权诉请法院终止永久占有土地权。土地因国家或自治地方需要被征收的，永久占有土地权终止。土地被以竞拍方式出售的，永久占有土地权不终止。

永久占有土地权终止时，永久占有土地权人的所有改良成果（种植、劳作成果），均应无偿保留给土地所有人，双方协议另有规定的除外。永久占有土地权因土地征收提前终止时，做出征收决定的机关要向永久占有土地权人及土地所有人支付补偿。

按照修订俄联邦民法典的联邦法律草案有关过渡条款的规定，永久占有土地权能否替代既有的土地可继承终身占有权、土地永久（不定期）使用权，取决于该土地的用途。对于拥有国有或自治地方所有土地永久（不定期）使用权的公民、法人，以及拥有可继承终身占有权的公民而言，若该土地用途为农业生产、林业、组织捕鱼、养鱼、狩猎、建立特别保护区和地质遗迹，以及法律规定的其他目的，则在该联邦法律草案生效以后，该公民、法人被认为对该土地拥有永久占有土地权。

（二）建筑权

建筑权，相当于传统大陆法用益物权体系中的地上权。在 19 世纪之前，在俄罗斯立法中使用他人土地进行建设没有被视作限制物权，而保护建立在他人土地上的建筑物的需求，在立法中出现的时间却早得多。将土地上这两种权利分开在俄罗斯立法中是普遍现象，因此出现了很多调整这两种土地权利的尝试，这一问题在 19 世纪末 20 世纪初社会矛盾激化的背景下需要彻底地审视。正是在这种情况下，1912 年 6 月 23 日，建筑权法应运而生。在这部法律中，建筑权被确认为是有期限、可转移、可继承的在他人土地上进行建设的物权。该法律规定了建筑权的一系列原则性问题：他人土地上建筑的占有人每年支付费用可以取得独立的物权；权利期限不得少于 36 年，不能多于 99 年；建筑权人无须土地所有人同意，有权处分建筑权，包括继承；土地所有人相应地有权定期收取费用，对于逾期6 个月不支付费用的，土地所有人可以要求执行义务人的财产，同时保留处分土地的权利①。

在苏联时期，建筑权制度作为单独的物权制度被规定在 1922 年《俄罗斯苏维埃联邦社会主义共和国民法典》第 71～84 条中，并一直存续到 1949 年。这一时期立法规定，设定建筑权协议应当以公证方式进行，对于砖石建筑的权利期限不高于 49 年，其余建筑的权利期限不高于 20 年。但是在不动产权利和私人所有权被消灭的背景下，这种权利实质上有别于传统的俄罗斯法和罗马法中的地上权。建筑权的主体，一方是公用事业部门和合作社，一方是作为建设人的公民。合同终止后，建筑物按照评估委员会的评定标准向建设人补偿后，所有权归属于国家。

在 20 世纪 90 年代末的社会转型过程中，俄罗斯民法学界曾经讨论过在立法中恢复建筑权制度，但未能实现。在当下的物权立法中，除土地所有人行使类似于建筑权的功能外，可继承终身占有权、永久（不定期）使用权也承担着建筑权的一部分功能。但是如前所述，2001 年土地法典颁布实施以后，俄罗斯公民和营利性法人已经没有取得可继承终身占有权和永久（不定期）使用权的机会，只能通过签订土地租赁合同获取土地租赁权进行建设。因此，如何构造并提供一种限制物权来满足公民与营利性法人的建设需求，就成为民事立法、土地立法现代化改造的必要内容。其实，早在 20 世纪 90 年代末，俄联邦土地法典颁布之前，有学者在综合分析既有立法中的限制物权体系功能的基础上，就已经明确提出在立法中恢复建筑权，使之作为一种独立的限制物权存在。该学者从政治、经济多个角度论述了恢复建筑权的必要性与重要性，并且提出了详尽的立法修订建议②。

在实践中，在俄罗斯现行立法没有规定建筑权的情况下，有些民事主体已在签订设定建筑权的合同，并且这种法外的选择得到了司法机关的确认与保护。有一案例，市政机关提供给一企业 520 平方米土地的建筑权，用于建设洗车房。后来，该企业违约被市政机关诉至法院。该企业提出反诉，认为它们设定建筑权的合同违反了俄联邦土地法典第 3 条、第 30 条、第 33 条的规定和俄联邦建筑法典第 168 条的规定，因此根据俄联邦民法典第 168 条的规定，它们之间设定建筑权的合同是非法无效的。对此，俄

① И. А. Емелькина. Система ограниченных вещных прав на земельный участок: монография. М. : Инфотропик Медиа，2013：С. 203-204.

② Копылов А. В. Вещные права на землю в римском，русском дореволюционном и современном российском гражданском праве. М. : Статут，2000：С. 160-162.

联邦最高仲裁法院主席团认为，按照俄联邦民法典第 421 条第 1 款的规定，公民和法人拥有签订合同的自由。他们可以签订法律和其他法律文件规定的合同，也可以签订法律和其他法律文件没有规定的合同。因此，诉争合同并不违反法律规定，是有效的。这也从另一方面验证，在当下，公民和法人正在以各种不同方式运用建筑权制度，建筑权制度在俄罗斯拥有广阔的"用武之地"①。

在修订俄联邦民法典的联邦法律草案中，建筑权的构成特征是：功能定位系在他人土地上建设建筑物、构筑物以及进行后续改造；建筑权存续可以无限期或者规定一定的期限，设定建筑权的合同规定权利存续期限的，应当不低于 30 年，不高于 100 年，约定为 100 年以上的，权利存续期限为 100 年；在建筑权存续期间，建筑物、构筑物归属于建筑权人所有，建筑权存续期间届满后，建筑物、构筑物所有权归属于土地所有权人，法律和设定建筑权的合同另有规定的除外；设定建筑权为有偿的，代价可以为一定金额的货币，也可以把所建的建筑物房间提供给土地所有人所有或占有、使用；在将建筑物内房间转移给他人所有时，从该房间所有权转移国家登记开始，该房间所有人成为土地建筑权人；建筑权费用由双方协商确定，如果法律或合同没有相反的规定，建筑权费用可调整，但 10 年内至多调整一次，如协商未果由法院确定；权利可以转让、抵押或以其他方式处分，权利可继承或基于法人改组转移；在一块土地上可以设定若干建筑权，建筑权由设定建筑权合同规定；建筑权应当进行国家登记；在国有或自治地方所有土地上设定建筑权的程序与内容由法律规定。

建筑权人可以在设定建筑权合同规定的范围内，改变土地上的不动产——改造、拆除现有不动产和建设新的不动产，法律另有规定的除外。建筑权人应在规定的期限内在土地上建设建筑物、构筑物。建筑权人应按照土地用途和许可使用的目的利用土地，建设以及维护建筑物和构筑物。

所建设和改造的建筑物或构筑物的信息，建筑物、构筑物在土地上的坐落位置，建筑权存续期限与建筑权费用是设定建筑权合同的实质性条件。在法律规定的情况下，在国有或自治地方所有土地上设定建筑权的合同中，可以不包括所建设和改造的建筑物、构筑物的信息及其在土地上的坐落位置信息。土地信息、建筑权存续期限、建筑权费用的信息应当登记

① И. А. Емелькина. Система ограниченных вещных прав на земельный участок: монография. М.: Инфотропик Медиа, 2013: С. 220–221.

在国家不动产统一登记簿中，如果公民或法人是土地所有人，还包括所建设或改造的建筑物或构筑物的信息。

建筑权因权利存续期限届满而终止。土地上建筑物、构筑物灭失不是建筑权终止的依据，建筑权可以因土地所有人和建筑权人协商而提前终止，法律另有规定的除外，如果建筑权已经被抵押，则不可以提前终止。根据建筑权人申请，可以依据民法典第 451 条情势变更条款中规定的依据和程序而提前终止建筑权。在这种情况下，土地所有人可以要求建筑权人拆除土地上其所建设的建筑物或构筑物。如果建筑权人拖欠 2 年以上的建筑权费用，在土地所有人向其送达书面通知、要求其在合理期限内消除该违约行为而建筑权人仍拖欠不交的情况下，建筑权可以依据土地所有人的要求而提前终止。如果因建筑权人的原因造成土地上文化遗产灭失或损毁，建筑权可以因土地所有人的要求而提前终止。建筑权可以依据修订俄联邦民法典的联邦法律草案第 296.4～296.6 条中有关因不正当利用土地导致土地所有权终止的程序与条件予以终止。建筑权因国家或自治地方需要征收、征用土地而终止。

按照修订俄联邦民法典的联邦法律草案有关过渡条款的规定，对于拥有国有或自治地方所有土地永久（不定期）使用权的公民、法人，以及拥有可继承终身占有权的公民而言，如该土地用于建设目的，则在该联邦法律草案生效后，该公民、法人被认为就该土地拥有草案所新规定的有限制地占有土地权。按照该联邦立法草案关于有限制地占有土地权的规定，此时，权利人有权根据自己的选择要求土地所有权人提供确保其进入该建筑物、构筑物所必需的土地建筑权或者土地租赁权，同时也有权依据私有化立法程序要求购买该土地。

现有的土地永久（不定期）使用权人和土地可继承终身占有权人，在修订俄联邦民法典的联邦法律草案生效后，除了有权进行上述权利转换外，仍然可以依据其他联邦立法的规定取得所利用的国有或自治地方所有土地的所有权。例如，土地可继承终身占有权人仍然可以依据土地立法的规定要求将可继承终身占有权无偿转换为土地所有权。

此外，租赁国有或自治地方所有土地用于建设目的的承租人，在修订俄联邦民法典的联邦法律草案生效之后，有权要求取得该土地所有权或者设定建筑权，但土地租赁合同规定，建设系为土地所有权人进行的除外。如土地承租人在租赁期限届满之前没有行使上述权利，则在租赁期限届满后，承租人被认为对该土地拥有租赁期限届满后 50 年的土地建筑权。与此同时，该联邦法律草案禁止今后将国有或自治地方所有土地租赁给他人用于建设并由其取得建筑物所有权。

（三）其他限制物权类型

除永久占有土地权和建筑权外，修订俄联邦民法典的联邦法律草案还规定了 7 种限制物权。无论是权利类型还是权利内容，与现行立法相比都有很大变化。其中，除地役权和业务管理权①以外，其余均为新创设的权利类型。

1. 地役权

修订俄联邦民法典的联邦法律草案详尽地规定了地役权的一般性规定和权利类型。

修订俄联邦民法典的联邦法律草案对地役权的一般性规定，确定了地役权的概念、期限、权利内容、费用、权利终止依据等内容。草案规定，土地、建筑物、构筑物和其他设施（供役物）可以为其他土地、建筑物、构筑物和其他设施，包括未建成建筑物（需役物）所有人的利益而受限制地使用，如果不设定地役权就不能实现利用上述土地、建筑物、构筑物和其他设施（需役物）的目的。如果设定地役权将导致供役物所有人不能利用该物或者利用该供役物极其困难甚至到了失去利用意义的程度，则不能设定地役权。地役权不能为不特定主体设定。地役权是无限期的，除非法律另有规定。地役权由需役物和供役物所有权人协商确定，存在争议的由法院裁定。地役权类型和设定程序由民法典规定。不允许设定民法典没有规定的地役权。

设定地役权协议应当双方以书面形式签订，违反该规定的设定地役权协议无效。除却现有立法中的积极地役权外，法律草案新增加了消极地役权类型。

关于地役权的费用，草案规定，需役地所有人应当支付地役权费用，费用标准由双方协商确定或由法院裁定，并记载于国家不动产统一登记簿中。地役权费用可以一次性支付，也可以分期支付。地役权费用可由双方协商调整，但调整间隔期限不得低于 5 年，费用调整协商不成的由法院裁定。联邦法律草案支持地役权有偿设定原则，只有在需役地所有人基于非

① 业务管理权是指国有或自治地方所有企业、机构在法律授权范围内占有、管理、处分归属它们的财产的权利。现行民法典中还有一种与业务管理权功能相当的经营权，在修订俄联邦民法典的联邦法律草案中经营权被取消。

经营目的设立地役权时，才可以是无偿的。

联邦法律草案共计规定了 5 大类地役权：

（1）通行地役权，是指为通行、车行、驱赶牲畜、运输货物等经过或者进入他人土地的权利。穿行地役权，是指为需役地所有人的需要，在不采用交通工具的情况下经过他人土地和其他供役物以通行和搬运物品；驱赶牲畜地役权，是指在不采用交通工具的情况下为牲畜迁移和人们通行而经过他人土地和其他供役物；车行地役权，是指为人们乘行、运送货物以及为保障车辆正常运行而改良土地，经过土地。

（2）公用地役权，是指为安置、作业、维修、改造公用设施（输水管道、输气管道、输油管道、输电线路、通信线路和其他类似设施）而利用供役地的权利。公用地役权确保需役物所有人在供役地上和其他供役物范围内，实施建设、运营、维修和复建公用设施及改造工作，为此可挖掘土地和安置必要的技术设备、装置和辅助设备。

（3）施工地役权，是不使用他人建筑物或者土地就不能实施建设、大修或者改造建筑物、构筑物行为的权利。施工地役权允许在土地或其他供役物上临时安置脚手架、建筑机器和设备、起重机平台、其他必要设备，允许挖掘供役物接近需役物建筑物、构筑物的地下部分但需随后复原。未经供役物所有人同意不能在供役物边界内建设临时建筑。在需役地不能满足实施建设工作的条件下，施工地役权存续于建设、大修和改造建筑物或构筑物期限内。支撑地役权是指，利用位于土地或者其他供役物范围内的建筑物或构筑物为需役物地域内的建筑物或构筑物建设或改造设计提供支撑。如果根据建设规范和规则这种支撑是必要的，则设定支撑地役权不能被拒绝。

（4）采矿地役权，为开采矿藏设立在含有矿藏的土地上，或者为利用需役地地下空间设立在所必需的其他供役地上。采矿地役权允许在供役地上从事地质研究、勘探或按照地下空间立法规定的方式与体量开采矿产资源，安置设备和设立从事地质研究、勘探或开采矿产资源所必需的不动产。采矿地役权不提供进行露天开采矿产资源和在供役地范围内堆放生产废料的权利。

（5）土壤改良地役权，是指为保障需役地的正常使用，将水引入需役地或将水排出需役地的权利。土壤改良地役权确保为土地灌溉或排涝需要，从地下水源或地上水源引入或排泄地表水或地下水。对此，需役地所有人有权修建排水沟和从事必要的土地挖掘，建设地上、地下构筑物以及对这些构筑物进行临修和大修。

　　一直以来，地役权都是在俄罗斯未能大规模普及的土地权利类型，但大家普遍认为，随着私人土地所有权和土地他物权的增速发展，其未来将有很好的应用前景。虽然修订俄联邦民法典的联邦法律草案中的物权编尚未通过生效，但是对于地役权问题的讨论已经积极展开。例如，俄联邦发展基础设施领域公私伙伴关系专家委员会在第一次会议上讨论了地役权相关问题。专家委员会所有成员一致认为，设定地役权的费用在联邦法律草案中的规定并不明确，而这是最现实和重要的问题。在讨论过程中，他们提出了两种评估地役权价值的方案：第一种方案是评估因设定地役权而给土地权利人（土地所有人和其他占有使用土地的限制物权人）带来的不利益。这种方法在很大程度上保护土地权利人，但实质性不足是缺少客观的结构化价值评估方法——简单说，就是没有统一的方法。第二种方案是将地役权价值与土地地籍价值挂钩。土地地籍价值由国家确定并考虑到开发土地的既有条件，可作为衡量因设定地役权而使土地权利人遭受利益损失的客观标准。一般说来，地役权价值核算机制应当保护土地权利人，防止基础设施公司试图滥用行政资源和降低损害补偿金额。在分析国外经验，也包括俄联邦已有的其他确定各类土地负担费用标准之后，该委员会建议按照下列公式计算地役权费用：设定地役权费用＝单独的该土地设定地役权所占据的土地面积地籍价值额（以每平方米计）×相应的地役权费用比例（平均费率）。在建议每一联邦主体（或自治地方）的费率标准之前，上述相应的地役权费率在由具体的自治地方代表机关的规范性法律文件确定的土地税率范围内确定。这种标准的区分取决于土地类别和可允许的利用类型。他们还认为，如果所有人不同意按照类似的方式计算地役权费用（地籍价值被低估、土地所有人的损失高于地役权费用），则可以向法院起诉，要求重新评估土地地籍价值或确认因设定地役权将产生的损失①。

　　2. 个人占有使用权

　　这是大陆法传统的用益权，是指公民和非商业组织占有、使用他人不动产的权利。权利人不能利用其从事经营活动，权利亦不能转让。联邦立法草案还规定了个人占有使用权的特别类型，即共同占有使用权，这是一种与住宅所有人共同生活的人利用该住宅的权利。个人占有使用权的客体

---

　　① Сервитут: цена вопроса. ［2014－02－09］. http://zakon.ru/Discussions/servitut_cena_voprosa/8874.

是建筑物、住宅或者其他不动产。个人占有使用权适用于坐落有建筑物的土地。个人占有使用权的对象可以是房屋，也可以是住宅的某部分——住房中的一个或者多个房间。

个人占有使用权可以根据不动产所有人和使用人之间的协议设定，或者通过不动产所有人的遗嘱继承取得。设定个人占有使用权应当采取书面形式，由双方在同一文件上签字。不遵守上述程序设定个人占有使用权的协议无效。设定个人占有使用权协议应当规定使用费用或者明确为无偿使用。使用费用至多每7年调整一次，协商不成的由法院裁定。个人占有使用权期限可以是不定期或者为使用人终身。非营利组织的个人占有使用权期限不能超过21年。

个人占有使用权的权利人有权独占性地占有、使用不动产，排除包括不动产所有人在内的占有与使用。与此同时，使用人应自费妥当地维持个人占有使用权标的物，防止其状况恶化并承担所有支出；经所有人同意，使用人可以改善该物。使用人无权要求物的所有人补偿支出的费用，包括改善、修理或者复原的费用。个人占有使用权标的物的意外灭失和损毁风险由使用人负担。

个人占有使用权因标的物灭失、使用人死亡、作为使用人的非营利性组织解散或者被撤销（重组除外）、个人占有使用权期限届满而终止。个人占有使用权可由使用人与所有人协议终止。无偿的使用可由使用人单方终止。

3. 取得他人不动产权

这是一种基于协议或者法律规定而产生的取得他人不动产的优先权。权利人可以要求不动产所有人在一定条件下将该不动产出售给自己。取得他人不动产的权利存续期限一般不超过10年。如果双方协议没有规定提供的取得他人不动产权需要支付费用，则该权利是无偿的。

取得他人不动产权根据权利人与物的所有人之间的协议设定。设定取得他人不动产权的协议应当包括以下内容：保障确定该物的信息；取得他人不动产权的行使期限；如果该权利为有偿取得，取得他人不动产权的费用标准；交付该物的期限；支付取得该物的费用与期限。法律可以规定在签订某一类型合同时产生取得他人不动产权。

拥有取得他人不动产权的人可以将该权利转移给他人，同时将约定转移该不动产所有权归属于自己的合同权利义务转移给该人。

对取得他人不动产权的国家登记以该物的负担方式进行，如果物还没有建成，则登记为未来在其上将出现该新不动产的土地负担。取得他人不动产权未进行国家登记，不能免除双方履行合同的义务，包括转移该不动产归属于它的取得人所有。

取得他人不动产权在以下情形终止：拥有取得不动产权利的人取得该不动产所有权；取得该不动产的权利被不动产的所有人购买；行使权利的期限届满；负担该权利的不动产灭失。

4. 物的给付权

这一权利相当于德国民法典中的不动产负担。该权利人有权从不动产所有人处取得一定数量的商品、劳务、金钱等形式的财产给付，在不能取得这些财产给付的情况下，权利人有权按照房产抵押的抵押赎回程序处分该不动产。

物的给付权依据权利人和物的所有人的协议产生，也可以在法律规定的情况下按照其他依据产生。物的给付权的财产给付规模和它的货币评估、物的给付权的存续期限和给付周期都是设定物的给付权合同的实质性条件。在物的给付权进行国家登记时，设定物的给付权的合同的实质条件都应记录在国家不动产统一登记簿中。赡养合同或终生扶助合同可以规定设定物的给付权。

物的给付权期限为权利人终身或者不超过100年的任何期限。如果设定物的给付权的合同没有其他的规定，属于公民的物的给付权期限被认为是终身。财产给付的周期由设定物的给付权的合同约定。如果设定物的给付权的合同没有其他规定，则给予公民的财产给付周期为每月一次。另外，根据公民申请，法院可以改变财产给付周期，如果这种改变符合公民的利益并且不会过分加重不动产所有人的负担。

财产的给付规模可以重新调整，但调整周期不应低于10年。如果财产给付价值在给付时点因民事流转缘由急剧增加或者减少，法院可以根据物的给付权人或不动产所有人申请予以调整。减少使公民受益的财产给付规模，应当经该公民同意。

如果不动产所有人违反针对相对人的财产给付义务，应当对其适用债务不履行或不完全履行责任的规范。如果根据物的给付权应当给付商品、提供劳务或者服务，违反对于相对人的财产给付义务，适用违反相应类型的合同后果的规范。只有在法庭支持强制履行财产给付义务请求之后，不动产所有人再次违反财产给付义务的，给付权人才可以请求处分物的给付权标的物。

物的给付权在以下情形终止：物的给付权人死亡，如果该权利期限规定为其终身；物的给付权期限届满；负担物的给付权的不动产灭失。如果物的给付权人在 5 年内没有提出关于财产给付的申请，不动产所有人有权诉请法院要求终止物的给付权。

5. 房产抵押（不动产抵押）

这是俄罗斯立法中的新生事物，是有别于普通抵押的独立概念。房产抵押分为两种类型：一是附属房产抵押，即在抵押协议中规定债务标的、债务履行期限、债务规模。二是非附属（独立）房产抵押，这种房产抵押协议中并不明确债务标的、债务规模，而是规定抵押权人通过出售抵押物所能优先获偿的最高贷款金额，抵押权人有权确定债务的具体规模。非附属房产抵押，类似于我国立法中的最高额抵押。房产抵押作为限制物权与一般抵押适用相同的规则，通常情况下房产抵押的抵押权人为银行或者其他信贷组织。

6. 有限制地占有土地权

这一权利是指建筑物、构筑物所有人在没有取得其他物权或者与土地所有权人之间不存在协议的情况下，基于在他人土地上存在不动产这一事实，拥有的占有、使用通行到建筑物必要范围内土地的权利。在这种情况下，建筑物或构筑物所有权人有权根据自己的选择，要求土地所有权人向其提供通行到该建筑物或构筑物必要范围内土地的建筑权、永久占有土地权或土地租赁权。如果该土地为国有，建筑物、构筑物所有权人有权依据私有化立法程序要求购买该土地。有别于其他限制物权，在建筑物或构筑物所有权人按照上述选择取得土地所有权、其他限制物权之前，有限制地占有土地权无须进行国家登记。这种限制物权是基于俄罗斯土地和其上建筑物、构筑物往往并不属于同一主体所有的复杂现状而创设的，是一种非典型物权，也是一种过渡性物权。

此外，为避免因权利类型变化而引发的混乱与无序，这次民法典修订与俄罗斯以往的立法变革不同，采取新的权利过渡模式，即并不硬性要求权利人办理将既有土地权利转换为联邦法律草案中新类型土地权利的手续，而是允许根据现有土地利用事实状态而自动适用新的物权规范。例如，可继承终身占有权、永久（不定期）使用权可以视土地用途不同而自动确认为永久占有土地权、受限制的土地占有权。这种自动过渡方式，在很大程度上避免了因办理权利转换手续而额外增加公民、法人的时间成本与经济负担，有助于实现新旧土地权利的顺利过渡与衔接。

7. 业务管理权

这一权利是指国有或自治地方所有的单一制企业以及机构，在法律规定范围内按照活动目的、财产所有人的任务和财产属性，占有、使用和处分归属于它们的财产的权利。如果根据民法典第 120 条第 1 款所有人将财产划归上述单一制企业及机构使用，则它们用所有人划拨的资金取得的财产，以及经批准用运营活动收入或者根据不违背法律或单一制企业及机构章程的其他依据取得的财产，归属于单一制企业或机构。

未经所有人同意，单一制企业或机构无权将基于业务管理权而归属于它们的不动产出售、租赁、抵押，以及出资作为商业公司、合作社的股金或者以其他形式处分。不是国家企业的单一制企业，有权独立地处分归属于它的动产，法律或者其他法律文件另有规定的除外。国家企业、国有和私有非营利机构有权转让或者以其他方式处分所有人划归它们的动产以及用所有人划拨资金购置的动产，但是须经该财产所有人同意。国家企业、国有和私有非营利机构无须所有人同意，在从事经营活动或者其他取得收入的活动时可以销售其生产商品，从事劳务和服务，法律和其他法律文件另有规定的除外。

业务管理权自国家登记时产生；所有人划拨给单一制企业或者机构的动产的业务管理权，自该动产转移给企业或机构时产生，法律或其他法律文件另有规定的除外。利用业务管理财产取得的成果、产品和收入，以及单一制企业依据合同或者其他依据取得的财产，依据民法典、其他法律和其他法律文件中取得所有权的程序归属于该企业或机构业务管理。财产业务管理权基于民法典、其他法律和其他法律文件规定的所有权终止依据，以及根据所有人做出的合法的征收国家企业或者机构财产的决定而终止。

四、立法修订中的争议与立法进程

俄联邦民法典现代化背景下的土地权利体系重置，是一个充满争议又受到各方关切的话题。作为这次民法典修订重头戏之一的物权制度，其中利害关系最大、变动最为剧烈、最受关注的部分，就是与土地利用直接相关的限制物权。立法修订过程中的争议，无论是赞成还是反对，既有针对规范制度设计科学性的不同认知，也有对土地利用实践中各主体的不同利益的考量，还有的关系到国家对土地资源的宏观调控。

其中，修订俄联邦民法典的联邦法律草案中的建筑权规范及其权利转换规则，划定了一个明确的权利重置路径，这就是用土地建筑权取代基于建设目的的土地租赁权。这一变化是巨大的，在俄罗斯国内引起很大争议。未来，虽然修订俄联邦民法典的联邦法律草案并没有完全禁止土地租赁，今后仍可租赁土地用于建设临时性建筑或者建设不归属于承租人所有的建筑，但实际上建设用地租赁制度功能已经大大减损了，对于公民和法人不会有以往的吸引力了。

在立法者看来，建筑权的长期性和稳定性优势，可以有效避免因以租赁方式利用建设用地的短期性而导致的权利不稳定以及租赁期限届满后的利益冲突等问题。因为，在俄罗斯很多专家和分析人士看来，建设用地租赁的短期性成为在土地交易市场提供国有或自治地方所有土地租赁给公民、法人使用时，官员腐败现象普遍存在的制度诱因。用更为稳定的建筑权替代土地租赁，这在很大程度上压缩了官员在提供国有或自治地方所有土地给公民和法人使用时的寻租空间①。支持以建筑权取代建设用地租赁权的学者认为，这一土地利用法律模式的优势体现在：

一是这种制度坚定地遵循了立法者一以贯之的"土地与建筑物法律命运一体化"思路。在建筑权终止后，土地之上建筑物、构筑物所有权归土地所有人所有，这将保障土地与其上建筑物所有权主体同一。相反，在建设土地租赁模式下，租赁期限届满时，按照现行立法规定，土地之上建筑物、构筑物所有权仍然归属于已经失去土地租赁权的原承租人所有，这导致土地与其上建筑物永远分属于不同主体，除非建筑物所有人购买土地所有权。同时，在这种情况下，通过对两种法律后果的比较可知，承租人拥有的债权性质的土地租赁权效力反而超过限制物权的效力，这不符合法理逻辑。

二是在权利稳定性方面，建筑权制度设计对于利用他人土地的权利主体的保护更为有利、更为稳定。土地租赁权生成于租赁合同之中，遵循契约自由原则和法律规定，而作为限制物权的建筑权则严守物权法定与类型化的硬约束，其内容并不可随土地所有者和建筑权人的意思任意调整，这在很大程度上杜绝了土地所有者利用优势地位形成非公正性的权利义务配置，从而巩固了双方当事人权利义务的确定性状态。

基于土地租赁合同而产生的土地租赁权的权利存续期限相对较短，存在期限届满后需延期的弊端。承租人对抗土地所有人和第三人侵害的能力

---

① Поправки в Гражданский кодекс: вся соль земли. [2012-10-18]. http://rapsinews.ru/legislation_publication/20120418/262854547.html.

相对较弱，承租人权利往往被出租人主导的土地租赁合同限制和削弱。除此以外，按照现行立法规定，土地所有人可以在承租人不按照土地用途利用土地、不正确使用土地、在 3 年内没有实际利用土地以及连续 2 年没有支付土地租金的情况下，提前终止土地租赁合同。相反，修订俄联邦民法典的联邦法律草案中的建筑权的终止依据当中则没有上述权利终止事由。这在最大限度上保障了建筑权人长期、稳定利用土地的权利，避免土地所有人对他人占有、使用土地权利的随意侵夺。

此外，建设用地租赁存在土地所有者单方面每年改变一次租金的可能性，而在建筑权制度设计中，建筑权费用由双方协商确定，在权利存续期内费用虽可调整，但 10 年内至多调整一次，如协商未果则由法院确定。

三是在权利流转空间上，建筑权更具明显的优势。建设用地租赁权虽然可以流转，但是流转可以被租赁合同限制或禁止。只有在租赁期限为 5 年以上的国有或自治地方所有建设用地租赁中，立法才禁止当事人限制土地租赁权流转。而在建筑权制度设计中，无论是在国有或自治地方所有土地上设定，还是在私人土地上设定，也不论权利存续期限为多久，权利均可以自由流转，当事人不可约定加以限制。另外，现行立法中建设用地租赁权抵押尚需土地所有者同意，这在某种程度上削弱了土地承租人的融资能力。建筑权抵押则无此限制，建筑权人可以更好地借助金融机构融资早日实现建设目的。

四是建筑权制度设计更好地平衡了土地所有人、土地使用人之间的利益关系。在土地租赁的情况下，通常租赁期限届满后土地之上的建筑物仍然存在，但此时建筑物已经失去存在于他人土地之上的合法权源。如果去除土地之上的建筑物，则无论对于土地所有人还是承租人，都是损失。相反，在建筑权制度设计中，建筑权人长期稳定地利用土地，建设并使用土地上的建筑物，其所获利益已经超过其所支付的建筑权费用和建筑物成本。此外，在权利期限届满时，建筑物归属于土地所有人，建筑权人同时获得相应的补偿。这种法律利益平衡关系的考量，既有助于社会财富的积累与维护，又充分兼顾了各相关利害人。

同时，权利存续期限长可以激励和约束建筑权人以土地所有者的态度合理地经营、利用土地，高质量地建设并长期维护使用建筑物，这在很大程度上避免了"掠夺式"开发土地和建设临时建筑物，以及为减少建设成本而出现质量不过关的建筑物的可能。从这一点上理解，也使得土地所有人与土地利用者可以获得利益一致性。

五是建筑权制度更具有投资吸引力，将大力助推土地建设市场的发展。建筑权人可以以建筑权和未来归属自己的建筑物作为抵押来获取建设资金，这对于银行而言具有很强的吸引力，因为土地价值和建筑物价值是银行利益的有力保障。由此，土地开发商和进行个人住宅建设的公民利用土地的意愿将更加强烈。而在土地租赁法律关系中，承租人为从银行获得建设资金，仅能将土地租赁权抵押，融资能力受限。建筑权人在较为便捷地获取借贷资金的同时，可以更为顺利地完成土地开发与建设，实现资金健康流转，从而及时归还银行贷款，这将正向地激励银行更加青睐建设者的融资申请。总之，建筑权相对于土地租赁制度而言，具有很大的优势①。

也有学者在详细考察建筑权历史渊源和国外经验的基础上，对在修订俄联邦民法典的联邦法律草案中设立建筑权做出正向评价，并提出完善建筑权立法模型的意见。其认为，历史和国外的建筑权运行经验表明，这一制度对于满足住宅建设需求是有效的，尤其是对于低收入群体。在俄罗斯立法中设立建筑权，将有利于解决与满足个人住宅建设需求和经营活动建设建筑物需求相关的一系列社会、经济问题。鉴于该联邦法律草案中并没有规定建筑权终止后的补偿条款，建议立法规定在建筑权终止时，参考奥地利立法的规定，给予建筑权人的建筑物价值补偿应当不多于建筑权终止时该建筑物市场价值的四分之一②。这样能够更好地平衡利害关系的利益，减少现实中实行新制度的阻力。

需要注意的是，反对这种建设用地权利替换模式的社会声音同样强烈，反对者以商业阶层为主要力量。反对的主要原因在于，在建筑权制度设计中，权利期限届满后，土地之上的建筑物所有权归属土地所有人，如果土地非为建筑物开发者所有，则他们将失去建筑物所有权，这严重损害了他们在既有的利用租赁土地进行建设的模式下的利益。他们如果要取得建筑物所有权，就要购买土地，那是一笔高昂的资金支出。而在现有土地租赁模式下，开发商仅需支付土地资金，这会便宜得多。也正是基于这样的原因，莫斯科城市土地局的统计数据证实，开发商并不寻求获得土地所有权。2012 年前 10 个月莫斯科签署了 46 693 件土地租赁协议。与此同

---

①　Ершов О. Г.，Полежаев О. А. Право застройки земельного участка или право аренды?. Право и экономика，2013 (2)：23-25.

②　И. А. Емелькина. Вещное право застройки чужого земельного участка. Вестник Высшего Арбитражного Суда Российской Федерации，2010 (11)：43-61.

时，莫斯科老城区内仅签署了 1 673 件土地买卖协议，涉及土地面积 1 460.92 公顷，其中超过 90% 的土地是按照土地价值 20% 的优惠私有政策条件购买的，该政策已于 2012 年 7 月 1 日终止。很难找到愿意按照完全地籍价值，即土地市场价值，购买建筑物、构筑物其下土地的人①。

以俄罗斯工业家和企业家联盟为首的商业界反对这种以建筑权代替建设用地租赁的立法修改②。不仅在实业群体中存在分歧，即使在立法、司法和学术领域，至今也没有达成一致意见。2014 年 1 月 16 日，修订俄联邦民法典的联邦法律草案的重要起草人之一、莫斯科大学民法教研室主任苏哈诺夫，在出席《M-Логос》研究所圆桌会议后讲，新的民法典草案物权编有通不过的可能。据他讲，总统办公厅国家法律局正在审议这一草案，而他们认为，现有的法律体系不应当剧烈地改变。草案反对者认为，改革将使企业家失去长期租赁办公场所的可能，并将受到特别严格的监管。为防止出现草案不被通过的情况，必须修改现行的联邦法律草案。在这次圆桌会议上，相当一部分实务界人士和学者，甚至包括一些联邦法律草案的起草者，都表达了对以新的物权编取代现行的广泛适用的土地租赁制度的可行性的怀疑：

一是联邦法律草案中的物权体系配置，能否满足现有租赁制度运行的所有情况。俄联邦最高仲裁法院私法部门负责人拉曼·别夫捷科在发言中列举了十余种租赁类型，涵盖了经济生活中物的利用的各种必要情形。民法典物权编起草人之一、俄联邦最高仲裁法院私法部副主任杰尼斯·纳瓦克也认可新的土地物权体系不能完全替代土地租赁的应用情形。俄联邦宪法法院私法的宪法基础部主任安德烈·雷巴罗夫则认为，新的物权体系有些规定过于刚性，例如作为农地租赁替代者的永佃权的最小期限为 50 年，这并不符合当事人利益。与上述认识不同，一些草案起草者透过物权法的刚性看到了它对于交易的优势。联邦法律草案起草小组领导人、俄联邦最高仲裁法院主席安东·伊万诺夫早前指出，这将使得经营者获得固定内容和限制终止依据的权利。

二是这种致力于用新的物权体系全面替代租赁制度的做法，带来的变化是具有革命性的，这不利于土地关系的稳定。土地租赁制度已经被人们

---

① 建筑权替代租赁权：对开发商钱包的打击．[2014-02-06]．http://sroportal. ru/news/federal/pravo-zastrojki-vmesto-prava-zemelnoj-arendy-udar-po-koshelku-developerov/.

② 同①．

熟知和适应，完全取消是危险的。尽管存在上述批评，但大部分会议参加人不反对设立新的物权，但这应是在保留"有力的"租赁的前提下。俄联邦宪法法院私法的宪法基础部主任安德烈·雷巴罗夫建议道："不应当取消现有的制度。如果你们青睐物权，就一并设立它们。让所有的花盛开在我们的花园。"按照俄联邦总统民事立法编纂与完善委员会副主席阿列克桑德勒·马科夫斯基的想法，新的物权编在不能稳定土地关系的情况下不会生效实施[1]。在他看来，土地关系不稳定，则民法典物权编毫无价值，即使明天它被通过了。

本章小结

在俄联邦民法典现代化进程的催化下，土地权利立法迎来了实质性变化节点。俄罗斯立法者对于未来土地权利重构图景的描绘，始终把握两个基本维度：在宏观效用维度上，旨在适应社会转型后期的市场经济发展，激活土地资源，促进土地流动，尽可能满足经济主体对于土地利用的需求；在微观法技术维度上，意图创建协调、稳定、宽松的土地权利法律空间，激励与引导公民、法人利用土地，保护权利主体的合法权益。基于此，俄罗斯在总结国内土地利用立法和实践的基础上，借鉴欧洲国家的成熟经验，探索确立土地权利立法未来发展与完善的全新走向：

第一，重新界定公法与私法在调整土地关系中的界限，将土地权利法律调整模式由现行的土地立法与民事立法双重调整，转变为由俄联邦民法典排他性调整。这为消除立法规范之间的矛盾、实现土地权利体系化调整奠定了立法框架的基础。

第二，严格遵循大陆法传统，倚重物权制度，构建有机联系、长期稳定的土地权利体系。用建筑权（地上权）取代基于建设目的的土地租赁，以永久占有土地权（永佃权）代替实现农业生产目的的土地可继承终身占有权和土地永久（不定期）使用权。这一更替在很大程度上消除了苏联立法遗留的历史痕迹和转型时期立法的过渡印记，标志着俄罗斯土地权利立

---

① Зачем сервитут, если есть аренда？//Новые вещные права могут не появиться.[2014-02-16]. http://zakon.ru/Blogs/zachem_servitut_esli_est_arenda__novye_veshhnye_prava_mogut_ne_poyavitsya/9968/Rating.

法向大陆法传统更为坚定和彻底的回归。无论是确立土地与其上建筑物法律命运一体化原则，还是土地物权类型设计，都是做出这一判断的有力证明。

第三，土地权利立法发展倾向由偏好所有转为重视利用。如果说曾经的土地权利立法发展优先方向是以土地国有垄断背景下的所有权再分配和土地所有权有效实现为核心的土地归属的话，那么现时俄罗斯土地权利立法发展的主旨，则是以优化土地限制物权体系、扩充土地限制物权类型为重心的土地利用。扩充土地权利类型，使得公民、法人利用国有或自治地方所有和私有土地的可选择方式多样化；土地限制物权权利期限变长，稳定性明显增强，这既有助于吸引银行抵押贷款，同时又大大激发了公民、法人利用土地的积极性；权利流转能力增强，土地可以因其上限制物权的转移而流动，摆脱了土地仅靠买卖和租赁权转移而流转的窘境；私人土地之上可以设定用益物权，与国有或自治地方所有土地拥有同等的法律运行空间。

上述体系性变化是俄罗斯 20 余年土地改革和土地立法实践试错与校验的结果，也是俄罗斯法学理论研究逐步成熟的收获，更是立法对于俄罗斯转型后期土地利用需求的适时回应。

2012 年 10 月，普京总统在国务委员会主席团会议上表示："俄罗斯领导层提出在最近 8 年内让 60％的国民能够住上舒适价廉的房子，为此需要建立新的城乡土地使用制度。"① 历史经验表明，任何一次土地立法调整都是土地权利再配置的过程。这次俄联邦民法典如期修订后，新的土地权利体系能否真正如立法者预期那样发挥作用，能否顺利地与现实有效无缝衔接，都是待证的，这一点在历经土地改革的俄罗斯尤为重要。在俄罗斯法律和司法信息局针对修订俄联邦民法典的联邦法律草案中土地权利变化所做的调查中，"所有接受调查的专家和律师都认为，毫不夸张地说，修改具有革命性，根本性地改变了土地和不动产流转规则，以及绝大多数不动产所有人同政府当局的关系。这种变化在实践中会产生何种效果，专家们没有统一的认识"②。

与此同时，俄联邦民法典修订必然导致其他一系列联邦法律的调整，

---

① 普京：俄罗斯土地使用信息应透明便捷．[2012-11-13]．http://chinese. ruvr. ru/2012_10_09/90721352/．

② Поправки в Гражданский кодекс：вся соль земли．[2012-10-18]．http://rapsinews. ru/legislation_publication/20120418/262854547. html．

包括土地法典和农用土地流转法，以及森林法典、水法典、地下空间法。俄联邦土地法典修订的前期准备工作也早已经展开，需要指出的是，新的土地权利体系运行效果不仅取决于自身的制度设计水准，在很大程度上还受制于俄联邦土地法典等一系列相关联邦法律的协同效用，而这一切都有待进一步观察。

第七章　中俄经贸合作中利用俄罗斯土地的法律风险控制

第一节　俄罗斯立法对外国主体利用土地的特别规制

按照俄联邦外国公民法律地位法第 2 条的规定，外国公民是指非俄罗斯公民并且拥有其他国家身份证明的自然人。外国法人以及外国组织统称为外国投资者，俄联邦外国投资法第 2 条将其定义为，依据注册国法律确定其民事权利能力并有权在俄罗斯投资的外国法人。无国籍人是指，不拥有俄罗斯国籍也不具有其他国家国籍的人。按照上述立法定义，被确认为外国公民、无国籍人、外国法人的主体在取得和利用俄罗斯土地时，将受到俄罗斯立法针对他们的特别规制。

一、取得土地所有权的特别限制

俄联邦宪法第 36 条第 1 款规定，公民和他的联合体有权取得私有土地。如前文所述，俄罗斯民事立法与土地立法等规范性法律文件为实现该宪法原则提供了有效的可操作途径。同时，俄联邦宪法还规定，外国公民、无国籍人与俄罗斯公民一样行使权利与履行义务，俄联邦法律和俄联邦国际条约另有规定的除外。如同世界上相当多的国家一样，俄罗斯对于外国公民和外国法人取得和利用俄罗斯土地规定了一定的立法限制①。

---

① 俄罗斯总统驻远东联邦区全权代表新闻处人士 2011 年 5 月 23 日向俄新社表示，远东边境地区有大约 100 块土地出售或者租赁给外国公民和无国籍人，这违反俄罗斯现行法律。他解释说，全权代表新闻处工作人员对执行俄罗斯总统令的情况进行了检查，俄罗斯总统 2011 年 1 月 9 日批准了一份边境地区清单，在这些地区外国公民、无国籍人和外国法人不得拥有土地所有权。他说："本次检查结果表明，堪察加边疆区边境地区有 26 块土地属于外国公民私有财产，哈巴罗夫斯克边疆区有 19 块，阿穆尔州有 26 块，滨海边疆区有 10 块土地长期租赁给外国公民，有 7 块土地租赁给外国法人。"他指出，全权代表维克托·伊沙耶夫在 5 月 23 日召开的会议上要求联邦和地区政府机构采取措施杜绝这种违法现象。（俄远东边境地区约 100 块地出售或租赁给外国人．[2012-10-07]．http://commerce.dbw.cn/system/2011/05/24/000358795.shtml．）

(1) 禁止无偿取得土地。在俄罗斯，外国公民、无国籍人和外国法人，没有无偿取得国有或自治地方所有土地所有权的机会。俄罗斯立法中有关无偿取得国有或自治地方所有土地所有权的情形，均不能适用于外国公民、无国籍人和外国法人。

(2) 禁止取得特定地区土地所有权。俄联邦土地法典第 5 条第 2 款规定，外国公民、无国籍人、外国法人取得土地所有权的权利由土地法典和联邦法律规定。土地法典第 15 条第 3 款规定，外国公民、无国籍人和外国法人不能取得边境地区和依据俄联邦法律规定的特别区域土地所有权，边境地区清单由俄罗斯总统依据有关俄联邦边境的联邦立法确定，俄联邦特别区域依据联邦法律确定。2011 年 1 月 9 日，俄联邦总统签发了关于确认外国公民、无国籍人、外国法人不能取得土地所有权边境地区清单的命令。该总统令规定了一些自治地方清单，列入清单内的这些自治地方的土地同样不能被外国公民、无国籍人、外国法人所有。实际上，总统令对土地法典第 15 条进行了扩张，其划定的很多限制外国主体取得土地所有权的地域已经不是边境地区，外国主体取得土地所有权的空间被进一步压缩①。同时，俄罗斯立法禁止外国主体取得大陆架和地下空间所有权。

(3) 禁止取得农用土地所有权。由于担心国外资本操纵俄罗斯农用土地市场，进而控制俄罗斯农村和农业，俄联邦农用土地流转法第 3 条规定，外国公民、无国籍人、外国法人以及外国公民、无国籍人、外国法人所占注册资本超过 50％的法人只能以租赁的方式拥有农用地。例外情况是，按照立法规定，提供给公民用于建设个人住宅、建设车库、个人副业和郊区经营、畜牧业、园艺、蔬菜栽培以及被建筑物、构筑物和设施所占据的农用土地并不适用俄联邦农用土地流转法，所以，上述外国主体可以取得上述农用土地所有权②。

按照农用土地流转法的规定③，外国公民、无国籍人、外国法人以及

---

① В. А. Бакулина. Приобретение и использование земельных участок иностранными гражданами и иностранными юридичекими лицамина терртории Российской Федеации. Совеменное право, 2012 (2)：С. 65.

② Боголюбов С. А. -Отв. ред. Научно-практический комментарий к Земельному кодексу Российской Федерации с постатейными материалами и судебной практикой. 5-е изд. М.：Издательство Юрайт, 2011：С. 103.

③ 本段关于外国主体农用土地所有权终止的规则，在后续农用土地流转法修订过程中被取消。原因可能是，在法律规定的期限内原有的外国主体农用土地所有权已经强制性转移完毕，而且不再提供新的农用土地归其所有，该规则存在已无意义。

外国公民、无国籍人、外国法人所占注册资本超过 50％的法人，在农用土地流转法实施以前取得的农用土地应自该联邦法律颁布实施之日起 1 年内，在农用土地流转法颁布实施以后取得的农用土地则应当自取得土地所有权之日起 1 年内，将该土地转让。如土地转让给俄联邦各主体或者自治地方所有，转让人还拥有承租该土地的优先权。上述主体如在指定期限内未转让土地或土地份额，国家登记机关应当在 10 天之内以书面形式向联邦各主体国家权力执行机关和地方自治机关报告。联邦各主体国家权力执行机关和地方自治机关应在得知上述情况之后 1 个月内，提请法院强制土地所有权人通过拍卖的方式出售土地或土地份额。如果无人竞买，则联邦各主体或自治地方按照当地的市场价值取得土地或者土地份额所有权。基于继承法的规定，继承人继承农用土地违反上述限制的，适用同样的处理办法。

二、优先取得土地所有权的特别限制

俄联邦土地法典第 35 条第 5 款规定，作为他人土地上建筑物、构筑物、设施所有人的外国公民、无国籍人和外国法人，享有对该土地的优先购买权或租赁权。但俄联邦总统可以规定不适用这一规则的建筑物、构筑物、设施种类清单。这意味着，作为列入总统令清单的建筑物、构筑物、设施所有人的外国公民、无国籍人和外国法人取得土地优先权被限制。这种限制同样适用于作为建筑物、构筑物、设施所有人的外国主体行使对国有或自治地方所有土地排他性的私有化权的情形。

除上述立法中的禁止性条款外，在涉及房屋买卖和租赁、土地买卖和租赁、不动产抵押等问题时，外国投资者还应当仔细研究相应登记主管部门的具体要求，保证交易文件格式和内容完全符合俄罗斯法律的要求，以免在交易过程中出现无法控制的风险。例如，2007 年 5 月 12 日，俄罗斯联邦登记局发布第 82 号局长令通过了《外国公民、无国籍人和外国法人不动产权利及交易国家登记的操作指南》，对涉及外国主体的不动产登记问题做出具体的指导。

第二节　中国投资者利用俄罗斯土地的法律风险控制

中国投资者在利用俄罗斯土地过程中，应当在事前法律风险评估、事

后法律纠纷诊断与处置时，着重关注以下问题及应对措施。

一、俄罗斯调整土地关系立法多层级性与多领域性导致的规则不确定性风险

俄罗斯为联邦制国家，国家管理分为三个层次：俄联邦、俄联邦各主体和自治地方。土地关系法律调整由俄联邦立法和俄联邦各主体立法共同进行，俄联邦各主体拥有调整本地域土地关系较为充分的自主空间。因此，在俄罗斯，经常会出现俄联邦各主体立法和自治地方规范性文件与俄联邦立法不一致的情况。同时，俄联邦土地法典、民法典是调整土地关系的基础性文件，但农用土地流转法、森林法典、水法典等规范性法律文件对特定类别土地进行单独调整或者做出特别规定。此外，繁多的俄联邦总统令在调整土地关系中发挥着独特的积极作用。因此，在对取得、利用俄罗斯土地的法律风险评估时，应当对调整目标土地的规范性法律文件进行系统分析，不能仅局限于联邦法律，还应当注意发现俄联邦总统令、俄联邦各主体规范性法律文件和自治地方规范性文件中的特别规定。对于农用地、林地、水体土地等特别类型土地，亦应结合专门立法进行全面的法律风险评估。

二、俄罗斯土地立法频繁修订引发的规则变动风险

1990 年社会转型伊始，俄罗斯立法体系就在致力于建立新法律秩序进程中不断地解构与重建。其中土地立法修订已经成为常态，而每一次修订都直接或间接地对取得和利用土地产生实质影响。因此，中国投资者在法律风险评估与纠纷处置时，应掌握最新的立法文件，避免将失效或者过时的法律条文作为风险评估与维权的依据，这样才能将因法律文件修订产生的规则变动风险降至最低，把握解决土地利用纠纷的主动权。

同理，修订俄联邦民法典的联邦法律草案生效以后，土地权利规则又将发生实质性变化。拟取得和利用俄罗斯土地或已经占有、使用俄罗斯土地的中国投资者，应当密切关注立法修订带来的权利变动机会与风险。例如，修订俄联邦民法典的联邦法律草案生效后，承租建设用地的中国投资者将有权将土地租赁权转换为建筑权或者取得土地所有权。

需要注意的是，2013 年 10 月，俄联邦经济发展部根据总统普京的年度规划和俄联邦政府授权，制定了关于外国人不动产交易特点和修订 1997 年 7 月 21 日《俄罗斯联邦关于不动产权利和不动产协议国家登记的

联邦法律》的联邦法律草案。该草案的核心规则是，对于外国公民、无国籍人和外国法人以及外国资本超过 50％ 的俄罗斯公司的不动产交易设立许可程序。该草案释义言明："新的变化旨在避免形成种族飞地和外国人对俄罗斯地域的控制，防止在俄罗斯土地上出现被外国人控制的独立的社会经济结构。"不过有人认为，"实施交易许可立刻会消除所有的，我们 20 年所为之奋斗，试图证明和平，能够和需要向我们经济的投资。但这个'辉煌'的提议一下埋葬了所有成果并在上面安装了钢筋混凝土板"。他还举了一个简单的例子，说明这种规则的危害。例如，外国公司大多数投资方案的实施要依靠有吸引力的银行投资，而银行要求提供资产抵押，按照这个立法草案的逻辑，银行需要取得行使抵押许可，而国家机关可能不提供这种许可，或者迟延提供这种许可，等等①。由此可见，俄罗斯立法频繁变动是常态，尤其是在俄罗斯国内对于外国投资浓厚的既爱又惧的舆论氛围背景下，对于外国投资者不动产交易规则的不确定性变动就在"情理"之中了。

三、俄罗斯调整土地关系立法规范之间的矛盾与冲突可能导致的规范适用风险

在现行俄罗斯土地权利立法中，法律规范之间的矛盾与抵触情形，虽不能说俯拾即是，但也绝不是寥若晨星。如前所述，按照俄联邦民法典第 267 条第 1 款的规定，可继承终身占有权人可以将土地出租给他人。而土地法典第 21 条第 2 款却禁止可继承终身占有权人处分土地，包括出租或提供给他人无偿定期使用。再如，土地法典第 22 条第 5 款规定，在租赁合同期限内承租人向第三者转让、抵押租赁权以及以租赁权入股，只需告知土地所有人而无须征得其同意。而俄联邦不动产抵押法第 62 条第 1.1 款规定，在租赁合同期限内承租人抵押土地租赁权应当经土地所有人允许。只有期限为 5 年以上的国有或自治地方所有土地租赁时，土地租赁权抵押才无须土地所有人同意。虽然现行立法中的规范冲突情形随着立法逐步完善正在逐渐减少，但是规范冲突仍然存在，亦会对中国投资者取得和利用俄罗斯土地造成不利影响。在实践中，对于规范冲突应当予以充分考量并做出审慎抉择。

---

① Недвижимость для иностранцев. [2014-02-09]. http://zakon. ru/Blogs/nedvizhimost_ dlya_inostrancev/9176；МЭР предлагает ввести разрешительный порядок совершения иностранцами сделок с недвижимостью в России. [2014-02-09]. http://itar-tass. com/ekonomika/690410.

四、熟练运用俄罗斯土地权利立法规则，赢取有利的法律 地位或有效规避法律风险

中国普通投资者通常凭借对国内土地立法的认知或印象，对俄罗斯土地利用法律应然状态进行预判。但由于两国土地权利立法之间存在很大差异，这种预判往往会导致国内投资者在谈判中做出误判或不利的决策，或者不能利用俄罗斯立法特别规则赢取有利地位。

类似的风险预判与处置，在中国对俄最大的直接投资项目"波罗的海明珠"的土地租赁谈判中得到很好的验证。如前所述，俄罗斯国有或自治地方所有土地租赁，以租赁期限 5 年为界，适用不同的法律规则，承租人与出租人法律地位迥异。租赁期限 5 年以上的，承租人拥有宽松的权能空间，土地租赁权行使受土地所有人干涉最少。在该项目谈判之初，作为土地所有者的圣彼得堡市政府为获取更大的对该项目用地使用的监督管理权，坚持要求建设用地租赁期限为 5 年以内，并表示如果在 5 年内不能完成建设，中方可申请延长租赁期限。考虑到项目建设周期长以及为取得更为主动、灵活的法律地位，中方谈判团队在充分熟悉俄罗斯土地租赁的特殊规则后，始终坚定签订长期土地租赁合同的立场。最终，圣彼得堡市与中国投资方上海海外联合投资股份有限公司签订了为期 8 年的建设土地租赁合同。中方投资者最大限度利用俄罗斯法律特别规则，为确保项目顺利进行创造了有利的法律适用环境，有效地保障了境外投资权益[①]。在上述案例中，如果签订期限为 5 年以下的土地租赁合同，对于中方而言，将承担租赁期限届满能否如期续约的不确定性风险，且对土地利用将在很大程度上受制于俄地方政府，同时，还不能拥有俄罗斯立法所赋予长期土地承租人在转租及租赁权转让、租赁权抵押、以租赁权出资等方面独立的丰富权能。即使普通的中国中小投资者，熟悉这些有别于我国立法中的土地租赁特别规则，也有助于其在租赁土地、利用租赁权融资以及土地租赁权流转中掌握主动。

关于专门针对外国主体取得、利用土地的立法限制，是中国投资者利用俄罗斯土地时必须清楚的基础性常识，熟悉它们可以避免在涉及土地以

---

① "波罗的海明珠"是迄今为止中俄两国最大的战略性合作项目，是圣彼得堡规模最大并被赋予战略投资地位的国际化大型房地产综合开发项目，也是目前中国在海外最大的公用投资项目，项目总投资额 13 亿美元。（"Балтийская жемчужина"без эмоций.［2013-02-14］. http://ppt. ru/daily/dayprof. phtml? id=21142.）

及建筑物的交易过程中遭遇致命风险。实践中，对于上述限制在必要情况下可以利用俄罗斯立法规则予以合理规避。例如，针对外国法人以及外资比例超过 50％的法人不能取得农用土地所有权的限制，可以由中国企业出资在俄罗斯设立一个全资子公司，再由该全资子公司出资设立一个新公司，由该新公司取得农用土地，这样就达到了中国企业间接所有并实际控制农用土地的目的。针对外国公民不能取得农用土地所有权的限制，则可以通过将该土地登记在俄罗斯籍配偶名下的方式予以解决。

熟悉和遵循法律规则，可以避免不确定性风险。例如，俄罗斯拥有大量的未进行国家地籍登记的土地，或者虽经国家地籍登记但没有划定边界的土地，还有未明确土地类型的土地，即使在莫斯科也存在类似情况[①]。按照俄罗斯立法，只有经过国家地籍登记、边界确定、能够具体明确的土地才是土地租赁的客体，这是土地租赁合同的实质性条款。在俄罗斯审判实践中，法院对于缺少上述实质性条款的土地租赁持三种不同的立场：认定租赁合同没有成立，认定合同无效，或附条件地承认租赁合同成立[②]。这就提醒中国投资者，在承租土地前，务必在土地地籍登记机关查明土地状态，核实土地资料，以确定其为出租人拥有处分权、经过地籍登记并划定地界范围的特定地块。

此外，在约定解决土地利用纠纷方式时，中国投资者要对一个问题予以特别注意，那就是俄罗斯法律不允许将不动产纠纷通过国际商事仲裁方式解决。根据俄罗斯法律，不动产所在地的国家法院对不动产享有专属管辖权，俄罗斯联邦最高法院和俄罗斯联邦最高仲裁法院在司法实践中均支持这一观点[③]。

五、注意履行土地保护和合理利用义务，避免土地权利被强制剥夺

作为俄罗斯土地立法基本原则之一，对作为极重要环境要素和农林业生产工具的土地的保护优先于对作为不动产的土地的利用。按照俄罗斯立法规定，3 年内不按用途利用土地或不合理利用土地，将可能被依法剥夺

---

① Волков Г. А. Проблемы совершенствования земельного законодательства. Экологическое право，2012（1）：С. 27.

② В. А. Бакулина. Аренда земельных участков в Российикой Федеации. анаиз судебной пракики Современное Право，2012（3）：С. 110.

③ 周广俊. 外国人在俄罗斯拥有不动产的限制和相关法律问题. ［2013－01－19］. http://www. 110. com/ziliao/article-254567. html.

土地权利。这种风险在中国投资者利用俄罗斯土地从事农业生产活动中，已初露端倪。从事农业生产的中国投资者如果不完全履行土地租赁合同，没有严格遵守俄联邦土地法典、环境保护法等法律规定的土地保护与合理利用义务，往往会被以这些"合法"理由剥夺土地利用权利①。

以上列举的法律风险，仅是提纲挈领地对可能存在的问题进行的归类梳理，并不能涵盖国内投资者在取得和利用俄罗斯土地过程中可能涉及的所有法律问题。总之，在投资环境没有实质性改善的俄罗斯，法律风险控制应当成为投资风险评估的重要内容，如何将其降到最小，取得更主动和有利的法律地位，应是国内投资者需要认真对待的问题。

本章小结

俄罗斯是一个资本稀缺的国家，尤其是在被国际社会孤立和西方制裁力度逐步加大的国际背景下。而俄罗斯对于外来投资始终是"既爱又恨"，既希望外国投资者带来资金、技术和就业岗位，又不愿看到他们获得超额利益。

中国投资者将俄罗斯市场形象地比喻为"水深，鱼肥，浪大"②，既向往之，又心有忌惮。作为投资者的基本共识，制约中国对俄投资的最大问题之一，就是俄罗斯政治、社会、经济、法律等领域信息不对称所导致的风险不可控。这些不同类型风险相互交织、作用、聚合、催化，形成了足以遏制投资和导致投资失败的"陷阱"，其中法律风险是这些风险因素

---

① 2003 年，浙江新洲集团与黑龙江国有企业辰能贸易有限公司组建了黑龙江新洲材源木业有限责任公司，该公司收购了俄方哈巴罗夫斯克木兴林业有限公司（以下简称"木兴公司"）100％的股权，获得木兴公司旗下林场 24.7 万公顷，经营权 49 年。中方公司先后投资 2.5 亿元，森林资产价值由最初的 70 亿元飙升至 150 亿元。2007 年，俄地方当局动用检察机关、法院、税务和林业管理部门采取多种"法律手段"以涉嫌违法为由查封木兴公司资产并强制拍卖，森林经营权被提前收回。作为这些手段之一，哈巴罗夫斯克边疆区自然资源部木兴林管所向哈巴罗夫斯克边疆区仲裁法院起诉木兴公司，请求解除森林资源租赁合同，理由有四条：木兴公司未支付森林资源使用费；未履行合同规定的森林合理使用和森林耕种义务；违反俄联邦防火安全条例；在进行木材砍伐时违反了森林管理的要求。该案例从一个侧面验证，在存在高度投资风险的俄罗斯，不履行资源利用和资源保护的法律强制性义务很有可能成为政府当局采取"驱逐"行动的口实。（浙商收购俄罗斯森林突遭没收 百亿资产蒸发．[2013-01-04]．http://news.sina.com.cn/c/2013-01-04/061025949642.shtml.）

② 中国企业对俄投资迎来新机遇．[2013-02-12]．http://finance.sina.com.cn/roll/20101014/00043479057.shtml.

中最为基础的组成部分之一。

　　在中俄经贸合作日趋紧密和俄罗斯投资环境未有明显改善的背景下，对利用俄罗斯土地进行法律风险评估，知晓如何占有、使用、处分土地，如何控制和降低土地利用法律风险，如何取得更为主动和有利的法律地位，应当成为中国投资者进行决策分析的重要内容。利用俄罗斯土地的法律风险控制主要应集中在：关注俄罗斯立法对于外国主体取得土地所有权的特别限制，以及可以采取的合法规避措施；全面了解联邦层次、联邦各主体层次、自治地方关于土地利用的规范性法律文件，重点把握它们之间可能存在的差异与冲突；跟踪最新的法律文本，避免因土地立法与民事立法频繁修订可能引发的规则变动风险；熟悉掌握和善于运用俄罗斯立法中与我国土地利用规定明显不同的规则，避免陷入被动处境，争取赢得有利的法律地位；同时，亦应注重履行土地保护和合理利用义务，避免义务履行不当成为俄罗斯国内右翼保守力量排挤投资者的"合法借口"。

　　除却法律风险以外，在俄罗斯取得和利用土地更多时候需要应对烦琐的行政程序与可能的官僚腐败。

第八章 俄罗斯土地产权进化与重构对中国土地权利立法完善的启示

第一节 中国现行土地权利体系及其不足

一、土地承包经营权

中国在改革开放之初，在农村实行家庭联产承包责任制，将土地所有权和承包经营权分设，所有权归集体，承包经营权归农户，极大地调动了亿万农民的积极性，有效解决了温饱问题，农村改革取得重大成果。土地承包经营权成为最基本、最为重要的农地物权，成为土地改革特定历史阶段发挥重要作用的土地权利制度。与宅基地使用权和集体土地建设使用权相比，土地承包经营权权利构成最为规范，权能内容最为丰富，流转方式最为多样，权利的独立性与主体性最强。就此法律属性而言，其从原本的合同权利，逐渐演变为用益物权。民法典对土地承包经营权实行了承包权与经营权"分置"改造，使其权能进一步丰富，功能进一步健全。

二、宅基地使用权

"宅基地是一个集合概念，实际上包括农民居住的房子、生活的院落及附属设施的整合。"① 根据我国农民的长期生活习惯，农村居民宅基地一般包括：居住生活用地，如住房、厨房、牲畜房、仓库、农机房、厕所用地；四旁绿化用地，如房前屋后的竹林、林木、花圃用地；其他生活服

① 郑尚元.宅基地使用权性质及农民居住权利之保障.中国法学，2014（2）：145.有学者认识到，宅基地使用权包含权利的复杂性，认为仅统而概之使用"使用权"概念，是重地轻宅的学术分析与制度框架。

务设施用地，如水井、地窖、沼气池用地等。宅基地使用权实质上是多重权利内容的组合，是一组权利束。其中包括：权利人作为集体经济组织成员，依法无偿取得宅基地使用权的资格；权利人占有、使用宅基地，在集体土地上建设建筑物、构筑物并取得建筑物、构筑物所有权的权利；权利人在宅基地院落内种植瓜果蔬菜、养殖牲畜等从事小型家庭经营的权利；出租、出借宅基地之上的建筑物、构筑物的权利；等等。

民法典第三百六十三条规定，宅基地使用权的取得、行使和转让，适用土地管理的法律和国家有关规定。土地管理法第六十二条规定，农村村民一户只能拥有一处宅基地。农村村民出卖、出租、赠与住宅后，再申请宅基地的，不予批准。依照民法典、土地管理法之规定，取得宅基地使用权需具备以下三个条件：第一，具备一定的主体资格，即成为某集体经济组织中的一员；第二，农村村民一户只能拥有一处宅基地且其宅基地的面积不得超过省、自治区、直辖市规定的标准；第三，农村村民出卖、出租、赠与住宅后，再申请宅基地的，不予批准。满足上述三个条件的农村村民，可以向村集体申请宅基地，由乡（镇）人民政府审核批准。由此可见，宅基地使用权与一般性财产权利不同，体现出依法申请与批准取得、公平分配、资格准入、使用限制的分配性特征①。这种分配性特征所表达的是一种政府供给、按需分配、标准统一、限制流转的集体建设土地供给模式。

相对于土地承包经营权等土地权利，立法对于宅基地使用权的调整始终持"审慎"的立场。这表现在，民法典和土地管理法对宅基地使用权只有"寥寥数语"，并没有将其作为农民基础性财产权利加以详尽地规范，例如没有列明存续期限、权利变动与终止等事项。

当下，关于宅基地使用权优化的讨论主要聚焦两个问题：一是宅基地使用权取得程序问题；二是宅基地使用权的流转空间问题。

现行宅基地使用权初始取得程序存在缺陷。从理论逻辑上分析，该程序设计限制了集体土地所有权主体的权能。按照所有权一般性理论，所有权人应拥有占有、使用、收益、处分的完整权能。宅基地为集体建设用地，其所有者为相应的各级集体经济组织，即按照现行法律的表述为"成员集体所有"。质言之，各级集体经济组织有权决定向谁提供宅基地使用权、提供哪块宅基地使用权。现行的由乡（镇）人民政府审核批准的方式，其设计本意在于控制宅基地规模、防止分配不公平，尤其是防止侵占耕地的风险，但与

---

① 郑尚元. 宅基地使用权性质及农民居住权利之保障. 中国法学，2014（2）：146-148.

此同时，这种做法部分替代了土地所有人的意思表示。这种行政审批程序下生成的宅基地使用权，不是土地所有者与土地利用者合意的结果，而是公权机构"积极介入"的结果。因此，从这个程序上讲，宅基地使用权是行政审批的结果，这与宅基地使用权物权化和赋予农民更多财产性权利的发展路径存在一定偏差。"将审批直接作为权利取得的条件并不包含集体土地所有权人的意思表示在内，这也导致宅基地使用权的设立与他物权的设立具有明显区别。"① 未来宅基地使用权初始取得制度设计的优化，应当更加体现集体经济组织的意志，更加符合宅基地使用权作为用益物权的基本属性，更加适应土地管理实践的客观情况。

宅基地使用权流转是土地改革争议最大的问题之一②。目前，在国家立法层面严格限制宅基地流转，但实际上各地存在规模不等、途径不一的流转实践。综合现行立法与裁判实践，符合法律精神和法律规范并受到司法保护的宅基地使用权流转情形（与其附属的地上房屋共同流转）主要包括三种形态：本集体经济组织成员之间流转；非本集体经济组织成员向本集体经济组织成员流转；继承③。这三种情形属于现行立法构架中的合法流转，除此以外，其余流转形式均存在被认定为违法的高度风险。即使存在法外受保护的流转，也是各级政府强力主导下的土地改革试点，并不是法律规范指引下自由的流转。从这个角度讲，我国集体土地上农民宅基地使用权实际上是处于限制流转状态的"冻结资产"，其财产价值空间仅局限于集体经济组织内部，基本没有流动外溢的可能。

宅基地使用权只能由集体经济组织成员享有。权利与身份牢牢绑定，两者不能割离，权利取得必须先获取身份。基于此，集体土地使用权流转的最大尺度就是在本集体经济组织成员之间的"内部人市场"。虽然这种交易内部性会导致财产权利的价值减损，甚至丧失，但是，这种宅基地使用权流转制度设计，加之土地承包经营权制度的协同，实现了"耕者有其田，居者有其屋"。另外，宅基地使用权限制流转的浅层缘由在于，正是宅基地使用权

---

① 王崇敏. 论我国宅基地使用权制度的现代化构造. 法商研究，2014（2）：23.

② 2004 年《国务院关于深化改革严格土地管理的决定》指出，加强农村宅基地管理，禁止城镇居民在农村购置宅基地。2007 年《国务院办公厅关于严格执行有关农村集体建设用地法律和政策的通知》规定，农村住宅用地只能分配给本村村民，城镇居民不得到农村购买宅基地、农民住宅或"小产权房"。当下中国，即使存在法外的受保护的流转，也是各级政府强力主导下的各类试点，并不是农民自由的主动流转。

③ 赵书博. 论宅基地使用权流转效力的判断规则. [2016-11-07]. https://www.chinacourt.org/article/detail/2015/12/id/1762099.shtml.

取得的身份性、无偿性与权利存续无期限性，决定了其具有财产性、福利性和社会保障性等多重属性。因此，正如一种观点认为，严格限制，甚至禁止宅基地使用权流转是对农民最大的社会保障，否则数量庞大的农民可能会成为居无定所的流民，动摇社会稳定的根基。所以，将宅基地使用权的流转空间压缩在本集体经济组织之内，就具有了充足的合理性。

宅基地利用是否改变完全无偿使用的规则，适时适当地转变为有偿利用，宅基地使用权是否改变无期限性，设定相应的存续期限，宅基地使用权如何实现有序退出等问题，都是宅基地使用权制度现代化改造所面临的问题，需要实务界与理论研究者给予关注和回应。

三、建设用地使用权

建设用地使用权概念发端于我国物权法，民法典沿用了这一概念，即建设用地使用权人依法对国家所有的土地享有占有、使用和收益的权利，有权利用该土地建造建筑物、构筑物及其附属设施。

（1）国有土地使用权划拨无偿取得问题。虽然国有土地有偿使用推行多年，但重点是在新增建设用地，大量存量建设用地属于划拨用地，划拨用地比例依然偏高，存量划拨用地的盘活还存在政策障碍，二级市场的作用尚未充分发挥。

我国民法典第二百零六条规定，国家实行社会主义市场经济，保障一切市场主体的平等法律地位和发展权利。目前，在我国土地供应市场仍然存在一些国有企业以划拨方式无偿取得建设用地使用权，而非体制内企业通过出让方式有偿获得建设用地使用权的情形。在社会主义市场经济条件下，尤其是在市场充分竞争领域，客观上，国有企业无论是占有、使用存量的划拨用地，还是可能获取增量划拨用地的机会，均是一种特惠待遇，实质上使得民营企业与国有企业处于非平等竞争地位，这既不符合市场经济主体地位平等原则，也不符合土地有偿利用原则。因此，最大限度限缩土地划拨范围，直至在市场竞争领域取消土地划拨情形，是国有建设用地使用权改良方向之一。

（2）国有建设用地使用权期限问题。我国现行立法规定了建设用地使用权的最高期限，即居住用地70年，工业用地50年，教育、科技、文化、卫生、体育用地50年，商业、旅游、娱乐用地40年，综合或其他用地50年。上述立法规定的最高期限，在实践中被理解和操作为不允许调整的土地使用权的固定期限，这导致在出让土地时绝大部分情况下都按照最高期限签订土地出让合同，并据此计算出让金①。应当允许在最高期限内根据需要设定适当的权利存续年限，这样可提升土地利用效率，并减轻缴纳土地出让金的资金压力。此外，立法规定了建设用地使用权的最高期限，没有规定最低期限，有可能会出现损害土地利用者权利稳定性的情况。笔者认为，期限确定本应属意思自治之内容，不应僵化同一，考虑到物权稳定属性、建筑物寿命等因素，立法应规定权利最低期限和最高期限，具体期限由出让方和受让方在宽松的时间限度内选择确定为妥。最低期限有利于稳定土地利用，保障受让方利益；最高期限意在避免土地沦为私有，体现国有土地所有权的存在价值。因此，立法为出让方和受让方确定较为宽松的权利存续期间，对于双方既有约束，又有利益。

（3）土地出让金支付问题②。我国城镇国有建设用地使用权未采用以年租形式设定地上权的大陆法系模式，而是采取了土地批租制度③，即土地一次性出让，一次性缴纳土地出让金。现行支付土地出让金制度设计的最大优势在于，土地所有者提前确定性地获取多年的土地利用收益，土地利用者在权利存续期间亦无须再有财务负担。但其弊端更为明显，一次性支付土地出让金既加重土地利用者的经济负担，抬升建筑成本造价，又制约工商业发展，增加民生压力；与此同时，这种支付方式刺激和助长所谓的"土地财政"，一届政府一次性地收取几十年的土地利用费用并在届内消耗掉，必然损害所在地域的长期可持续发展。另外，按照市场价值规律，作为商品的土地使用权的价格理论上应处于不断变动之中，或增或降，一次性确定几十年期间的土地利用费用且没有可调节机制，并不完全符合价值规律，亦不符合土地所有者和土地利用者的利益。

第二节　中国土地权利立法完善的基本进路

土地问题既是中国革命的核心问题，也是中国改革发展和建设的关键所

---

① 高圣平. 建设用地使用权期限制度研究：兼评《土地管理法修订案送审稿》第89条. 政治与法律，2012（5）.

② 国内已有学者关注土地出让金分期支付问题。郑邦荣. 改革土地出让金制度　推动房价理性回归. 上海商业，2009（7）：14-15.

③ 李开国. 我国城市建设用地使用权制度的完善. 现代法学，2006（2）：15.

在①。毫无疑问，启动于 20 世纪 80 年代的中国土地改革是成功的，但随着改革的深入，后续社会发展对于土地制度提出了更高的要求，社会主体对于土地利用提出了更多的诉求，这都需要土地权利立法做出相适应的调整。

目前关于中国土地制度改革的讨论，基本上可以分为两种路线：维护现有政策的改良派路线和倡导土地私有化的私有化路线。在此不讨论土地私有化问题，因为在目前中国的制度环境下，其并不具有现实价值。土地私有化，既不符合中国特色社会主义的基本制度，违背宪法确定的基本原则，也不契合中国渐进式、可控式改革路径的要求。即使是国内土地私有化的倡导者，也不认为目前中国实行"土地私有制"是当务之急②。"当年提出的这种从私有化必达自由化的逻辑看上去完整，实则似是而非。"其关键在于，"'土地私有化＋流转市场化必然达成土地规模经济'的逻辑，不足之处在于缺乏发展中国家和东亚国家的经验依据，无论在漫长的历史进程中，还是在具体的现实变化中，都很难找到支持这个逻辑的客观经验"③。

中国土地问题的中心是农村土地。2015 年 11 月，中共中央办公厅、国务院办公厅印发《深化农村改革综合性实施方案》，提出深化农村土地制度改革必须"坚守土地公有性质不改变、耕地红线不突破、农民利益不受损'三条底线'，防止犯颠覆性错误"。所以说，目前关于中国土地制度改革及其讨论，只有沿着可能情况下的最合理路径进行，才有现实意义。

尽管中国和俄罗斯选择了不同的转型路径，所选择的政治制度与基本国情差别较大，尤其是在土地改革基本点上——是否私有化，存在本质不同，但是，两国在重构土地权利制度方面有共同需求，这决定了彼此必有借鉴价值。因此，我们遵循改良的路线，针对中国土地利用立法中存在的问题，结合俄罗斯土地权利立法以及最新发展情况，提出完善我国土地权利立法的基本进路。

一、土地权利立法体系的优化与整合

在我国，对于土地权利的法律调整是由各层级、不同性质的立法文件共同进行的，包括宪法、法律、行政法规、地方性法规和行政规章等规范性法律文件。其中既有民法典等私法性质的规范性法律文件，也有

① 王利明，周友军. 论我国农村土地权利制度的完善. 中国法学，2012（1）：45.
② 秦晖. 农民地权六论. 社会科学论坛，2007（5）：130.
③ 温铁军. 我国为什么不能实行农村土地私有化. 理论导报，2009（2）：5.

公私法混合性质的土地管理法、农村土地承包法、城市房地产管理法等规范性法律文件，它们基于各自不同的功能、视域，运用不同的方法共同调整土地关系。

2007 年颁布的物权法、2020 年颁布的民法典，基于稳妥考虑并没有全面系统地规范所有土地权利问题，而是预留了其他法律调整土地权利的"制度接口"。例如，民法典第三百六十一条规定："集体所有的土地作为建设用地的，应当依照土地管理的法律规定办理。"第三百六十三条规定："宅基地使用权的取得、行使和转让，适用土地管理的法律和国家有关规定。"与此同时，土地权利规范还散落于土地管理法第二章"土地的所有权和使用权"和农村土地承包法第二章"家庭承包"中的第一节"发包方和承包方的权利和义务"、第三节"承包期限和承包合同"、第四节"土地承包经营权的保护和互换、转让"、第五节"土地经营权"，第三章"其他方式的承包"，第四章"争议的解决和法律责任"，以及城市房地产管理法第二章"房地产开发用地"之中。

笔者认为，这种交叉、共同调整土地权利的立法模式存在两个问题：

一是不利于土地权利体系性构建，规范之间存在彼此矛盾与冲突的可能。"九龙治水"或旱或涝。我国的立法经验更表明，土地管理法、农村土地承包法、城市房地产管理法总是被打上部门立法的烙印。实际上，2007 年我国物权法颁布实施以后，在土地权利规范上，已经出现土地管理法与物权法冲突的情况。对此，有学者建议，"根据下位法服从上位法的原则，对《土地管理法》中行政权力过强、侵犯土地权利人权利的条款进行审订与修改，《土地管理法》的修改应秉承公法与私法合一的理念，厘清法律中国土资源管理部门的公权主体和私权主体地位"[①]。但是，在笔者看来，这不是彻底解决问题的方法，"公私合一"正是出现问题的根源所在。

二是土地权利没有彻底回归其私法属性，仍横亘和游离于公法与私法视野之间。"淡化土地权利的行政色彩，还原其作为物权的本性，是改革现行土地权利制度的第一步。"[②] 土地管理法是中国土地立法的基本法，但"现行土地管理法基本上属于土地行政法，而不是土地民事法。尽管这

---

① 刘守英. 中国的二元土地权利制度与土地市场残缺：对现行政策、法律与地方创新的回顾与评论. 经济研究参考，2008（31）：12.

② 高圣平，刘守英. 土地权利制度创新：从《土地管理法》修改的视角. 经济社会体制比较，2010（3）：66.

部法律中规定了各种土地权利，但主要是为了管理的目的""而不是奉行保护私人产权和当事人意思自治的原则"①。公法调整土地关系，系基于土地的公共属性，其调整思路倾向于管治与约束，这决定了它在土地权利领域应当保持谦抑的态度。不确立土地管控与土地利用之间合理的立法调整界限，延续现有的共同调整模式，既不利于土地权利制度体系化，同时也会挤占土地管理法的有限空间，影响其在土地保护、土地规划、土地监测等领域作用的发挥。在市场经济条件下，还原土地权利私的本质属性，由民事立法取得对于土地权利的排他调整权，符合土地权利的私权性质，符合土地权利关系调整的市场化发展导向。

对此，笔者的建议是：

第一，整合并改良现存于土地管理法、农村土地承包法、城市房地产管理法等规范性法律文件中的土地权利规范，将其统一吸纳到民事立法之中进行调整。

上述整合土地权利法律规范的设想，未来可以在修订民法典、土地管理法等相关立法时实现。需要强调的是，这里所指的纳入民法典统一调整的土地权利规范是指专门针对土地权利主体、客体、权能内容以及土地权利设立、变动、终止的实体性规范，有关土地权利的程序性规范，例如建设用地使用权、土地承包经营权取得的操作程序，仍然可由土地管理法等规范性法律文件规定。

第二，整合土地管理法、农村土地承包法、城市房地产管理法等规范性法律文件，使之共同组成调整范围更广、内容更完备的土地法（或称之为"土地法典"）。世界各国通常都有土地法或土地法典，系统地调整土地基本法律关系，包括土地保护、土地利用、土地监测、土地储备、土地整治、土地分类与转换等等。我国土地管理法诞生于计划经济时期。"土地管理"概念鲜明地体现出计划经济条件下的立法定位，突出强化国家对土地资源的控制，并没有容纳土地基本法应有的全部内容。由此，后续又按照土地所有权类别的不同，分别形成了调整集体土地的农村土地承包法和调整国有土地的城市房地产管理法，就此形成了我国独特的相互区隔的二元土地立法结构。这种二元立法结构造成国有土地与集体土地的制度割裂，导致在各自土地上设定的土地用益物权的异质性，在很大程度上制约

---

① 王卫国．中国土地法的现状与改革．［2013-02-22］http://www.cnsteppe.com/go1_ecology_a_news2_wangweiguo.htm.

了土地权利制度进化，甚至整个土地立法的体系化发展。

时至今日，在"同地、同权、同价"[①] 的发展背景下，将国有土地和集体土地纳入一个立法框架进行系统化调整，以现行土地管理法为蓝本，整合与改造现行土地立法规范，制定一部土地基本法，是既符合世界土地立法潮流，又符合我国土地立法发展方向的可行选择。

二、对土地用益物权类型与内容完善的具体建议

2016 年 11 月，《中共中央　国务院关于完善产权保护制度依法保护产权的意见》对于通过完善用益物权设计来强化对农民土地权利保护和农民利益维护，做出了明确的规定，即："从实际出发，因地制宜，落实承包地、宅基地、集体经营性建设用地的用益物权，赋予农民更多财产权利，增加农民财产收益。"

目前，民法典集中调整土地用益物权体系，包括：土地承包经营权、建设用地使用权、宅基地使用权、居住权、地役权。实际上，民法典对于土地权利设计并没有太大的突破，基本还停留在物权法、土地管理法、农村土地承包法、城市房地产管理法框架内。总的来看，现行土地用益物权制度设计相比国家的政策目标还有优化空间，与农民土地权利保护与利益维护的期待还有距离，与激发土地活力、扩展土地生产潜力的客观需求也有距离。

（一）建设用地使用权的优化

1. 严格控制以划拨方式提供建设用地使用权，稳妥推进存量划拨土地市场化

按照土地管理法第五十四条的规定，划拨土地的范围被限定于：（1）国家机关用地和军事用地；（2）城市基础设施用地和公益事业用地；（3）国家重点扶持的能源、交通、水利等基础设施用地；（4）法律、行政法规规定的其他用地。其中，第三项针对的就是经营性用地划拨，而实际

---

① 改变土地政策二元分割格局，实行集体土地和国有土地的"同地、同权、同价"，已经成为国内研究土地制度学者的基本共识。（刘守英. 中国的二元土地权利制度与土地市场残缺：对现行政策、法律与地方创新的回顾与评论. 经济研究参考，2008（31）.）2008 年十七届三中全会通过的《中共中央关于推进农村改革发展若干重大问题的决定》，在强调健全严格规范的农村土地管理制度若干措施中也体现了这一倾向。例如，"依法征收农村集体土地，按照同地同价原则及时足额给农村集体组织和农民合理补偿"，"逐步建立城乡统一的建设用地市场，对依法取得的农村集体经营性建设用地，必须通过统一有形的土地市场、以公开规范的方式转让土地使用权，在符合规划的前提下与国有土地享有平等权益"。

上以划拨方式取得建设用地使用权的土地已远超越该法定范围。资料显示，截至 2010 年，我国存量建设用地中 50％以上属划拨土地，新增建设用地中也近 30％为划拨方式取得，多数为国有企业所占用①。

我国民法典第二百零六条明确规定，国家实行社会主义市场经济，保障一切市场主体的平等法律地位和发展权利。在社会主义市场经济条件下，任何市场主体都拥有平等地获取土地资源的机会与条件，是市场主体获取平等地位和开展公平竞争的重要内容。但一直以来，一些处于市场竞争领域的国有企业支付微小代价以划拨方式获取经营性用地，而民营企业则需要交纳土地出让金获取土地，这种土地资源配置方式的差异使得一些国有企业在市场竞争中获得了天然的成本优势。在上述境况中，虽然出让方式与划拨方式配置土地的目的与性质完全不同，但是实际上却发挥着同样的土地占有、使用和收益功效。在土地物权获取上，不同主体没有站在同一条起跑线上的后果是，市场竞争的不充分、不公正扭曲了优胜劣汰法则和帕累托最优法则，这显然不利于社会主义市场经济长期稳定健康发展。"国有企业的一切土地使用权，则应该以得以进行市场交易性质的土地使用权关系为主，并应该对用地负担成本，得以交易或处分该土地权利，以提供该国有企业应有的市场商业价值及灵活性。"②

划拨土地使用权具有无偿、无限期、无流动性的非市场化特点，不符合土地资源的市场化配置和高效利用原则。从更为宽泛的角度看，土地划拨制度导致土地资源浪费、使用效率低，土地资源的市场价值没能得到最充分的体现，促使形成土地隐性市场，造成土地收益流失，各级财政土地收入减少，导致土地结构配置不合理，行政事业用地占比高，经营性用地占比低。

笔者认为，在土地资源领域要严格控制划拨土地使用权增量，今后不应再向进入市场竞争领域的经营性企业以划拨方式提供建设土地使用权。

大力盘活存量划拨用地，稳妥推进划拨土地使用权市场化。从经济博弈的角度看来，按照现有的"先出让后流转"的划拨土地市场化的设计，划拨土地使用者需要一次性补缴土地出让金，这造成了公开市场的交易费用过高，使得大量划拨土地使用者不愿在公开市场交易，而只能转入隐性

---

①　李孟然. 划拨地管理谋变. 中国土地，2010 (7)：25.

②　卫芷言. 划拨土地使用权制度之归整. 上海：华东政法大学，2013：3.

市场①。为此，建议对划拨用地收取地租，加大作为非公共产品的划拨土地的使用成本，迫使低效率土地进入市场。

应当看到，严格控制以划拨方式提供建设用地使用权，积极推进划拨土地市场化，已经成为共识，并融入国家推进和加速城镇化的规划之中。《国家新型城镇化规划（2014—2020年）》提出："深化国有建设用地有偿使用制度改革。扩大国有土地有偿使用范围，逐步对经营性基础设施和社会事业用地实行有偿使用。减少非公益性用地划拨，对以划拨方式取得用于经营性项目的土地，通过征收土地年租金等多种方式纳入有偿使用范围。"以出让方式提供土地使用权，实际上已经以"批租"的形式一次性收回了地租。对划拨土地使用成本，应当以年地租的形式予以回收，而且地租应当体现土地价值量②。或者，对从事非公共品生产的一般竞争性国有企业，将其占用的划拨土地转化为出让或租赁等市场化的配置方式；对于居于自然垄断地位从事准公共品生产的国有企业，如水、电、气、通信等企业，可将其划拨土地采取折价入股的方式进行市场化的处置③。也可以考虑通过对经营性划拨土地征收高额土地使用税等方式，将存量划拨土地由无偿利用土地间接转为有偿利用土地④。无论是对于存量划拨用地收取租金或土地出让金，还是大幅度提高土地使用税，都是要促使土地使用者注重土地价值，自觉地提高土地使用效率，优化土地利用结构，增进土地效益，实现土地资源集约型利用，继而促进土地资源全社会配置的最优化。

2. 设置建设用地使用权最低与最高期限

对此，修订俄联邦民法典的联邦法律草案关于建筑权期限的规定具有参考价值，即：期限不低于50年、不高于100年，约定超过100年的，

① 以河南省为例，多年来，河南省通过推进国企改革等方式对划拨土地市场化进行了有益的探索和实践，引起了社会的广泛关注，但从改革成果看，划拨土地市场化进程比较慢，总体市场化程度不高，截至2013年，河南省国有企业用地中76%是划拨用地，在划拨土地市场化实践中还存在动力不足、成本过高和逆向操作等问题。（郭琦. 市场机制与划拨土地使用权制度变革：关于河南省部分国有企业的经验研究. 郑州大学学报（哲学社会科学版），2013（2）：64.）

② 王玉堂. 企业划拨土地使用权市场化的制度分析. 经济科学，1998（5）：59.

③ 郭琦. 市场机制与划拨土地使用权制度变革：关于河南省部分国有企业的经验研究. 郑州大学学报（哲学社会科学版），2013（2）：64.

④ 无论是出让土地还是划拨土地，无论是国有土地还是集体土地，均收取土地使用税，但是该税种的税率明显偏低，使得保有土地的税收成本极低。在许多地方都存在土地综合使用效率低下的问题，尤其是国有大中型企业依然存在多占少用、闲置和浪费土地的现象。（严德军，马文龙，虞健. 关于完善城镇土地使用税征管问题的建议. 经济研究参考，2009（62）：61.）

视为 100 年，当事人可以在法定期限内协商确定权利存续期限。德国、日本立法的有关规定中对于地上权期限预留了当事人自行约定的空间，英美土地批租制亦是如此。这一相对宽松、充分体现当事人意志的权利存续期间制度，我们可以借鉴之。

同时，我国现行立法按照建设用地具体用途的差异而规定不同的使用权最高期限并没有足够充分的依据。合理的做法应是，无论何种具体用途，土地利用者和出让方均可在同一个法定最高与最低期限内自由约定权利存续期限。至于土地具体用途的权利存续期限长短，完全可以通过当事人协商确定或利用土地出让费用进行调节。

3. 明确权利存续期限届满后的法律后果

民法典采取住宅与非住宅区分原则，解决建设用地使用权期限届满后的续期问题，但未对是否缴纳费用做出规定。对于住宅，建设用地使用权期限届满后应无须办理任何申请而自动续期，续期费用的缴纳或减免依照法律、行政法规的规定办理。对于非住宅，建设用地使用权期限届满后的续期依照法律规定办理，有学者建议应赋予建设用地使用人续期请求权和时价补偿请求权，同时赋予土地所有权人延期请求权[①]。

4. 改一次性支付土地出让金为分期支付

1990 年 5 月，国务院发布实施《城镇国有土地使用权出让和转让暂行条例》，确立了城镇土地使用权的出让模式，即国家以土地所有者的身份将土地使用权在一定年限内让与土地使用者，并向土地使用者一次性收取土地使用权出让金。土地出让实践表明，一次性支付地租的方式，最大受益者是地方政府。地方政府一次性筹集到大量土地出让金，同时征收到以成本和价格为计算基数的巨额税收，如营业税、契税，这些收入成为推动城市建设快速发展的最主要资金来源。然而存在的弊端至为明显，当下的政府将未来 40～70 年土地收益全数收齐，在短视政绩观驱使下必然不会考虑到城市的未来，寅吃卯粮，形成了透支未来、积重难返的土地财政模式。从事实体经济的土地使用者一次性支付土地出让金，虽然获取了未来 40～70 年的土地使用权，但前期经营成本大幅增加，抬高了创业门槛，这在很大程度上遏制了实体经济的发展。住宅开发商将以土地成本为主要组成部分的开发成本通过价格传导给购房民众，成为房价居高不下的重要原因。在生活的城市拥有一套属于自己的住房成为中低收入民众的毕生追

---

① 王林清. 建设用地使用权期限届满法律后果比较观察. 环球法律评论，2016 (4).

求，但有时却只能望楼兴叹。同时，房屋也背离了居住属性，成为投机投资的工具。

对此，修订俄联邦民法典的联邦法律草案中的建筑权费用支付规则对于改良我国土地出让金制度具有借鉴意义。其规定，按年分期支付建筑权费用，同时，费用在权利存续期间可以进行调整，但每 10 年内调整不能超过 1 次。费用调整由双方协商，协商不成的，可申请法院裁决确定。

笔者认为，应当将现行的一次性支付土地出让金改为按年支付，或者按照若干年度分批缴纳。这种模式能够为城市发展建设注入源源不断的资金支持，摆脱土地财政枯竭困境，推进城市长远可持续发展；可以大幅度降低土地利用成本，激发实体经济发展活力，推动产业结构转型①；能够实现"房子是用来住的、不是用来炒的"，促进房地产市场回归民生产业属性，改善民众居住条件，降低民生成本，助推民众实现"居者有其屋"梦想。除此之外，还应当建立土地出让金调整机制。土地出让金本质就是地租，地租本质是土地价值在不同阶段的体现，是对未来土地收益的预期。质言之，就一块土地而言，其价值是基于城市发展、人口数量、土地政策等因素处于变动之中的，在 40～70 年间这种波动是必然的，并且可能是巨大的。因此，土地价值变动风险与收益由政府与房屋所有者共同分担是公平的。可以考虑参照俄罗斯建筑权制度中的分期支付规则，结合我国土地利用的管理实际，研究制定分期支付土地出让金模式下的金额调整机制。

（二）宅基地使用权应当有偿取得与可控流转

我国城镇化进程不均衡，土地城镇化速度高于人口城镇化速度。《国家新型城镇化规划（2014—2020 年）》提道：2000—2011 年，城镇建成区面积增长 76.4%，远高于城镇人口 50.5%的增长速度；农村人口减少 1.33 亿人，农村居民点用地却增加了 3 045 万亩。九三学社 2013 年发布的一份有关城镇化发展的调查报告显示，我国农村常住人口每年以 1.6%的速度在减少，但农村宅基地却以每年 1%的速度增加，农村每年建房新

---

① 2015 年 9 月，国土资源部、国家发展改革委、科技部、工业和信息化部、住房城乡建设部、商务部下发《关于支持新产业新业态发展促进大众创业万众创新用地政策的意见》（国土资规〔2015〕5 号）。鼓励以租赁方式或先租后让、租让结合方式供应土地，减轻中小企业一次性缴纳土地出让价款的资金压力。租赁期满可以协议方式办理出让手续。这种支持新业态发展的土地利用模式，实质上已经意识到一次性收取土地出让金对于推动产业发展与转型的消极作用，认为应当予以灵活处理。

增占地 200 万亩左右，出现了城镇化和农村住宅"两头占地"现象。中国科学院的一份调查报告显示，经综合测算与评估，通过构建完善的农村人口转移机制、宅基地退出与盘活机制，全国空心村综合整治潜力可达 1.14 亿亩①。形成这一现象的一个重要制度原因是，宅基地使用权制度滞后于社会发展需求。存量的农民宅基地没有得到充分利用，增量的宅基地在人口减少的情况下却不断增加，质言之，宅基地作为沉淀资产没有获得有效流转，没有在市场机制下得到集约化利用。

《国家新型城镇化规划（2014—2020 年）》指出："保障农户宅基地用益物权，改革完善农村宅基地制度，在试点基础上慎重稳妥推进农民住房财产权抵押、担保、转让，严格执行宅基地使用标准，严格禁止一户多宅。"在《深化农村改革综合性实施方案》中，宅基地制度改革的基本思路是：在保障农户依法取得的宅基地用益物权基础上，改革完善农村宅基地制度，探索农民住房保障新机制，对农民住房财产权做出明确界定，探索宅基地有偿使用制度和自愿有偿退出机制，探索农民住房财产权抵押、担保、转让的有效途径。

明确宅基地使用权的财产属性，逐步淡化其身份属性。笔者认为，基于保障农民居住权的考虑，宅基地使用权初始取得应专属于集体经济组织成员，须坚持"一户一宅""转让后禁止再申请"的原则，但初始取得不应当是无偿的，可以考虑给予优惠价格或者规定一定标准的免费面积，超过标准面积的应有偿取得，这既符合土地有偿利用的基本原则，同时也满足了农民的基本居住需求。按照土地管理法的规定，农村村民出卖、出租、赠与住宅后，再申请宅基地的，不予批准。因此应严格禁止"一户多宅"，不允许一户家庭取得两处以上宅基地，继承除外。宅基地使用权、房屋所有权与农民城市落户不互为条件，农民取得城市户口，不以放弃宅基地使用权为条件。

建立宅基地有偿退出的激励约束机制。土地管理法规定，国家允许进城落户的农村村民依法自愿有偿退出宅基地。因此在自愿的基础上，对进城镇定居或在城镇具有稳定住所的农民，对其退出的宅基地（含地上建筑物、附着物）根据评估价值由政府与村集体给予补偿。与此同时，对于退

---

① 据统计，截至 2015 年初山东省农村宅基地总面积达到 2 083 万亩，占城乡建设用地面积总量的 68%。其中，"一户多宅"现象比较突出，随着城镇化的发展，农村大量人口转移到了城市，但宅基用地不但没有减少，从 2005 年到 2012 年还增加了约 270 万亩。（徐金鹏，娄辰. 山东近九万个自然村三成"空心化". 经济参考报，2015-05-05.）

出宅基地的农户，各地视情况应给予一定的经济补偿和创业就业、社会保障等相应政策优惠，符合住房保障条件的纳入城镇住房保障体系。探索和建立进城落户农民宅基地有偿退出机制应特别注意重视保障农户自愿的实体性和程序性设计，退出的宅基地应多元化利用，宅基地退出收益分配必须统筹兼顾①。

探索放开宅基地使用权流转。2013 年中央一号文件提出，加快包括农村宅基地在内的农村集体土地所有权和建设用地使用权地籍调查，尽快完成确权登记颁证工作。2019 年中央一号文件进一步明确，力争在 2020 年基本完成宅基地使用权确权登记颁证工作。宅基地使用权流转的必要条件已经具备。在加速推进城镇化和社会保障逐步全覆盖的背景下，宅基地使用权二次流转应当放开，除依据继承转移外，还应允许转让、出租、互换、赠与、抵押，而且其流转也不应仅仅局限在本集体经济组织成员之间，其他集体经济组织成员和城市居民亦应有权取得宅基地使用权。在自由流转前提下，可以赋予本集体经济组织成员取得本集体经济组织地域内宅基地使用权的优先权②。

此外，现行立法没有规定宅基地使用权存续期限，系立法漏洞。没有期限约束的宅基地使用权，不符合用益物权基本属性，同时也构成对土地集体所有权的实质"突破"。可以参照建设用地使用权的期限标准，规定宅基地使用权期限，期限届满后可以自动续期。

（三）土地承包经营权的完善

以"三权分置"为基础框架，大力助推土地承包经营权流转。"农业经营主体的多样化，是农业向现代化演进过程中的必然现象。据有关部门统计，到 2012 年底，我国农村承包集体耕地的农民家庭约 2.3 亿户，其中有约 4 440 万户发生了流转出承包耕地的行为（占承包农户总数的 19.32%）。"2012 年底，我国仍在从事农业生产经营的农民家庭约 1.9 亿户，他们经营的耕地面积（包括流转来的耕地）占农村家庭承包耕地总面积的 92.5%。这表明，农民家庭仍是我国农业最主要的生产经营

---

① 韩启德. 探索进城落户农民宅基地有偿退出机制. 人民论坛，2015 (4)：10-11.

② 对此，有学者建议，当宅基地使用权人将宅基地使用权流转给不符合宅基地申请条件的本集体经济组织成员或者非本集体经济组织成员时，应实行有偿原则，须经本集体经济组织表决同意（如村民会议代表过半数同意）。笔者认为，是否有偿应当是当事人自决事宜，不应做硬性规定。同时，要求本集体经济组织表决同意，这样的做法实践中并不具备可操作性，会构成对宅基地使用权流转的不当限制。（程建邑. 农村宅基地使用权取得制度考量. 国家行政学院学报，2012 (5)：91.）

主体①。与之相关联的是，"我国农村人口过多、农业水土资源紧缺，在城乡二元体制下，土地规模经营难以推行，传统生产方式难以改变，这是'三农'问题的根源。我国人均耕地仅 0.1 公顷，农户户均土地经营规模约 0.6 公顷，远远达不到农业规模化经营的门槛"②。"随着农村经济、社会的快速发展，土地承包经营权统合公平与效率的制度优势已释放殆尽。"③

"只有减少农民才能富裕农民"，这是社会早已达成的共识④。据有关部门的统计，2012 年底，我国农村有 26 261 万劳动力转向了城镇和非农产业就业，占当年农村从业人员总数的 48.76%。农村的土地承包关系要保持稳定并长久不变，但承包农户的家庭人口、农村的劳动力数量却经常在发生变化。处理好这"变"与"不变"之间的关系，是发育和完善我国农村土地流转市场的关键⑤。

在大规模工业化与基础设施建设进程基本完结、由人口红利支撑的出口优势衰减、传统经济增长模式驱动乏力的背景下，如何实现农业现代化、农村城市化、农民市民化，正是我们拥有的尚待深入挖掘的制度储备空间。这一制度红利的释放，可能成为在未来相当长一段时期内支撑中国经济中高速发展的核心驱动力。

将土地承包经营权分为承包权和经营权，实行所有权、承包权、经营权分置，从法律逻辑上看，"土地承包权与土地经营权分离的实质是，以强化土地使用权为核心，深化土地承包经营权与土地经营权的两权分离变革"⑥。土地承包经营权功能相当于俄罗斯现行立法中的长期农地土地租赁权或修订俄联邦民法典的联邦法律草案中的永久占有土地权。如前所述，无论是长期土地租赁还是永久占有土地权，均可以无须土地所有人同意而抵押和转让，也不要求将权利转移的承接人限定在一定农业组织范围内或者其具有农业生产能力。唯一的立法限制就是不能改变土地用于农业生产等目的。

应进一步延长土地承包权期限。权利期限长久化是稳定并完善土地承

①　李慧. 如何破除城乡二元结构. 光明日报，2013-12-03.
②　《国家新型城镇化规划（2014—2020 年）》。
③　蔡立东，姜楠. 承包权与经营权分置的法构造. 法学研究，2015（3）：46.
④　陈锡文. 构建新型农业经营体系刻不容缓. 求是，2013（22）：38.
⑤　同④38-39.
⑥　朱广新. 土地承包权与经营权分离的政策意蕴与法制完善. 法学，2015（11）：100.

包制度的重要支点。在稳定农村土地承包经营关系并保持其长久不变的政策指引下，土地承包经营权的期限不应再局限于我国法律规定的耕地 30 年。可以考虑借鉴修订俄联邦民法典的联邦法律草案中永久占有土地权的规定，延长土地承包经营权为无期限或一定的期限，如果规定期限，则期限应当在 50 年以上，这对于稳定农业生产，激励土地利用者持续经营土地具有正向作用。

（四）地役权的发展设想

地役权是一种古老的用益物权类型，但在我国是 2007 年物权法中第一次出现的新制度。地役权与其他用益物权相比，多停留于最近 20 年的理论研究视野之内，在我国近几十年来没有广泛的应用，但是实践需求是不能忽视的①。如何将传统地役权制度合理内化于我国以土地公有制为基础的土地利用环境中，就成为需要认真讨论的问题。与此同时，修订俄联邦民法典的联邦法律草案也对俄罗斯现行地役权制度进行了大规模细化与扩充，有三点对于我国地役权立法发展具有借鉴价值：

一是法院判决可以成为地役权设定方式。地役权通常由供役地和需役地权益人协商确定，但在协商未果的情况下如何解决僵局，我国法律并没有给出解决方案。俄联邦民法典第 274 条第 3 款规定，在就设定地役权以及设定地役权的条件不能达成一致时，需役地权益人可以申请法院解决争议。该解决地役权设定僵局的方式，在修订俄联邦民法典的联邦法律草案中被保留。这种司法救济性的辅助设定方式，便于高效、公平地实现土地利益，可以为我国所借鉴。

二是实行地役权类型化。修订俄联邦民法典的联邦法律草案除细化地役权一般性规则外，还将地役权分为五类：通行地役权、施工地役权、土壤改良地役权、采矿地役权、公用地役权，并就每类地役权特点做出相应规范。这种类型化的立法方式，具有很好的指引和示范作用，便于民事主体选择和规范法律适用，对于缺少地役权实践经验的我国也具有价值。未来在法律修订时，可以考虑在总结地役权实践做法的基础上，凝练形成地

---

① 例如，国土资源部联合国家发展改革委、科技部、工业和信息化部、住房城乡建设部、商务部印发《关于支持新产业新业态发展促进大众创业万众创新用地政策的意见》（国土资规〔2015〕5 号），要求差别化保障新业态用地，指出：依据相关法律和国务院规定，引导光伏、风力发电等产业项目使用未利用土地；对新能源汽车充电设施、移动通信基站等用地面积小、需多点分布的新产业配套基础设施用地，除支持采取配建方式落实用地外，将依法设立地役权作为一种重要的用地方式予以推行。

役权基本类型。

三是规定地役权费用可调整机制。修订俄联邦民法典的联邦法律草案规定，地役权费用可以由双方协商调整，但每 5 年至多调整一次。协商不成时，依据法院判决来确定。上述费用调整机制考虑到市场经济条件下土地价值和土地负担成本的可变性，兼顾地役权稳定性、灵活性与公平性，值得参考。

本章小结

"土地是牵扯利益相关者最多的载体，社会上的每个人或直接或间接与其产生联系。"① 采取何种法技术方法构建土地权利体系是关系土地改革成效的重要问题。

"就改革方式的选择而论，最根本的问题不是什么在理论上是最优的，最有效率的，而是在现实生活中，什么是可以被接受的，即在利益冲突的社会格局下，什么样的改革方式是可以被采纳的，阻力不是大到无法进行改革的程度；然后，在可被接受的各种改革方式中，什么是可行的，也就是说是行得通的，能够实现真正的、实际的体制变迁的。"② 从这个意义上讲，土地制度重构应是一个谨慎的、经过深思熟虑的社会经济体制革新过程的组成部分，应当在可控状态下运行。没有整体解决方案的急风暴雨式的土地制度更替的积极作用，远不及其所引发的消极后果。

尽管俄罗斯与我国土地改革的路径迥异，但土地非私有的相同制度基点决定彼此互有对照的空间和交集，土地权利物权化就成为两国土地权利立法现代化的共同选择。"他山之石，可以攻玉。"总览俄罗斯土地权利立法与最新发展趋势，梳理我国土地权利体系发展历程，我们或多或少能够对照解读出中国土地权利应然的发展逻辑，探索找到土地权利制度完善的正确路径。

第一，应进一步优化、整合土地权利立法体系。改造现行分布在土地管理法、城市房地产管理法、农村土地承包法中的土地权利规范，并将之全部纳入民法典之中，形成有机联系、体系化的土地权利立法调整格局。

---

① 刘守英. 中共十八届三中全会后的土地制度改革及其实施. 法商研究，2014 (2)：4.
② 樊纲. 渐进改革的政治经济学分析. 上海：上海远东出版社，1996：154—155.

同时，以土地管理法为框架，整合城市房地产管理法、农村土地承包法等规范性法律文件，制定公法属性的土地法（或称作土地法典），使其成为调整土地关系的基本法。

第二，应建构长期稳定、权能丰富、流转便利的土地用益物权体系。统一建设用地使用权最高期限，并规定最低期限，允许在法定期限内自由设定权利存续期限。改一次性支付土地出让金为分期支付，并规定出让金调整机制。禁止以划拨方式将土地出让给进入市场竞争性领域的国有企业，对于存量划拨地应当通过出让、租赁或征收高额土地税的方式逐步实现其有偿使用。宅基地使用权初次取得应当有偿并将其主体限定于集体经济组织成员，二次流转应当市场化，除依据继承转移外，应允许转让、出租、互换、赠与、抵押，而且流转承接对象也不应局限在本集体经济组织成员之间，其他集体经济组织成员和城市居民亦可。在自由流转的前提下，可以考虑赋予集体经济组织成员取得本集体经济组织地域内宅基地使用权的优先权。实现土地承包经营权中承包权与经营权两权分离，经营权应属无身份属性、具有物权属性的纯粹财产权利，不必将经营权移转的承接人限定在一定农业组织范围内或者要求其具有农业生产能力。唯一的立法限制，应是不能改变土地用于农业生产的目的。推进地役权类型化，细化地役权取得程序，增加设定地役权僵局时的司法救济方式，规定地役权费用定期调整机制。从法律制度构建展望的视角来看，我国构建长期稳定、权能丰富、流转便利的土地用益物权体系的任务尚未完成，还有很长一段路要走。

结语　初步认知与尚未完结的探索

　　土地权利制度变迁总是可以作为一个国家社会发展和法律改良的标尺。

　　纵观近现代世界史，俄罗斯社会变迁之剧烈与制度转向之陡折，几无他国可比。实践表明，土地制度解构与重构始终紧密伴随着俄罗斯每一次社会变革，成为社会整体转型的核心承载之一。其中，土地权利制度成为触动和描述俄罗斯当代社会转型的最关键法律环节的组成部分。

　　苏联时期几乎70年间对于物权理论和立法研究的缺失，20世纪90年代初所有权立法"美国化"的登场，以及后续民事立法和土地立法在土地物权调整上的冲突问题，都在对物权和土地物权民事法律关系调整的民法探索中留下了深刻印记①。回溯历史，可以确定的是，俄罗斯当代启动的以土地私有化为主旨的土地制度重塑，是在没有整体性解决方案和充分论证下进行的。这种激进型制度变迁进展迅速，成效显著，但不可避免的是"后遗症"的不良影响一直延续至今。从更为宏大的视角来看，俄罗斯现行土地制度生成的基本衬景是整个社会的过渡性进化样态。这种过渡性进化样态在土地权利立法领域的映射，就是土地权利制度的非体系化发展。苏联固有土地传统对现实改革思路的牵制、保守主张与激进观念的论争、自身制度取舍与域外经验借鉴的彷徨，以及各种政治利益集团的争斗，都集中反映在既往土地立法的起草过程之中，也体现在土地权利体系的发展演变之中。

　　当代俄罗斯土地权利立法变迁，以土地私有化和私人土地权利的有效实现为优先目标，形成了私人所有（公民所有、法人所有）、自治地方所有和国有（联邦所有、联邦各主体所有）共存的土地所有权体系。多样化

---

　　①　И. А. Емелькина. Система ограниченных вещных прав на земельный участок: монография. М.：Инфотропик Медиа，2013；С. 23.

与平等性成为俄罗斯土地所有权制度的基本特征。从私人土地所有权"复活"，到土地限制物权"再生"，反映出俄罗斯土地制度的市场化发展进路。

俄罗斯公民、法人利用国有或自治地方所有土地的权利制度安排，呈现出非体系化发展和过渡性特征，并在不同历史发展阶段表现出迥异的建构逻辑。从1994年俄联邦民法典确立以土地可继承终身占有权、土地永久（不定期）使用权为主要制度模型，构建公民、法人利用国有或自治地方所有土地的立法方案，到2001年土地法典颁布实施以后，上述用益物权功能被大大压缩，土地租赁成为公民、法人主要，甚至是唯一的土地利用方式，折射出俄罗斯土地权利立法传统逻辑的断裂与转向。实践表明，这种土地法律关系简单化的做法不符合增加更多土地利用选择的世界土地立法发展潮流，也不能满足俄罗斯市场经济日益深化背景下公民、法人获取长期、稳定土地权利的现实需求。土地权利立法的摇摆式发展，在很大程度上减损了土地权利制度功能，也在一定程度上抑制了土地改革在推动社会转型进程中所应发挥出来的积极作用。

当前，在俄罗斯全面现代化的驱使下，民事立法现代化工作已经进入立法流程。如果说20世纪90年代俄联邦民法典编纂标志着私法理念在俄罗斯的再次复兴，那么当下民法典系统性修订则预示着私法理念在俄罗斯的内在深化。土地权利制度在这一背景中，又一次迎来全面更新的临界点。在这种立法修订思路指引下，其应然的选择就是：进一步标示土地权利规范的私属性，促其脱离土地法典和其他自然资源法典框架，全面进入民法典调整视野之中；坚定回归大陆法传统，借鉴欧洲立法经验，倚重物权模式重构类型多样、长期稳定的土地权利体系。应当说，这是土地权利制度的又一次深刻变化，与既往相比，其着力点并非单一的土地私有化，而是以促进土地利用、激发土地所蕴含的财富潜力为重心。

这些体系性变化是俄罗斯20余年土地改革与土地立法实践试错与校验的结果，也是俄罗斯法学理论研究逐步成熟的收获，亦是立法对于俄罗斯转型后期土地利用需求的适时回应。从规范逻辑上，可以说，这些变化有针对性地解决了俄罗斯现行土地权利立法存在的问题。但土地问题既是理论问题，更是实践问题，如果不身临其境很难对其获得深刻认识和做出准确的把握。因此，从此意义上讲，本书的认识与结论在很大程度上仅停留于规范分析之上，还有需要进一步实践探索的空间，而这些待开展的工作在很大程度上是关键和重要的。这些问题都需要我们着力探寻，是笔者未来学术研究的侧重方向。

土地问题无疑是当前中国最为基础、影响最为广泛，也是最为复杂和棘手的经济社会问题之一。土地权利制度则是一切土地问题的缘起和总根源。

从历史、现实与未来的时间维度观察，我们可以尝试做出这样的判断：土地制度改革是支撑中国既往 40 多年中高速发展的制度创新核心动力源之一，是当下全面深化改革设计方案中的重中之重，是未来保持经济发展长久活力和推动社会均衡进步极具可行性的最大新动能之一，是全面建成社会主义现代化强国目标的必要支撑。在经济发展速度日趋放缓，投资、出口、消费传统"三驾马车"驱动乏力的背景下，在如何大力挖掘并释放新制度红利的课题面前，深化土地制度改革应当也必须挺在前面。土地改革不仅为农村经济社会发展注入新的活力，也必将为整个经济社会发展增添不竭的发展动力。

城镇化是以人为核心的城镇化，不能舍本逐末，偏离主航道。中国土地改革的核心域是农民、农地、农村。土地改革的面是土地，点是农村，根在农民。在宏观政策上，加快消除城乡二元结构的体制机制障碍，推进城乡要素平等交换和公共资源均衡配置，让广大农民平等参与现代化进程、共同分享现代化成果，已经是形成共识并亟待快速稳妥推进的既定政策抉择。

《深化农村改革综合性实施方案》提出要"坚守土地公有性质不改变、耕地红线不突破、农民利益不受损'三条底线'"，前两条底线均是公权与公法当然的追求与必然的自觉，而关键的第三条底线则应是私权与私法的使命。在土地国有与集体所有的框架下，土地改革的关键就是利益分配，是国家利益与个体利益的再配置。"国家的决策常常是在政治和立法程序中为民众实现利益，否则无异于将国家和追求利润（或利益）最大化的公司或个人相等同。"[1] 农地权利制度改革不能忽略甚至削弱农民因土地承包经营权取得的既得利益，这是一条政治伦理底线[2]。改革关键就看如何对待农民、对待农民的利益，历史与现实反复告诉我们，农民是否因土地改革而利益受损，是农村土地改革成败的关键，也是土地改革红利能

---

[1]　汉斯-贝恩德·舍费尔，克劳斯·奥特. 民法的经济分析：第四版. 江清云，杜涛，译. 北京：法律出版社，2009：559.

[2]　陈锡文. 应准确把握农村土地制度改革新部署. 中国党政干部论坛. 2014（1）：31.

否得到有效释放的前提。

毫无疑问，至今仍占中国多数人口的农民群体的两个自由与利益必须得到保障，那就是承包土地经营和转移土地经营权的自由与利益，也就是进入城市的自由与利益和返归农村的自由与利益，这是现实国情背景下中国稳定与发展的核心社会基础，是土地改革的重要底线，更是土地权利制度优化与重构需要遵循的主线。因此，在土地权利制度优化上，要坚持锁定农民既有土地利益，不能剥夺，也不能减损他们的土地利益，因为这是他们安身立命之本，是进入城市的依托与返归农村的基础，也是当前社会背景下土地权利社会保障属性的必然要求。要释放他们土地利益的可转化空间，赋予其按照自由意志流转土地利益的自由，不能将固定的土地利益牢牢绑定在农民身上。要释放土地权利所蕴含的财富潜力，使之成为全社会可以共享共用的利益，这是土地权利财产属性的天然诉求，是农民深度融入城市和城乡一体化深化发展的需求，是进一步释放全社会生产力能量的迫切要求。

在后工业、农业现代化、城乡一体化迅速发展与深度融合，城乡二元结构壁垒解体速度逐步加快的时代视域下，土地制度现代化已经成为实现国家治理体系和治理能力现代化的重大基础课题，也是验证国家治理体系和治理能力现代化水准的重要制度指标。

"在当前的经济体制和政治生态下，农地制度的变迁是多因素叠加、多主体参与及多元诉求共存的重大问题，其复杂程度非同一般，如何对农地制度进行实践层面上的改良和学理层面的分析是一个很大的挑战。"[①]土地制度的变迁与发展没有止境，对土地权利的研究与讨论更没有终点。这是一个理论与实践紧密勾连，以法律、政策为代表的正式制度与以意识形态、社会文化为代表的非正式制度协同管治，政治、经济、社会、法律等多学科密集汇聚的课题，更是一个纷繁复杂、利害关系重大的与时代发展同频共振的重大问题。未来，土地制度改革必有巨大的发展优化空间和令人企盼的光明前景。对此，我们深信不疑并充满期待。

---

① 王敬尧，魏来. 当代中国农地制度的存续与变迁. 中国社会科学，2016（2）：92.

参考文献

一、中文著作

[1] 俄罗斯联邦民法典. 黄道秀，译. 北京：北京大学出版社，2007.

[2] 伊利，莫尔豪斯. 土地经济学原理. 滕维藻，译. 北京：商务印书馆，1982.

[3] 中华人民共和国住房和城乡建设部. 房地产业基本术语标准：JGJ/T30—2015. 北京：中国建筑工业出版社，2016.

[4] 俄罗斯联邦环境保护法和土地法典. 马骧聪，译. 北京：中国法制出版社，2003.

[5] 程信和，刘国臻. 房地产法. 北京：北京大学出版社，2006.

[6] 黄河. 土地法理论与中国土地立法. 西安：世界图书出版西安公司，1997.

[7] 郑玉波. 民法总则. 北京：中国政法大学出版社，2003.

[8] 江平. 中国土地立法研究. 北京：中国政法大学出版社，1999.

[9] 迪特尔·梅迪库斯. 德国民法总论. 邵建东，译. 北京：法律出版社，2000.

[10] 温丰文. 现代社会与土地所有权理论之发展. 台北：五南图书出版公司，1984.

[11] 王利明. 物权法论. 修订版. 北京：中国政法大学出版社，2003.

[12] 王泽鉴. 民法物权：第一册：通则·所有权. 北京：中国政法大学出版社，2001.

[13] 王卫国. 中国土地权利研究. 北京：中国政法大学出版社，1997.

[14] 崔建远. 准物权研究. 北京：法律出版社，2003.

[15] 罗伯特·霍恩，海因·科茨，汉斯·G. 莱塞. 德国民商法导论. 楚建，译. 北京：中国大百科全书出版社，1996.

[16] 尹田. 法国物权法. 2 版. 北京：法律出版社，2009.

[17] 瑞士民法典. 殷生根，译. 北京：法律出版社，1987.

[18] 陈华彬. 物权法原理. 北京：国家行政学院出版社，1998.

[19] 普京文集：文章和讲话选集. 北京：中国社会科学出版社，2002.

[20] 普京文集：2002—2008. 张树华，李俊升，许华，等译. 北京：中国社会科学出版社，2008.

[21] 朴希加廖夫. 俄罗斯史. 吕律，译. 台北：国际关系研究所，1970.

[22] 波克罗夫斯基. 俄国历史概要：上册. 贝璋衡，叶林，葆煦，译. 北京：商务印书馆，1994.

[23] 列宁全集：第 4 卷. 2 版增订版. 北京：人民出版社，2013.

[24] 列宁全集：第 13 卷. 2 版增订版. 北京：人民出版社，2017.

[25] 列宁全集：第 16 卷. 2 版增订版. 北京：人民出版社，2017.

[26] 列宁全集：第 56 卷. 2 版增订版. 北京：人民出版社，2017.

[27] 沈志华. 新经济政策与苏联农业社会化道路. 北京：中国社会科学出版社，1994.

[28] 沃尔伏·拉德钦斯基. 苏联农业的社会化：集体农庄和国营农场的真相. 北京：商务印书馆，1963.

[29] Б. В. 叶罗费耶夫，Н. И. 克拉斯诺夫，Н. А. 瑟罗多耶夫. 苏联土地法. 梁启明，译. 北京：中国人民大学出版社，1987.

[30] М. И. 科兹里，В. З. 扬楚克. 苏维埃集体农庄法. 中国人民大学苏联东欧研究所编译室，译. 北京：农业出版社，1982.

[31] В. Т. 斯米尔诺夫，等. 苏联民法：上卷. 黄良平，丁文琪，译. 北京：中国人民大学出版社，1987.

[32] 鲍里斯·叶利钦. 叶利钦自传. 朱启会，荣合，何韫，等译. 北京：东方出版社，1991.

[33] Е. А. 苏哈诺夫. 俄罗斯民法：第 2 册. 王志华，李国强，译. 北京：中国政法大学出版社，2011.

[34] Е. А. 苏哈诺夫. 俄罗斯民法：第 3 册. 丛凤玲，译. 北京：中国政法大学出版社，2011.

[35] 热若尔·罗兰. 转型与经济学. 张帆, 潘佐红, 译. 北京: 北京大学出版社, 2002.

[36] 汉斯-贝恩德·舍费尔, 克劳斯·奥特. 民法的经济分析: 第四版. 江清云, 杜涛, 译. 北京: 法律出版社, 2009.

[37] 樊纲. 渐进改革的政治经济学分析. 上海: 上海远东出版社, 1996.

二、中文论文

[1] 姜爱林. 论土地的概念与特征. 国土资源科技管理, 2000 (3).

[2] 于光远. 土地的定义. 中国土地科学, 1994 (5).

[3] 孙宪忠. 土地在财产法中的概念. 法律科学, 1992 (3).

[4] 崔建远. 土地上的权利群论纲: 我国物权立法应重视土地上权利群的配置与协调. 中国法学, 1998 (2).

[5] 梁慧星. 日本现代担保法制概述. 外国法译评, 1994 (1).

[6] 谢怀栻. 大陆法国家民法典研究. 外国法译评, 1995 (2).

[7] 张俊杰. 全球化条件下俄罗斯法律体系及其完善. 中外法律体系比较国际学术研讨会, 2007.

[8] 奥列克·彼得罗维奇·李奇强. 论区域法律体系: 以俄罗斯联邦和中华人民共和国的经验为视角. 河南省政法管理干部学院学报, 2010 (1).

[9] 刘书林. 清醒的退却, 坚定的原则: 重新解读列宁的新经济政策. 马克思主义研究, 2001 (1).

[10] 马书芳. 苏联农业全面实行集体承包制. 外国问题研究, 1983 (3).

[11] 中青. 苏联农业中的集体承包制. 苏联问题参考资料, 1983 (3).

[12] 国务院发展研究中心农村经济访苏考察团. 苏联的农地制度变革: 方向与可能性. 经济社会体制比较, 1992 (3).

[13] 王伟. 试析苏联新《土地法》与1968年《土地法》的不同. 今日苏联东欧, 1990 (6).

[14] 冯秋燕. 俄罗斯土地所有权改革初探. 比较法研究, 2009 (4).

[15] 丁军. 俄罗斯土地所有制的变迁与农业经济发展. 当代思潮, 2002 (3).

[16] Z. 莱尔曼, N. 沙盖达. 俄罗斯土地改革及农地市场发育状况.

国外社会科学，2006（1）.

　　[17] 黄军甫. 从《农用土地流通法》看俄罗斯土地改革. 俄罗斯研究，2002（3）.

　　[18] 刘铁威. 俄罗斯联邦地方自治内涵解析. 俄罗斯研究，2008（4）.

　　[19] 孙凌齐. 俄罗斯联邦行政区划演变的历史与改革. 当代世界与社会主义，2005（5）.

　　[20] 左凤荣. 充满曲折的俄罗斯崛起之路. 当代世界，2011（11）.

　　[21] 罗·安德烈. WTO 与俄罗斯法律改革. 俄罗斯中亚东欧市场，2006（12）.

　　[22] 王郦久. 俄罗斯，为现代化调整外交. 世界知识，2010（15）.

　　[23] Stephen K. Wegren. 俄罗斯土地制度改革与土地市场建立. 资源与人居环境，2009（15）.

　　[24] 黄祖辉，张蔚文. 越南土地制度与政策及其对中国的启示. 决策参考，2007（4）.

　　[25] 钱竞. 越南农村土地法律制度选析：兼与中国比较//姜明安. 行政法论丛：第 14 卷. 北京：法律出版社，2012.

　　[26] 张跃进. 乌兹别克斯坦农业改革进程及其绩效. 俄罗斯研究，2001（4）.

　　[27] 尤苏波夫. 乌兹别克斯坦的农业改革和农场发展. 世界农业，2005（5）.

　　[28] 丹尼尔·W. 布罗姆利. 前社会主义国家的土地所有权问题：对中国经济转型的借鉴意义. 国外理论动态，2007（3）.

　　[29] 林卿，林翊，王荧，等. 匈牙利土地管理制度及其对中国的借鉴. 东南学术，2009（2）.

　　[30] 林治华. 乌克兰农业所有制改革及其特点. 俄罗斯中亚东欧研究，2003（4）.

　　[31] 刘燕，张龙林，付春光. 转型国家的制度困境与中国转型的策略选择. 中央财经大学学报，2012（10）.

　　[32] 傅晨. 俄罗斯农地制度改革及其对我国的启示. 学术研究，2006（1）.

　　[33] 黄军甫，姜琦. 俄罗斯土地改革的困境. 当代世界社会主义问题，2001（4）.

[34] 张跃进. 论激进制度变迁的增长后发优势：中俄农村土地制度变革绩效比较. 制度经济学研究，2007（4）.

[35] 中国离市场经济还有多远：与波兰前副总理科勒德克谈波兰经验与中国转轨. 商务周刊，2002（19）.

[36] 王利明，周友军. 论我国农村土地权利制度的完善. 中国法学，2012（1）.

[37] 秦晖. 农民地权六论. 社会科学论坛，2007（5）.

[38] 高圣平，刘守英. 土地权利制度创新：从《土地管理法》修改的视角. 经济社会体制比较，2010（3）.

[39] 刘守英. 中国的二元土地权利制度与土地市场残缺：对现行政策、法律与地方创新的回顾与评论. 经济研究参考，2008（31）.

[40] 高圣平. 建设用地使用权期限制度研究：兼评《土地管理法修订案送审稿》第 89 条. 政治与法律，2012（5）.

[41] 郑邦荣. 改革土地出让金制度　推动房价理性回归. 上海商业，2009（7）.

[42] 程建邑. 农村宅基地使用权取得制度考量. 国家行政学院学报，2012（5）.

[43] 陈小君，高飞，耿卓，等. 后农业税时代农地权利体系与运行机理研究论纲：以对我国十省农地问题立法调查为基础. 法律科学，2010（1）.

[44] 温世扬，兰晓为. 土地承包经营权流转中的利益冲突与立法选择. 法学评论，2010（1）.

[45] 崔建远. 土地承包经营权的修改意见. 浙江社会科学，2005（6）.

[46] 崔建远. 地役权的解释论. 法学杂志，2009（2）.

[47] 戴孟勇. 我国《物权法》中地役权制度的争点及思考. 政治与法律，2009（11）.

[48] 朱广新. 我国《物权法》中地役权制度探究. 法学，2009（7）.

[49] 朱广新. 地役权概念的体系性解读. 法学研究，2007（4）.

[50] 陈锡文. 应准确把握农村土地制度改革新部署. 中国党政干部论坛，2014（1）.

[51] 王敬尧，魏来. 当代中国农地制度的存续与变迁. 中国社会科学，2016（2）.

［52］刘守英. 中共十八届三中全会后的土地制度改革及其实施. 法商研究，2014（2）.

［53］蔡立东，姜楠. 承包权与经营权分置的法构造. 法学研究，2015（3）.

［54］陈锡文. 构建新型农业经营体系刻不容缓. 求是，2013（22）.

［55］朱广新. 土地承包权与经营权分离的政策意蕴与法制完善. 法学，2015（11）.

［56］韩启德. 探索进城落户农民宅基地有偿退出机制. 人民论坛，2015（4）.

［57］狄亚娜，宋宗宇. 宅基地使用权的现实困境与制度改革：基于三省（市）法院 2004～2013 年 428 件裁判文书的数据分析. 农村经济，2016（5）.

［58］王林清. 建设用地使用权期限届满法律后果比较观察. 环球法律评论，2016（4）.

［59］王玉堂. 企业划拨土地使用权市场化的制度分析. 经济科学，1998（5）.

［60］李孟然. 划拨土地管理谋变. 中国土地，2010（7）.

［61］温世扬. 集体经营性建设用地"同等入市"的法制革新. 中国法学，2015（4）.

［62］陆铭. 建设用地使用权跨区域再配置：中国经济增长的新动力. 世界经济，2011（1）.

［63］陆铭，陈钊. 为什么土地和户籍制度需要联动改革：基于中国城市和区域发展的理论和实证研究. 学术月刊，2009（9）.

［64］丁静. 国民收入循环视角的土地出让金性质及相关政策乘数. 中国土地科学，2011（11）.

［65］王崇敏. 论我国宅基地使用权制度的现代化构造. 法商研究，2014（2）.

［66］郑尚元. 宅基地使用权性质及农民居住权利之保障. 中国法学，2014（2）.

［67］陈小君. 构筑土地制度改革中集体建设用地的新规则体系. 法学家，2014（2）.

［68］韩松. 农民集体土地所有权的权能. 法学研究，2014（6）.

［69］陈甦. 城市化过程中集体土地的概括国有化. 法学研究，2000（3）.

三、俄文著作

［1］Чубуков Г. В. Земельное право России. М. , 2002.

［2］Ерофеев Б. В. Земельное право России: Учеб. / Отв. ред. Н. И. Краснов. — 9-е изд. , перераб. М. : Юрайт-Издат, 2004.

［3］Копылов А. В. Вещные права на землю в римском, русском дореволюционном и современном российском гражданском праве. М. : Статут, 2000.

［4］Большая советская энциклопедия. Изд. третье. Т. 24. Кн. 1. М. : Советская энциклопедия, 1976.

［5］Нецветаев А. Г. Земельное право. М. : Изд. центр ЕАОИ, 2008.

［6］А. Г. Нецветаев. Земельное право (Учебно- методический комплекс). М. : Изд. центр ЕАОИ, 2008.

［7］Боголюбов С. А. - Отв. ред. Научно-практический комментарий к Земельному кодексу Российской Федерации с постатейными материалами и судебной практикой. 5-е изд. М. : Издательство Юрайт, 2011.

［8］Анисимов А. П. , Рыженков А. Я. , Черноморец А. Е. Земельное право России : Курс лекций. Волгоград: Издательство «Альянс», 2006.

［9］Шершеневич. Г. ф. Учебник русского гражданского права Издательство. М. : Статут. 1, 2005.

［10］Тихомиров М. Ю. , Тихомирова Л. В. Земельные права в Российской Федерации: практическое пособие. М. : Тихомиров, 2010 .

［11］Витрянский В. В. Договор аренды и его виды: прокат, фрахтование на время, аренда зданий, сооружений и предприятий, лизинг. М. : Статут, 1999.

［12］Комментарий к Гражданскому кодексу, части второй (постатейный) / Отв. ред. д. ю. н. , проф. О. Н. Садиков. М. : Юр. фирма КОНТРАКТ, ИНФРА-М, 1998.

［13］Маттеи Уго, Суханов Е. А. Основные положения права собственности. М. : Юристъ, 1999.

［14］А. П. Анисимов, С. В. Дзагоев, Л. Т. Кокоева. Приобретение прав на земельные участки, находящиеся в публичной собственности : вопросы теории и практики. М. : Издательство «Новый индекс», 2009.

［15］Модернизация экономики России: приоритеты развития (обзор средств массовой информации). Торгово-промышленная Палата РФ. М. : ООО «ТПП _ Информ», 2011.

［16］Суханов Е. А. Кодификация законодательства о вещном праве. Проблемы реформирования Гражданского кодекса России: Избранные труды 2008-2012 гг.. М. : Статут, 2013.

［17］Виссер О. , Мамонова Н. и Споор М. Инвесторы, мегафермы и «пустующие» земли: крупные земельные сделки в России // Земельная аккумуляция в начале XXI века. Под общ. ред. А. М. Никулина. М. : Издательский дом «Дело» РАНХиГС, 2012.

［18］С. А. Лип-ски, И. И. Гордиенко, К. В. Симонова. Правовое обеспечение землеустройства и кадастров: учебник /— 2-е изд. , стер. М. : КНОРУС, 2016.

四、俄文论文

［1］Виктория Юрьевна Бродовская. Проблема судебной защиты права собственности на земелъную долю. Государство и право, 2011 (12) .

［2］Суханов Е. А. Вещные права в новом Земельном кодексе РФ . Экологическое право, Юрист, 2003 (1).

［3］Голиченков. А. К. Новый Земельный кодекс Российской Федерации: история, отличительные черты, значение. Экологическое право, Юрист, 2003 (1).

［4］Волков Г. А. Проблемы совершенствования земельного законодательства. Экологическое право, 2012 (1).

［5］В. В. Устюкова, Н. Н. Мельников, О. А. Самончик, Г. Л. Землякова, Д, Ф. Климов. Современные проблемы реформирования Земельного законодательства. Аналитический вестник Совета Федерации ФС РФ, 2012 г. (37)

［6］Устюкова. В. В. Еще раз о соотношении земельного и гражданского права (по материалам судебной практики). Государство и право, 2006 (3).

［7］Кошелев, Я. , Ромадин, М. О. некоторых вопросах, связанных с переходом права аренды на земельный участок. Хозяйство и право, 2004 (11).

［8］Сыродоев Н. А. О соотношении земельного и гражданского законодательства. Государство и право, 2001 (4).

［9］Мисник Н. Н. Еще раз о соотношении гражданского и земельного законодательства при регулировании земельных отношений. Государство и право，2006（9）.

［10］Иконицкая，И. А. К вопросу о содержании Земельного кодекса Российской Федерации в контексте Концепции развития гражданского законодательства РФ. Государство и право，2010（8）.

［11］Иконицкая，И. А. Современные тенденции развития законодательства о земле в Российской Федерации. Государство и право，2010（1）.

［12］В. А. Бакулина. Приобретение и использование земельных участок иностранными гражданами и иностранными юридичекими лицамина терртории Российской Федеации . Совеменное право，2012（2）.

［13］В. А. Бакулина. Аренда земельных участков в Российикой Федеации. анаиз судебной пракики Современное Право，2012（3）.

［14］Иванов А. А. Основные тенденции развития законодательства о вещных правах . Вестник ВАС РФ，2010（12）.

［15］Е. Ю. Чмыхало. Коллизии норм земельного права и проблемы совершенствования земельного законодательства. Право и экономика，2010（3）.

［16］Умеренко Ю. А. Установление публичных сервитутов на земельные участки: проблемы правового регулирования. Современное право，2012（9）.

［17］Г. А. Волков，А. К. Голиченков，О. М. Козырь. Комментарий к Земельному кодексу Российской Федерации. Хозяйство и право，2002（1）.

［18］Ф. П. Румянцев. Административное и частноправовое регулирование предоставления и изъятия земель сельскохозяйственного назначения в Российской Федерации. Государство и право，2013（11）.

［19］Чаркин С. А. Изъятие земельных участков для государственных или муниципальных нужд: проблемы，возникающие на практике. Росс. судья，2008（10）.

［20］Василий Иванович Звягинцев，Барсукова Светлана Юрьевна. Земельная Реформа В России В 1990—2000-Е Годы，Или Как В Ходе Ведомственных Реорганизаций «Реформировали» Земельную Реформу. Журнал институциональных исследований，2015（7）.

［21］Липски. С. А. Земельная реформа в постсоветской России. Экономический журнал，2013（3）.

五、俄罗斯立法草案与国家机关报告

［1］Государственный （национальный） доклад «О состоянии и использовании земель в Российской Федерации в 2009 году», Министерство экономического развития. Российской. Федерации. Федеральная. служба. государственной. регистрации, кадастра и картографии.

［2］Концепция развития гражданского законодательства Российской Федерации （одобрена решением Совета при Президенте РФ по кодификации и совершенствованию гражданского законодательства от 07. 10. 2009）.

［3］Проект Федерального закона N 47538-6 "О внесении изменений в части первую, вторую, третью и четвертую Гражданского кодекса РФ, а также в отдельные законодательные акты РФ".